中等职业教育“十四五”规划教材
职业教育课程改革规划创新教材

网店建设与推广

主　编　刘　浩　罗　娜　朱　洪

U0809742

中国石化出版社
HTTP://WWW.SINOPEC-PRESS.COM
中国经济出版社
CHINA ECONOMIC PUBLISHING HOUSE

内容提要

本教材由实战教学经验丰富的教师与电商企业一线优秀运营合作开发，以店铺开设流程为主轴，以运营基础知识为辅助，结合丰富案例与实训，帮助读者快速、系统地掌握淘宝网店建设与推广的技巧方法。

通过结果反推的开发思路，让学生通过八个项目最终能打造一个完美的淘宝店铺。各项目都配套了相应的动画、动态课件、教案以及辅助案例等，提供大量教学辅助与配套材料，能够有效开展信息化教学，是校企共建校本教材又一典例。同时，本着理实一体化的设计思路，打造“做中学，做中教”的实训教学模式，提升教学效果与实战水平。本教材四大模块逻辑清晰、内容实用，手把手带您进入实战教学模式。

本教材适合作为高职、大中专院校电子商务、市场营销等专业的教学用书，也可作为各类网店运营培训机构及从事电子商务人员的参考用书。

图书在版编目（CIP）数据

网店建设与推广 / 刘浩，罗娜，朱洪主编 . — 北京：中国石化出版社，2023.10

ISBN 978-7-5114-7285-4

Ⅰ . ①网…　Ⅱ . ①刘…②罗…③朱　Ⅲ . ①网店 - 经营管理　Ⅳ . ① F713.365.2

中国国家版本馆 CIP 数据核字（2023）第 196768 号

未经本社书面授权，本书任何部分不得被复制、抄袭，或者以任何形式或任何方式传播。版权所有，侵权必究。

中国石化出版社出版发行

地址：北京市东城区安定门外大街 58 号

邮编：100011　电话：（010）57512500

发行部电话：（010）57512575

http：//www.sinopec-press.com

E-mail：press@sinopec.com

北京科信印刷有限公司印刷

全国各地新华书店经销

*

787 毫米 ×1092 毫米 16 开本 14.75 印张 371 千字

2024 年 1 月第 1 版　2024 年 1 月第 1 次印刷

定价：55.00 元

《网店建设与推广》

编委会

主　编： 刘　浩　罗　娜　朱　洪

副主编： 赵智标　何　平　徐锐杰

主　审： 郑慧琴　单瑞文

编　委： 邹宇洁　谭颖欣　卢　玙

徐小红　徐洁蓉

前 言 PREFACE

《网店建设与推广》旨在让学生了解、认知淘宝店铺运营流程与方式，掌握相关淘宝店铺开店技巧，结合电子商务专业，重点研究商品摄影、店铺装修、网店管理与经营等营销工具的作用、功能、操作方法和策略。能准确、系统地理解、掌握淘宝开店的操作及简单的运营方法，并使学生能根据目前实际市场发展规模和特征，针对不同市场环境、不同产品和网络消费者进行一系列淘宝店铺推广活动的分析和策划，培养学生自我分析问题、解决问题，自我创新、创业的能力。同时通过一系列淘宝开店技能训练，提高学生的应用实践能力。与同类书相比，本教材具有以下特色：

1. 内容系统，案例丰富：从淘宝开店到装修、推广、客服，系统全面地介绍了网店的运营技巧。同时，以生动有趣的案例，丰富教材内容，帮助读者学习。

2. 理实一体，资源丰富：结合典型工作任务，高度贴合岗位工作流程，设计实训任务，理实一体。结合课程内容设计了相应的课程标准、教学大纲、PPT、教案、习题、试卷、微课等多样化学习资源。

3. 校企联编，融入思政：由具有多年实战教学经验的教师与电商企业一线优秀运营合作开发，在传授知识与技能的同时，也培养学生从事相关岗位工作的职业素养。

本教材适合作为高职、大中专院校电子商务、市场营销等专业的教学用书，也可以作为各类网店运营培训机构及从事电子商务人员的参考用书。

编 者

CONTENTS 目 录

模块一　网店开设

项目一　店铺开设

项目概览图

项目	学习任务	学习目标
项目一 店铺开设 微课：淘宝店铺开设	任务一　淘宝店铺开设 任务二　淘宝店铺定位 任务三　淘宝店铺货源选择 任务四　网店从业者的职业操守	【知识目标】： 1. 能说出淘宝店铺的分类； 2. 能罗列支付宝的优势； 3. 能复述网店从业者的职业操守要点。 【技能目标】： 1. 能按照网店开设流程取得开店资格； 2. 能选用合适的方法进行店铺定位； 3. 能选择合适的货源渠道进行选品进货。 【素质目标】： 1. 培养网店运营的互联网营销思维； 2. 培养自觉遵守网店从业者的职业操守的劳动意识。

项目背景

根据中国互联网络信息中心第 51 次《中国互联网络发展状况统计报告》，截至 2022 年 12 月，我国网民规模达 10.67 亿。

TMO 数据显示，淘宝、天猫用户市场份额在我国网络购物交易平台中处于领先地位。且从近几年数据对比来看，淘宝、天猫用户忠诚度特别高。可见淘宝无论在市场份额还是在客户忠诚度上都拥有绝对的优势。

勤学善思

2021 年 11 月 12 日零点，一年一度的天猫“双 11”落下帷幕，总交易额定格在 5403 亿元，相比 2020 年的 4982 亿元，增加了 421 亿元。走过 13 个年头的天猫“双 11”，依然在稳步增长。每年各大电子商务平台“双 11”不断攀升的销售数据，展示了电子商务市场的稳定发展态势。请登录淘宝或天猫平台，思考以下问题：

1. 为什么越来越多的企业或个人开设网店？
2. 你知道哪些主流的网购平台？
3. 网店从业者应该具备哪些职业技能及素养？

任务一 淘宝店铺开设

随着互联网的高速发展，电子商务极大地改变了人们固有的消费方式，越来越多的实体店铺看中了网上电子商务平台的流量所带来的方便快捷，纷纷入驻电子商务平台。

【任务引入】

小阳是刚毕业的中专生，他希望自己能开一家网店。但选择什么电商平台，在开店前需要准备什么材料，开网店的具体操作步骤有哪些，这些开网店的基础知识他都不了解。你能帮帮他吗？

1. 常见的网上开店平台有哪些类型？它们之间有哪些区别？适合哪些人群开店？
2. 根据小阳的诉求，帮他在淘宝平台开店。淘宝网店的注册流程包括哪些步骤？

【知识链接】

（一）淘宝店铺分类

广义上淘宝店铺可以分为淘宝集市店铺、企业店铺、天猫商城（图 1–1）。

图 1–1 淘宝集市店铺、企业店铺、天猫商城

1 淘宝集市店铺

淘宝集市店铺是淘宝免费向淘宝用户开放的 C2C 购物平台，入驻者可以是企业也可以是个人。淘宝对集市店铺不收取技术服务费，但为了保障消费者权益，开店成功后一般都要缴纳一定的消费者保障服务资金（简称消保），基础额度为1000元，特殊类目保证金另有规定。当店铺不开了，可随时申请返还。个人开店需要实名认证支付宝账户、有效身份证、有效手机号码。个人店铺在一定条件下可以升级为企业店铺（图1–2）。

图1–2　C2C淘宝购物平台

②企业店铺

淘宝企业店铺是淘宝向企业用户开放的B2C购物平台，企业店铺也是免费的，但一般也需要缴纳保证金。开企业店铺不仅需要身份验证，还需要绑定企业支付宝账户、完成支付宝企业认证、店铺责任认证等，还需要填写工商注册信息，认证企业营业执照。

淘宝企业店铺有“企”字的显示标，无论在店铺套头，还是购物车或已买到宝贝中，都会有这个标志，使消费者一目了然。个人店铺在一定条件下也是可以升级为企业店铺的（图1–3，表1–1）。

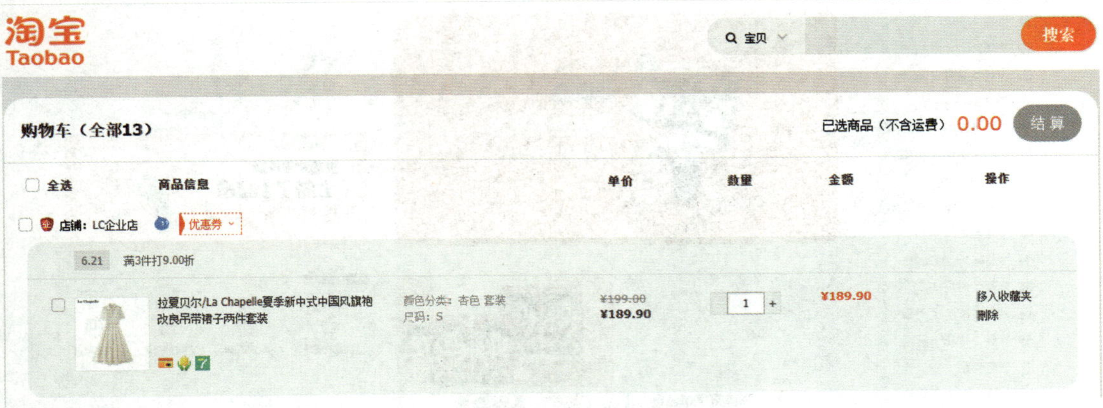

图1–3　以“LC企业店”为例，商品加入购物车显示“企”字标识

表 1-1　个人店铺和企业店铺的区别

开店页面上的选项	需绑定的支付宝类型	开店成功后的店铺类型	所获得的权益
个人店铺	已实名的个人支付宝	个人店铺	个人店铺在一定条件下可以升级为企业店铺
企业店铺	已实名的企业支付宝	企业店铺	店铺名权益：可进行【品牌授权认证】，认证通过后店铺名尾缀可以使用授权店 / 授权企业店，使用品牌名作为店铺名关键词
			店铺名权益：可以进行【品牌直营认证】，认证通过之后店铺名尾缀可以使用官方店 / 官方企业店，使用品牌名作为店铺名关键词
			亮照权益：资质证照蓝盾的标志（公司性质营业执照额外获得【企业店铺】抬头）

说明：个人店铺若备案了营业执照，也会获得亮照权益——资质证照蓝盾的标志（公司性质营业执照额外获得【企业店铺】抬头）。

3 天猫商城

天猫商城是淘宝网打造的 B2C 购物平台，整合了数千家品牌商、生产商，为商家和消费者提供一站式解决方案。

在天猫商城开设店铺要求企业注册资金达到 100 万元以上，对经营时间、品牌注册商标和纳税身份等都有一定限制，且需交一定的保证金和技术服务年费，缴交的标准根据店铺的性质不同而不同（图 1-4）。

图 1-4　天猫商城

下面我们以“LC”为例来对比淘宝的三种店铺（图 1-5）。

类别	淘宝集市店铺 C2C	企业店铺 B2C	天猫商城 B2C
店铺标志	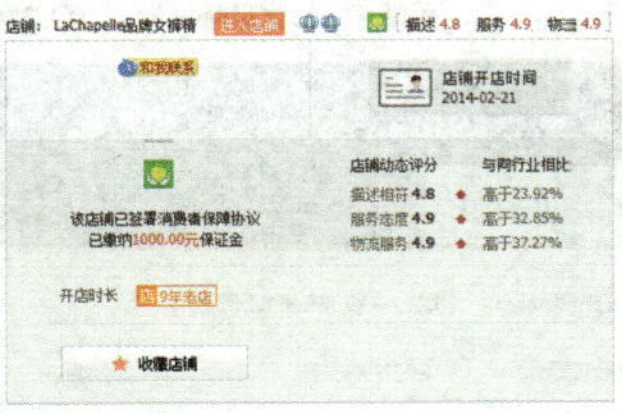		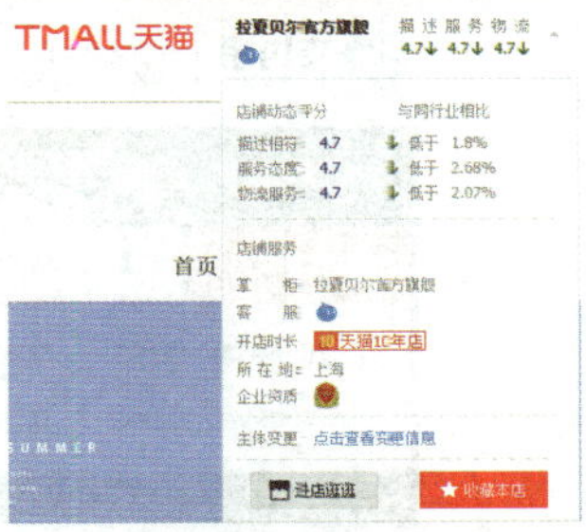

图 1–5　对比淘宝的三种店铺

※ **课堂讨论**

结合自身实际，你会选择开设哪种类型的网店，为什么？

（二）支付宝

1 是国内领先的独立的第三方支付平台

支付宝（中国）网络技术有限公司由阿里巴巴集团创办，致力于为中国电子商务提供“简单、安全、快速”的在线支付解决方案，是国内领先的第三方独立支付平台。支付宝为淘宝提供“担保交易”，实现了用户支付的安全和便利（图 1–6）。

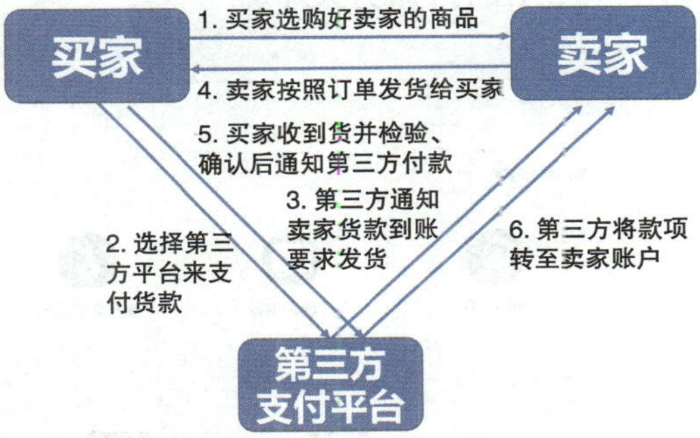

图 1–6　“第三方支付”模式

※ **课堂讨论**

什么是第三方支付平台？相比其他支付方式，有哪些优势呢？

※ **“第三方支付”模式：**

买方选购商品后，使用第三方平台提供的账户进行货款支付，并由第三方通知卖家货款到账、要求发货；卖家按照订单发货后；买方收到货物，并检验商品进行确认后，就可以通知第三方付款给卖家，第三方再将款项转至卖家账户。

2 融合了多个场景和行业的开放性平台

支付宝已发展成为融合了支付、生活服务、政务服务、社交、理财、保险、公益等多个场景与行业的开放性平台（图 1–7）。

3 为人们的生活提供了很多便捷的服务

除提供便捷的支付、转账、收款等基础功能外，还能快速完成信用卡还款，充话费，缴水、电、煤气费。通过声波、智能语音机器人一步触达上百种生活服务，不仅能享受消费打折，跟好友建群互动，还能轻松理财，累积信用（图 1-8）。

图 1-7 支付宝

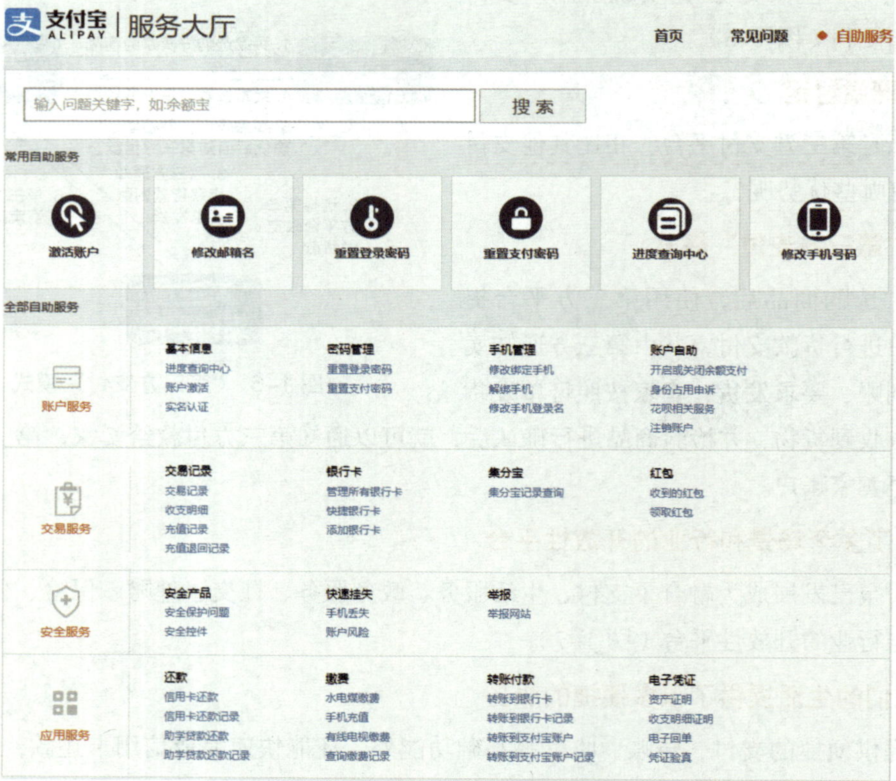

图 1-8 便捷的支付

（三）店铺开设流程

根据淘宝平台商家服务大厅的开店指南，我们可以将开店流程分为七步：淘宝开店入口—选择开店身份—选择店铺主体类型—支付宝认证—登记主体信息—实人认证—开店成功。

步骤 01　打开淘宝首页（https://www.taobao.com），点击右上角“免费开店”，阅读注册协议，点击“同意协议”（图 1–9）。

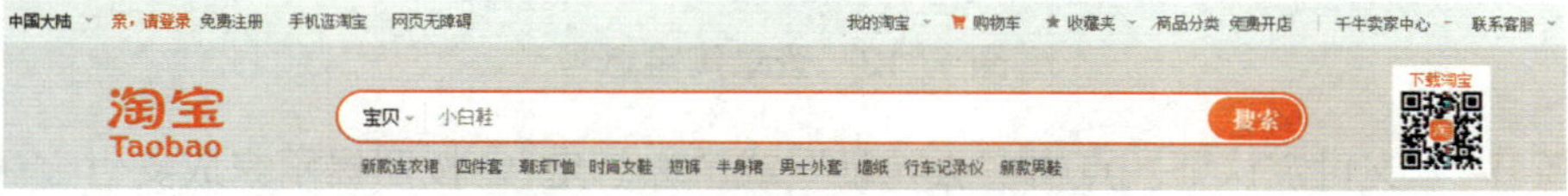

图 1–9　淘宝免费开店入口

步骤 02　选择开店身份（图 1–10）。

普通商家：除达人商家 / 品牌商家外的其他商家。

达人商家：抖音、快手、bilibili、微博等平台的主播 / 达人 / 明星 /UP 主（个人或机构），有一定的粉丝量。

品牌商家：自有或独有品牌、有商标注册证、知名品牌推荐开天猫店，新创品牌推荐开淘宝店并进行品牌认证。

图 1–10　选择开店身份

步骤 03　选择店铺主体类型。

个人商家（适合学生学习体验）：适用于个人，需提供个人身份证、个人支付宝。

个体工商户商家：营业执照类型为“个体工商户”，需提供营业执照、法人身份证正反面照片、个人或企业支付宝等资料。

企业商家：营业执照类型为“× × × 公司 / 企业 / 农民专业合作社等”，需提供营业执照、法人身份证正反面照片、企业支付宝等资料（图 1–11，图 1–12）。

图 1–11　选择店铺主体类型

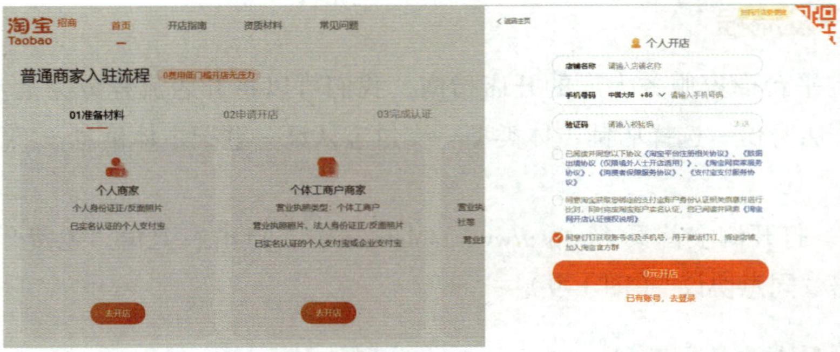

图 1-12　登录淘宝账号

步骤 04　支付宝认证。点击“去认证”或“去绑定”，按照提示完成支付宝认证。

步骤 05　登记主体信息。按照提示填写相应信息即可。

个人商家：需上传个人证件图，登记经营地址、姓名、证件号等信息。

企业商家：需上传企业营业执照图，登记统一社会信用代码、营业执照有效期、法人证件图、法人证件号、法人姓名、法人证件类型等信息。

步骤 06　实人认证。

打开淘宝 / 千牛 APP 扫码进入人脸识别系统（登录的淘宝账号需要跟申请的淘宝账号一致）。

个人开店：需信息登记的证件持有人本人刷脸认证。

企业开店：法人认证，需信息登记的法人证件持有人本人刷脸认证；非法人认证，需店铺实际经营人上传身份证件图片后完成刷脸认证。

步骤 07　开店成功。

发布商品：开店成功后 5 周无商品店铺将自动释放，请及时发布商品经营店铺。

※ 关于发布商品缴纳保证金：

开店后可以先发布商品，在首个成交日次日缴纳相应额度的基础保证金，同时平台会在每月 6 号根据店铺近 30 天的成交情况进行基础保证金额度的调整。详细规则如下：

①卖家开店后无成交的，基础额度为 0，暂无须缴存保证金基础额度。

②卖家开店后的首个成交日，以当天成交较高类目对应的全店成交不同阶梯档位额度作为保证金基础额度。

③淘宝网在每月 6 号，以卖家店铺近 30 天成交较高类目对应的全店成交不同阶梯档位额度作为其保证金基础额度调额保证金。

【任务加油站】：边学边练

进阶任务：开通个人淘宝网店。

※【训练目的】

1. 利用所学知识完成支付宝实名认证。

2. 按照正确步骤在淘宝网完成个人网店的注册。

※【任务背景】

小阳是刚毕业的中专生，他希望自己能开一家网店。但选择什么电商平台，在开店前需要准备什么材料，开网店的具体操作步骤有哪些，这些开网店的基础知识他都不了解。你能帮帮他吗？

※【任务要求】

1. 提前准备好开店所需材料，在支付宝平台注册并实名认证。
2. 在淘宝平台注册一个个人淘宝账户，并申请成为淘宝卖家。
3. 设置网店的名称、店铺简介等，完善店铺的基本信息。

任务二　淘宝店铺定位

电子商务市场与传统实体市场的消费者购买行为有较大差异，通过对网店进行定位分析，可以更好地了解不同网络消费者群体的需求情况，准确掌握目标消费者的心理，有利于更精准地备货、策划营销活动、吸引粉丝等，从而快速占领市场。

【任务引入】

小阳通过学习网上开店平台的分类，掌握了淘宝网店的注册流程，已经在淘宝开设了一家网店。但他不知道可以通过哪些方法或工具对店铺进行准确定位？你能帮帮他吗？

1. 店铺定位包括哪些内容？
2. 你会通过哪些方法进行店铺定位？

【知识链接】

（一）定位

开设店铺后，就需要对自己的店铺进行定位。什么是定位？为什么要进行店铺定位？店铺定位的方法又包括哪些？带着以上的问题，一起探究店铺定位吧。

※ 课堂讨论

为什么要进行店铺定位？你能列举一些店铺及其相对应的定位内容吗？（例如李宁——运动用品）

1 店铺定位的概念

定位是指确定某一事物在一定环境中的位置，如产品在市场中的定位、人物在组织中的定位、物品在某一地理位置上的定位等。店铺定位是指企业确定其商品或服务目标市场的一种策略。其核心是选择合适的定位，使得企业的产品或服务能够在市场中立足。

2 店铺定位的意义

（1）有利于贴近目标消费者需求

一方面，目标市场是店铺定位的依据和归宿，另一方面，店铺形象需要通过品牌设计和产品设计来完成，即恰当的店铺设计有助于在目标消费者心中形成良好的店铺形象。店铺定位可以通过对店铺整体形象及产品的设计而使之更贴近目标消费者的心理感受，更能把握市场需求。

（2）有助于实现差异化产品和服务

对淘宝店铺进行定位，从产品特征、包装、服务、风格视觉等多方面作研究，使产品和服务与市场同类竞争对手产生差异化优势，提高消费者对品牌的接受和认可度。

（3）有利于提升品牌传播效应

只有及时准确地将企业产品或服务传递给目标消费者，得到消费者的认同，该店铺定位才是有效的。此外，品牌传播必须以店铺定位为前提，店铺定位决定了品牌传播的内容。因此，店铺定位是品牌传播的基础。

（二）实操演练——店铺定位

1 网店定位 3C 法

在营销学中，3C 定位分析是指对客户（Consumer）、公司 / 个人（Company/Personal）、竞争对手（Competition）进行定位分析。在网店定位中，可以借助 3C 法进行店铺定位分析。

步骤 01　分析客户

在运营网店前，有必要对互联网用户进行分析，定位目标消费人群，也就是要做好目标消费人群的画像。人群定位是店铺定位的重点之一，缩小顾客群体范围，精简顾客群体，店铺的一切围绕着目标客户进行调整，顾客要什么店铺满足什么，而不是我们卖什么顾客买什么。店铺需要从不同维度对人群进行细分定位，如年龄、需求、受教育程度、消费偏好、消费能力、收入水平、男女比例等。随着社会和经济的发展，消费者需求也会不断发生变化。在确定目标人群，了解他们的需求后，再将一切宣传围绕客户，达到精准营销的目的。我们可以从以下几个基本要素入手分析客户。

第一，年龄。消费者的年龄阶段不同，其消费能力也不同。18 ~ 24 岁这个年龄段的消费人群基本上以学生群体为主，或者是刚刚踏入社会的年轻群体，这部分群体的消费能力都比较基础。25 ~ 49 岁这个年龄段的群体基本是职场人员，有一定的经济能力，追求性价比。50 岁以上的消费群体基本已经实现经济自由，会侧重追求品质。在电子商务大环境下，年轻消费群体正在逐步成为网店消费的主力军。

第二，性别。性别是影响人群消费喜好最基本的维度之一，确认店铺目标消费人群的性别占比有助于精准定位店铺。男性客户群体和女性客户群体在购买习惯、页面风格上会有较大的差异。一般来说，男性消费者对 3C 用品、运动用品等比较关注，而女性消费者比较青睐服装、美妆、日用品等。但是有部分的类目商品同时面向男性、女性客户群体，经营这些类目的网店就不需要过于考虑性别因素。

第三，消费水平。目标人群的消费水平决定了其是否会购买，形成有效订单。因此店主要明确网店所面向的客户群体的消费水平是在哪个价格段。消费水平较高的客户群体会更重视商品的品质和档次，因此较多选择一些高端品牌。消费水平较低的客户群体会追求一些性价比较高的商品，因此可以设置低价的引流品吸引这部分人群，通过低价迅速打入市场，得到客户的认可。

第四，消费偏好。人群的购买偏好是网店目标人群定位要考虑的基本维度之一，购买人群对不同产品和服务的个性化偏好，是影响购买率的一个重要因素，主要由当时当地的社会环境、风俗习惯、时尚变化、个人认知、性格特征等对消费人群产生的影响所决定。

步骤 02 分析商家自身

卖家需要对店铺的未来目标、店铺拥有的资源、已有资源对店铺的帮助、店铺自身存在的优势、店铺所经营商品的特征、行业特点，以及商品的成本、优缺点等进行分析，对自身情况做到心里有数。通过拥有其他网店不具备的优势，或者在相对饱和的市场当中寻找细分小市场，独辟蹊径，开发小而精的新领域，努力实现与现有市场的差异化定位。

步骤 03 分析竞争对手

俗话说：“知己知彼，百战不殆。”分析竞争对手之前，要先找准竞争对手，通常寻找与自己相近的商品或店铺，或者行业前几名的店铺进行研究，对比分析出竞争对手与自家网店的优劣。通过与竞争对手的比较，明确店铺与竞争对手的区别，找出商品和店铺的竞争优势，得出自身的核心竞争力的定位。在网店定位的过程中，卖家可以从行业发展态势、单品竞争分析、活动策划有效性等角度，挖掘自身的核心优势，让网店在众多的竞争对手中脱颖而出。

2 市场定位

细分市场范围有助于网店开展精准营销，可以通过百度指数等数据分析平台、第三方电子商务数据服务机构或电子商务平台官方数据工具进行调研分析。

方法一，百度指数。百度指数是以百度网民行为数据为基础的数据分析平台。百度指数主要的功能模块有基于单个关键词搜索的“趋势研究”“需求图谱”“人群画像”。通过百度指数可以了解某个关键词的搜索趋势、关注指数、搜索人群相关需求以及搜索人群的年龄、性别、地点、兴趣等基本属性，从而把握与该关键词相关的商品类目的市场趋势。

方法二，第三方电子商务数据服务机构。第三方电子商务数据服务机构通过对互联网上公开的网络购物交易数据的抓取和分析，为各类电子商务客户提供全面的商情信息，帮助电子商务品牌做出正确的运营决策。通过第三方电子商务数据服务机构提供的数据，卖家可以洞察行业及子行业的销量，了解行业发展趋势。

方法三，电子商务平台官方数据工具。电子商务平台官方数据工具指的是电子商务平台推出的用于卖家数据统计与分析的工具。例如，淘宝、天猫的生意参谋目前是阿里系平台卖家端的统一数据产品平台，京东商智是京东面向卖家的一站式运营数据开放平台。

以“连衣裙”为关键词，通过“百度指数”数据分析“人群属性”，可以发现主要消费群体年龄集中在 30~39 岁，女性居多（图 1–13）。

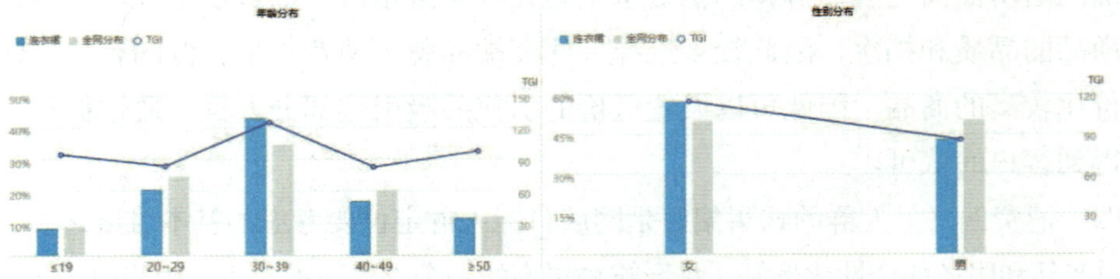

图 1–13　目标群体及范围

原因分析：

①女性在对于连衣裙的选择上处于主要地位；

②连衣裙的购物主力军主要集中在青年群体（20~39 岁），占较大的市场份额。

3 风格定位

步骤 01　以连衣裙为例，根据选择好的人群，在淘宝搜索框输入“连衣裙”（图 1–14）。

选购页面会显示“连衣裙”这个类目一些热门的衣服风格，根据目标范围，选一些适合该人群的风格来做定位选择。如连衣裙的购物主力军主要集中在青年群体（20~39 岁），那么学院风就是我们的定位选择之一（图 1–15）。

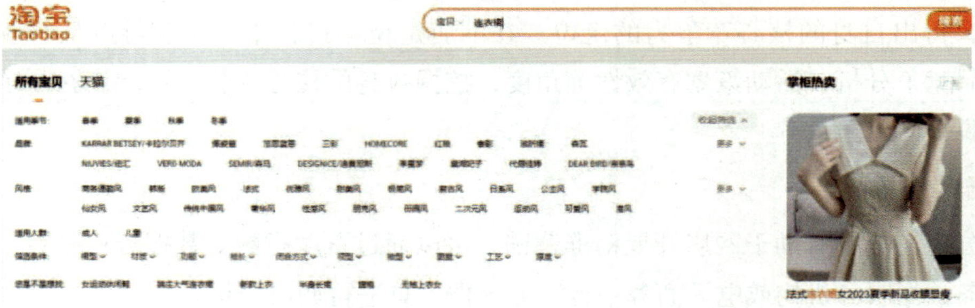

图 1–14　选择产品

步骤 02　点击选好的风格定位“学院风”，并选择销量优先。

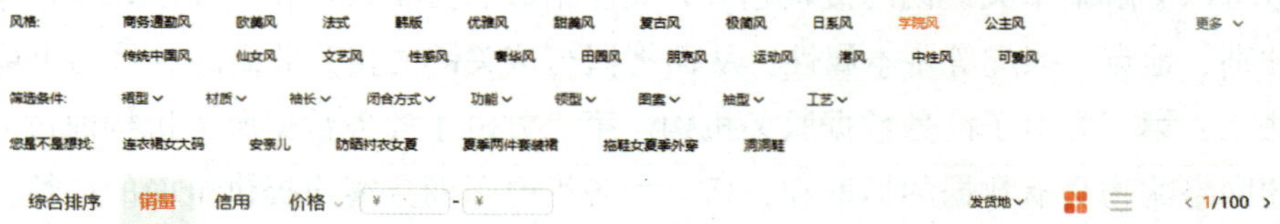

图 1–15　学院风

步骤 03　查看第一页和第二页的销量情况，并算出第一页和第二页的销量总和。多次选择其他的风格，并依次记录销量数据（图 1–16）。

图 1–16　产品销量

步骤 04　由于不同风格可以同时存在于一件衣服上，如学院风可以有欧美学院风、韩版学院风。在查看风格的时候，也可以用多选的方式查看多重风格的销量情况（图 1–17）。

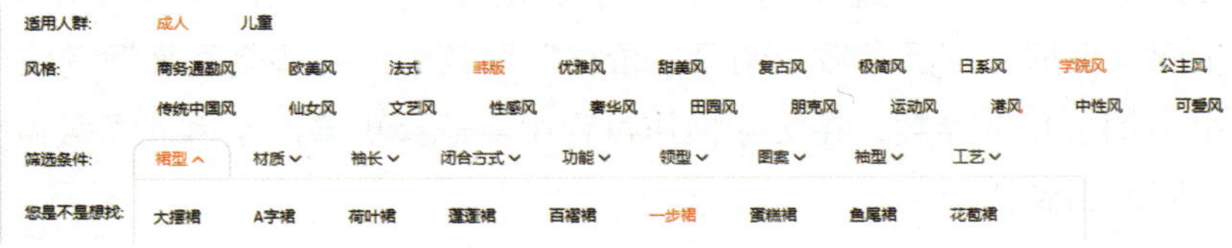

图 1–17　多重风格

步骤 05　通过数据分析，针对销量统计市场份额，选择风格定位。

④ 价格定位

步骤 01　在淘宝搜索框输入“连衣裙”，并选择“学院风”。在输入框按金额输入 3 个不同的价格区间，例如 0~99 元、100~199 元、200 元以上（图 1–18）。

图 1–18　价格定位

步骤 02　通过数据分析，选择价格区间，统计销量（表 1–2）。

表 1–2　销量统计

价格区间	销量
0~99 元	7 万件
100~199 元	3 万件
200 元以上	0.6 万件

分析：

从表 1-2 中可知，0~99 元的销量最高，是 100~199 元的两倍多。200 元以上的市场份额最低。

根据价格定位相关知识，正常情况下 0~99 元的利润最低，100~199 元的利润适中，200 元以上利润最高。

第一，有大量资金和货源的情况下可以选择 0~99 元的产品，因为 0~99 元占了大份额的市场，容易出现爆款的现象。如果没有充足的资金或货源，容易出现库存问题，而且利润会较低。

第二，对于新手或普通买家来说，比较喜欢 100~199 元的产品。从数据上可以看出 100~199 元的产品还是大部分消费者能接受的范围，有一定的市场份额。正常情况下有一定的利润空间，操作难度较低。

第三，对想追求高利润或者品牌的卖家来讲，可以选择 200 元以上的价格定位。200 元以上的产品有较高的利润空间，容易培养忠实客户，但是市场份额会较低，客户对产品品质要求高，操作难度比较高。

步骤 03 对于刚毕业或者还没毕业的学生，200 元以下的价格定位会比较合适。

5 竞争定位

在淘宝搜索框输入“连衣裙”，并选择“学院风”，并在价格区间输入 100~199 元。在查找的产品里面，根据“产品参数、销量、价格”取其中的一些变量来做竞争分析。

表 1-3 中举例了几个参数，在实际操作过程中需选择更多的案例和参数做分析。分析的参数根据不同产品做选择。

表 1-3 竞争定位

产品样式	月销量	价格	材质成分	流行元素	袖型	裙型
	400+	129	雪纺	褶皱	泡泡袖	A 字裙
	300+	103	聚酯纤维	蝴蝶结	常规	百褶裙
	500+	99	涤纶	格子	泡泡袖	娃娃裙
	300+	188	棉	褶皱	泡泡袖	A 字裙

分析：

根据竞争定位，从销量的角度，可以判断出销量高的是目标消费群体比较喜欢的。从表 1–3 中 4 个案例的参数得出“格子泡泡袖娃娃裙”为市场接受度比较高的类型（表 1–4）。

表 1–4　店铺市场定位结果

市场定位目标	定位结果
类目	连衣裙
年龄	20~39 岁
风格	韩版学院风
价格	200 元以下
样式	格子、泡泡袖、娃娃裙

【任务加油站】边学边练

进阶任务：定位淘宝网店。

※【训练目的】

1. 明确店铺定位的重要性，能够完成网店的目标人群定位。
2. 结合目标人群定位分析，初步为网店定位做好规划。

※【任务背景】

小阳通过学习网上开店平台的分类，掌握了淘宝网店的注册流程，已经在淘宝开设了一家网店。但他不知道可以通过哪些方法或工具对店铺进行准确定位？你能帮帮他吗？

※【任务要求】

1. 结合所学知识，定位目标消费人群，从年龄、性别、消费水平及消费偏好四方面分析目标客户。
2. 结合上述分析，总结店铺目标消费人群定位结果。

任务三　淘宝店铺货源选择

货源是开店前必须考虑的问题，不管是通过哪种渠道寻找货源，只有优质的货源才能使网店长久地生存下去。不同网店售卖同一件商品，价格低的自然会引来更多的买家，而控制商品价格，最直接也最简单的方法就是寻找价格低廉的进货渠道。选择物美价廉的货源，是网店成功的因素之一。

【任务引入】

小阳已经初步完成了店铺的定位，接下来，他需要确定货源渠道，选择好的产品，完成进货。你能帮帮他吗？

1. 怎样的货源才是优质货源？

2. 你知道哪些进货渠道？

【知识链接】

（一）确定好产品

选择合适的商品是淘宝销售成功的第一步。那么怎样选择商品呢？什么才是适合在网络上销售的商品呢？

1 产品好

好商品就是要质量好、具备独特性或时尚性，能吸引客户的眼球。

2 利润高

商品的附加值要高，其技术含量和文化价值等，比一般产品要高出很多，因而市场升值幅度大，获利高。

3 有一定真实市场容量

市场容量是指在不考虑产品价格或供应商策略的前提下，市场在一定时期内能够吸纳某种产品或劳务的单位数目。国际市场容量实际上就是需求量。

参考“生意参谋”—“市场行情”—“搜索词查询”，输入要查询的长尾词，可根据查询结果判断其市场容量。

（二）选择货源渠道

许多网上开店的人，最大的困惑就是无法找到合适的货源，下面介绍几个进货的渠道及其优缺点（表 1–5）。

表 1–5　进货的渠道及其优缺点

	1688 等 B2B 网站	批发市场	品牌代理商	工厂直供	一件代发	代购
优势	时间交通等成本低、选购时间充足、库存压力小、款式更新快、批发价格透明	可以真实感受产品的材质，质量容易把控	货源稳定，渠道正规，商品不易断货	货源充足，信用度高，价格有优势	简单省事，鼠标一点，连发货都不用自己管，坐收佣金。风险低，资金投入最少	有特色，有价格优势
劣势	品质难控制	进货交通、时间成本高，价格不透明，进货时间紧迫	更新慢，价格相对较高	有资金库存压力，产品单一	商品不经过自己的手，品质难控制，可能会出现对商品了解不够，与客户沟通较复杂，操作不好容易产生中差评	流行趋势不好把控，要有相应的渠道

※ 课堂讨论

如果你要开一间网店，你会选择哪种货源渠道，为什么？

（三）网店进货技巧

网店进货分为线下进货和网络进货，两种方式进货技巧不同。

1 线下进货技巧

线下进货渠道包括从厂家直接进货和从批发市场进货。线下进货的好处是可以看到实物，了解产品的做工和面料等详细信息（表 1–6），不容易被骗。

表 1–6 线下进货的技巧

技巧要点	具体内容
穿着	切忌过于时尚或严肃，应着重得体舒适
工具	小批量进货，可用大袋；大规模进货，可拉车
话术	拿货价多少；拿多少还能优惠；几件起批
预算	明确每次进货或者补货的金额、种类和数量
调研	比较各批发商的商品款式、价格、质量、包装、最少拿货数等
确定进货	保留进货登记单，维护好与批发商的关系

2 阿里巴巴进货技巧

尽管都知道到厂家或批发市场实地拿货是最好的方式，但目前网络、物流如此发达，网上进货只要做好了保障工作，同样也能获得极高的利润，且比线下进货方便很多。

在阿里巴巴进货时，要挑选诚信通指数高的会员，在大批进货前一定要先看样品，无论合作过多少次都不要一次性批太多货，务必与批发商沟通清楚后再下单，使用支付宝交易。

（四）实操演练——选品进货

步骤 01 用生意参谋提取“连衣裙 / 半身裙”产品数据，在“搜索词查询”中输入“连衣裙”“半身裙”，查询相关数据。

步骤 02 用 EXCEL 进行数据汇总与分析（表 1–7）。只有产品好、利润高、市场容量大的产品才是好产品。

表 1–7 数据汇总与分析

产品	市场容量	毛利润	竞争店铺	…
连衣裙				
半身裙				

步骤 03 到 1688 选择 3 家合适的批发商进行谈判，需要与厂家谈判的内容如表 1–8 所示。

表 1-8　与厂家谈判的内容

品质	向厂家了解产品的质量，看是否可以寄样品先看看
价格	跟厂家了解产品的批发价格，好货比三家
一件代发	跟厂家确认是否一件代发，还是有起批的限制，一定要了解清楚
售后问题	跟厂家确定售后的具体问题：有质量问题是否能退换货，退换货的邮费问题等
其他	……

步骤 04　对比了 3 家厂家的产品、价格等信息后，选择一家进行采购，并将厂家提供的数据包及价格清单等上传店铺。

【任务加油站】边学边练

进阶任务：调查网店货源渠道。

※【训练目的】

1. 掌握选品进货的步骤。
2. 结合店铺定位，利用生意参谋调查网店货源渠道。

※【任务背景】

小阳已经初步完成了店铺的定位，接下来，他需要确定货源渠道，选择好的产品，完成进货。你能帮帮他吗？

※【任务要求】

1. 利用生意参谋，调查店铺其中一件产品的数据，并用 EXCEL 进行数据汇总与分析。
2. 到 1688 去查找厂家并选择 1 家合适的进行谈判，将谈判的内容记录到表格中。

任务四　网店从业者的职业操守

职业操守是同职业活动紧密联系的符合职业特点的道德准则、道德情操和道德品质的总和，它既是本职人员在职业活动中的行为标准和要求，又是职业所承担的社会道德责任与义务。网店从业者应该遵守相应的职业操守，这是作为一名职业人和“电商人”应具有的最基本的道德素养。

【任务引入】

小阳已经做好了开设网店的准备，但他还不了解作为一名网店从业者应该遵守哪些职业操守。你能帮帮他吗？

1. 什么样的人员，才是合格的网店从业者？
2. 你认为网店从业者应该遵守哪些职业操守？

【知识链接】

（一）诚实守信，遵纪守法

遵纪守法是每个公民应尽的义务，网店职业者要遵守职业纪律和与职业活动相关的法律、法规，遵守商业道德，按规则、按合同办事。在守法的基础上，要坚持实事求是，恪守信用。在网店运营的各个环节，都应该从实际出发，不得夸大营销，不能发布虚假信息，坚决做到诚实守信，奉公守法。

（二）务实创新，吃苦耐劳

创新是第一生产力，要做到脚踏实地、勤勤恳恳、勤奋学习、刻苦钻研，在实践中努力提高自身的思想素质和业务水平，在埋头苦干的同时也要不断创新，不空谈，重实干，为运营工作注入源源不断的新鲜血液，在工作中充满朝气和活力，促使各项网店运营工作顺利开展。

（三）爱岗敬业，严守机密

俗话说“干一行，爱一行”，这是爱岗敬业最通俗的说法。作为一名网店从业人员，首先要热爱自己的事业，有强烈的事业心和责任感，自觉履行所在岗位的各项职责，端正思想，公道正派，严守机密，反对不良思想和作风。

※ 课堂讨论

职业操守对于一名职场人来说，有哪些重要意义？

【任务加油站】边学边练

进阶任务：绘制岗位信息表。

※【训练目的】

明确网店从业人员的职业操守内涵，并能自觉遵守相关的职业操守。

※【任务背景】

小阳已经做好了开设网店的准备，但他还不了解作为一名网店从业者应该遵守哪些职业操守。你能帮帮他吗？

※【任务要求】

通过网络搜索网店从业人员所涉及的岗位，选择其中一个，总结出该岗位所对应的岗位知识、技能及职业操守内容，绘制成一个岗位信息表。

画龙点睛：项目总结

本项目内容是网店运营的基础，第一步就是开设网店。通过项目一所学，掌握了在淘宝网开设个人网店的具体步骤，明确了店铺定位的方法与工具，并能为店铺选择好的产品与货源。在此基础上，进一步深化网店从业者应遵守的职业操守，为成为一名合格电商人打好基础。

视野拓展：案例分析

店铺定位案例：

月销 10 万元的零食店铺，如何用六款宝贝撑起未来？

店铺现状：一家 5 钻企业零食类目店铺，主营进口食品，开店 6 个月，货源稳定，月销售额 10 万元。店铺日均推广费用为 500 元，选择的是直通车。

店铺症状：过海关报税等成本高，且时间不能自己进行把控，容易造成到货时间延误。

一个全新的店铺，没有品牌，没有销量，且全店只有六款宝贝，宝贝款式少的同时价格要比市场同类高，要如何利用全店仅有的六款产品，突破重围，打造出自己的格调，走出一条高规格的道路？

1 确定店铺定位，营造店铺特色氛围

一个全新的店铺，商品确认后，不是立马进行上架出售，而是根据产品特色确认店铺的整体定位，设计出店铺独有的特色氛围，为店铺奠定基础。一个店铺的定位，商品是重点，同时要针对行业进行分析，了解整个行业特性，从现有的行业产品中挖掘自身商品的优势和卖点，并将这个卖点在页面中进行放大，除了商品的优势，页面还需要结合商品当地的风俗文化进行展现，打造自己特有风俗文化并展现宝贝卖点的页面，营造文化氛围，走自己独有的风格。

2 打造小爆款，提升店铺销量

整个店铺的页面根据定位设计完成后，进入商品测试阶段，打造店铺的小爆款。因为整个店铺的商品数量比较少，所以直接将商品加入大麦优驾软件，进行一到两周的低价引流，从这两周的数据中找出最受欢迎的商品。选出最受欢迎的商品后，加大推广费用的投入，并将该商品在全店流量最集中的地方进行展示，例如店招、宝贝详情页关联、左侧通栏等，并通过掌柜推荐，让每一个进店的客人都可以看到该主推的宝贝。

在打造店铺小爆款的过程中，还需继续找店铺其他的潜力款，因为一个小爆款不足以带动整个店铺，免费送试吃就成了必需。店铺每款商品都要生产一定量让顾客试吃，每个口味只需要最小的规格即可。店铺所有订单在发货的时候，将试吃装随订单一起发货，提高客人的体验度，并让客人试吃到多款宝贝。通过试吃得到客人认可，客人下一次进店购买多种商品就成为可能，从而提高整个店铺商品的销量。

3 将重点落在无线，扩大消费群体

随着手机的普及和完善，手机购物已经成为许多人的习惯，整个食品行业，60% 的成交来自无 线端，所以刺激无线网购成为工作的重中之重。

（1）设置手机专享价格

手机专享价格，要比 PC 端的价格优惠 3~5 元，让客人有冲动直接到无线端进行购买，增加销量，提高宝贝的权重和竞争力。

（2）设计手机端的界面

手机端的首页和宝贝详情页，都需要根据无线端的特点进行设计。手机端的页面需要重点考虑客户的体验度，客户用手机进行购买，需要网速，网速不稳定的前提下，图片越大，打开的速度就越慢。为了避免客户打不开页面而跳失，图片的大小需要进行合理的控制，不能过大。另外，手机屏幕比电脑屏幕要小，看到的内容清晰度是不一致的，所以在设计手机端的页面字体时，需要适当放大，让客户更容易看清楚。

（3）善于利用软件助力

利用淘宝神笔的自运营模块，将店铺优惠券和店铺活动推送到无线端宝贝详情页上通栏，将宝贝推荐推送到无线端宝贝详情页的下通栏。优惠券和店铺活动的展现，让客人更清楚店铺已有的活动，提升宝贝转化。在设置宝贝推荐的时候，根据店铺已有的订单进行分析，看哪些款式是客人最喜欢组合在一起进行购买的，将搭配购买概率高的产品，进行相互推荐，提高店铺商品的搭配购买率。

（4）推出无线端特有的优惠活动

微淘、无线任务、超级无线、店铺宝箱、分享有礼、抽奖在无线端全面地铺开。在微淘方面，对店铺人群进行分析，了解他们的兴趣点，根据客人的兴趣点发布每天的微淘内容，同时将店铺的商品、促销、品牌进行穿插发布，维护好微淘的粉丝，将微淘的功能发挥到极致。利用无线任务设置无线端的活动，策划每日签到送积分、收藏宝贝送积分，只要积分累积到一定的额度，即可参与店铺商品兑换活动，提高客户对店铺的黏性。而店铺宝箱和分享有礼，作为一个吸新的活动，应每两周进行一次，带动店铺新访客的增加。

4 整合重组，创造新产品

只有一个小爆款，是支持不了整个店铺的。在店铺商品有限的前提下，组合出售成了首选，怎样组合才会让客人更容易接受并进行购买呢？一方面，将店铺单盒装的小爆款改成两盒装或者三盒装，作为一个新的 SKU（最小存货单位）添加到单盒宝贝的链接中去，如果受到类目功能的限制，不能增加多 SKU 的话，可以直接新建一个链接出售。在售价方面，两盒装的组合价格要比直接购买两个单盒装的优惠，而三盒装的组合价格要比直接购买三个单盒装或者是两盒装的价格优惠。消费者都是精明的，我们需要通过多买多优惠的方式，引导消费者购买两盒或三盒的组装。另一方面，将店铺不同的商品与小爆款进行组合并生成新的链接，组合成家庭礼包的形式，家庭礼包的价格比购买单盒装的商品更优惠，通过页面和客服告诉客户，怎样购买更优惠。每一个客户都喜欢花更少的钱买到更多的商品。通过购买组合家庭礼盒，可以满足客户享受优惠的愿望，也可以购买到多款宝贝。而对店铺来说，客人购买家庭组合装，既提高了店铺的客单价，也增加了店铺宝贝的销量。

5 打造活动专款，提升店铺业绩

整个店铺的商品价格一般集中在 80 元左右。在零食类目中，这个价格段相对比较难上活动。如果上活动，产品的价格要降低，但是成本不允许，所以我们针对两到三款潜力款宝贝，专门增加一个简易包装，并将重量减少，从而降低成本。两款的简易包装作为活动款，进行符合要求的官方活动。活动款与店铺其他宝贝进行搭配，充分利用活动带来的流量，提高店铺的转化率和客单价。

6 提供高端服务，打造高规格网店

根据市场分析，较多店铺选择限定地区或者整个店铺满多少钱包邮，为了凸显店铺优势，我们选择全店包邮，且满 78 元即可顺丰包邮，在客人愿意提供身份证等相关证件的前提下(我们是进口零食，在过海关的时候需要提供收件人的身份证号)，我们还可以提供直邮服务，直接邮寄到顾客手中，让客人感受跨境购物的方便快捷，同时将我们整个店铺的格调再提升一个层级，给客人留下深刻的印象。

※ 案例讨论

1. 本案例在店铺定位方面做了哪些工作？你怎么看待这些做法？
2. 假如你是店主，你还会为店铺定位做哪些努力？

※ 总结

一个店铺，仅仅拥有好的产品是不够的，还需要有自己的格调。确定自己的定位，PC 端和无线端网店相结合，无线端作为重点方面，完善页面，并通过特有的无线端活动，进行新老客户的维护，利用小爆款带动整个店铺。

学以致用：巩固检测

请结合本项目所学，完成以下练习：

扫码，完成在线检测题　　扫码，核对参考答案

1. 目前，我国网民的大部分网络购物交易集中于平台式购物网站，而其首选购物网站则是(　　)。(单选题)

A. 亚马逊　　B. 网易考拉　　C. 淘宝

2. 淘宝集市店铺是淘宝免费向淘宝用户开放的(　　)购物平台，入驻者可以是企业也可以是个人。(单选题)

A. C2C　　　　　　　　B. B2C　　　　C. B2B

3.（　　）是淘宝网全新打造的 B2C 购物平台，其整合数千家品牌商、生产商，为商家和消费者提供一站式解决方案。（单选题）

A. 企业店铺　　　　　　B. 天猫商城　　　　　　C. 淘宝集市店铺

4. 抖音、快手、bilibili、微博等平台的主播 / 达人 / 明星 /UP 主（个人或机构）有一定的粉丝量的应该选择哪种身份开店：（　　）。（单选题）

A. 达人商家　　　　　　B. 品牌商家　　　　　　C. 普通商家

5.（　　）是国内领先的第三方独立支付平台，由阿里巴巴集团创办，致力于提供"简单、安全、快速"的在线支付解决方案。（单选题）

A. 支付宝　　　　　　B. 贝宝　　　　　　C. 银联

6.（　　）是为淘宝提供"担保交易"的第三方平台。（单选题）

A. 财付通　　　　　　B. 支付宝　　　　　　C. 百度支付

7. 开设（　　）要求企业有 100 万元以上的注册资金，2 年以上经营时间、品牌注册商标和纳税身份等。（单选题）

A. 淘宝企业店铺　　　　B. 天猫商城店铺　　　　C. 淘宝集市店铺

8. 开店成功后（　　）周无商品店铺将自动释放，请及时发布商品经营店铺。（单选题）

A. 5　　　　　　B. 8　　　　　　C. 12

9. 支付宝已发展成为融合了支付、生活服务、政务服务、社交、理财、保险、公益等多个场景与行业的开放性平台。（判断题）

○对　　　　　　○错

10.TMO 数据显示，淘宝、天猫用户市场份额在我国网民的大部分网络购物交易平台中处于领先地位。（判断题）

○对　　　　　　○错

11. 个人店铺是不可以升级为企业店铺的。（判断题）

○对　　　　　　○错

12. 对淘宝店铺进行定位，从产品特征、包装、服务、风格视觉等多方面作研究，使产品和服务与市场同类竞争对手产生差异化优势，无法提高消费者对品牌的接受和认可度。（判断题）

○对　　　　　　○错

13. 根据淘宝平台商家服务大厅的开店指南，我们可以将开店流程分为七步：淘宝开店入口—选择开店身份—__________—支付宝认证—登记主体信息—实人认证—开店成功。（填空题）

14. 店铺定位是指企业确定其 ____________ 目标市场的一种策略。（填空题）

15. 在营销学中，3C 定位分析是指对_____________、_____________、_____________ 进行定位和分析。（多项填空题）

匠心精研：实操演练

项目一综合实训　店铺开设

实训要求：

请打开活页实训任务指导书，完成项目一综合实训。

序号	实训项目	实训要求
1	实训 1　风格定位	通过分析几家同行网店，了解店铺风格，掌握估算店铺风格定位的方法，并根据实训步骤，得出店铺风格定位结论。

项目一综合实训

评价与反馈：淬炼思政

请结合项目一的学习表现及收获，填写下表，完成学习评价：

<table>
<tr><th rowspan="2">项目</th><th rowspan="2">学习任务</th><th rowspan="2">学习目标</th><th colspan="3">学习评价</th><th rowspan="2">总评</th></tr>
<tr><th>自评
30%</th><th>小组评
20%</th><th>教师评
50%</th></tr>
<tr><td rowspan="3">店铺开设</td><td rowspan="3">任务一　淘宝店铺开设
任务二　淘宝店铺定位
任务三　淘宝店铺货源选择
任务四　网店从业者的职业操守</td><td>【知识目标】：
1. 能说出淘宝店铺的分类；
2. 能罗列支付宝的优势；
3. 能复述网店从业者的职业操守要点。</td><td></td><td></td><td></td><td></td></tr>
<tr><td>【技能目标】：
1. 能按照网店开设流程取得开店资格；
2. 能选用合适的方法进行店铺定位；
3. 能选择合适的货源渠道进行选品进货。</td><td></td><td></td><td></td><td></td></tr>
<tr><td>【素质目标】：
1. 培养网店运营的互联网营销思维；
2. 培养自觉遵守网店从业者的职业操守的劳动意识。</td><td></td><td></td><td></td><td></td></tr>
<tr><td colspan="2">学习综合评分</td><td colspan="5"></td></tr>
<tr><td colspan="2">学习收获</td><td colspan="5"></td></tr>
</table>

模块二　网店装修

项目二　商品拍摄

项目概览图

项目	学习任务	学习目标
项目二 商品拍摄 微课：商品拍摄	任务一　摄影器材 任务二　商品摆放 任务三　背景选择 任务四　拍摄过程	【知识目标】： 1. 能说出常用摄影器材的种类和功能； 2. 能罗列商品摆放、商品拍摄背景选择技巧； 3. 能复述商品拍摄的流程。 【技能目标】： 1. 能根据商品特性进行摆放与构图； 2. 能选择合适的背景与道具； 3. 能按照网店要求进行规划、完成拍摄。 【素质目标】： 1. 激发学生创意，培育创新精神； 2. 树立原创和岗位意识，培养职场时间观念。

项目背景

目前，电商的拍摄方式一般包括自建、外包 、合作完成。

选择哪类拍摄方式，可以从网店成本预算与操作是否便利考虑，网店运营投入商品拍摄是必备。拍摄类自媒体大咖、网红就大大简化了网店运营期间拍摄商品的自主化，在真正能提高摄影技能的学习领域里，基本专业学习不能忽略，这样才能有效吸收高级技能。

勤学善思

电商平台的差异化使得网店装修越来越专精，在正式学习之前，请同学们登录淘宝与天猫平台浏览不同店铺的商品图（图 2–1，图 2–2），思考以下问题：

1. 天猫与淘宝的商品图样式之所以不同是不是网店按照自己喜好设置的?

2. 不同的店铺商品图样式设置是否有相同点?

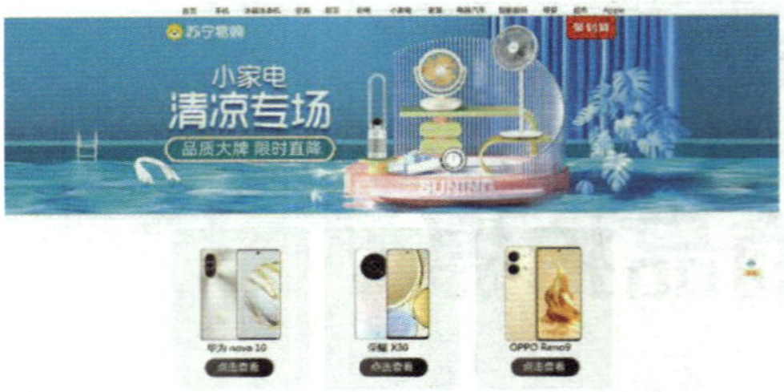

图 2-1　天猫店铺主页

图 2-2　淘宝店铺主页

任务一　摄影器材

摄影器材的选择在网店运营中体现在成本与作品的较量关系上。一般来说，可以对企业的投资、商品类别、拍摄要求等方面综合考量后进行选择。

【任务引入】

小阳已经具备开设店铺的基本技能，店铺开设之后面临的第一个问题就是网店装修，众所周知，装修需要大量商品图片支持。拍摄商品图片之前需要储备什么摄影知识吗？

1. 常见的摄影器材有哪些？它们主要起到什么作用？适合哪些商品使用？

2. 根据小阳网店的商品特征，需要配备哪些摄影器材？

【知识链接】

（一）摄影工具

身为网店美工，对摄影工具的认知是必备知识，只有从最基本的器材配置知识开始了解，才能在众多器材里选择合适的摄影工具。

1 手机

如今，智能手机的摄影功能日渐强大，摄像头越发高端，很早就有专门为手机摄影配置的专业设备，如图 2-3 所示，以小米 13Ultra 为例，引入徕卡专业光学设计，联合研发新一代镜头，将“徕卡光学”带入全新移动影像，以真实为基调发挥创作空间。另外，手机相对于相机而言，有着体积小、方便携带的特性，现在越来越多人街拍、取外景等都热衷于使用手机进行网店商品的拍摄，如图 2-4 所示。

图 2-3　专业摄像手机

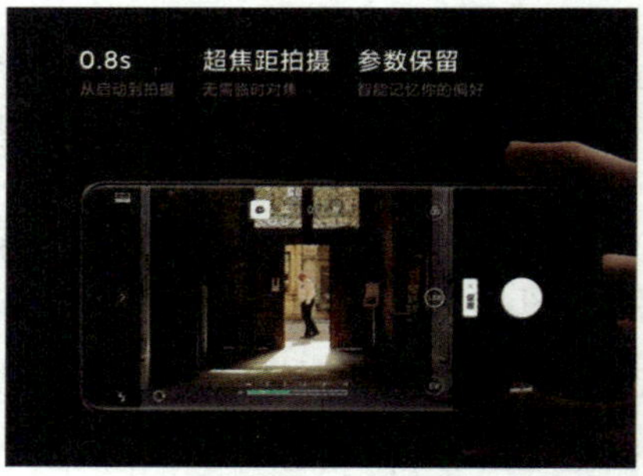

图 2-4　手机拍摄

2 数码单反相机

单反即单镜头反光的意思，使用数码单反相机拍摄出来的照片质量普遍较高，也可以从拍摄需要考虑使用不同的镜头或添加其他辅助设备，另外，因为单反专业性强，企业一般会从成本与适配性角度考量选择配置一台优质、合适的相机（图 2–5）。

图 2–5　数码单反相机

3 机型分析

网店用来拍摄商品的摄影设备要的求会高于日常拍摄相机，但是并非只考虑高价格。根据网店商品的特性选择合适的相机才是对运营与预算的适配选择，以下分三类机型简要介绍。

（1）入门级机型

入门级机型，机身价格为 3000~5000 元，如图 2–6 佳能 EOS 1500D，能满足一般拍摄需求。入门级机型适合预算不高、对画质及性能要求不太高的用户。

（2）进阶级机型

进阶级机型，机身价格为 5000~10000 元，如图 2–7 尼康 D7500，速度、聚焦和高灵敏度效果出色。进阶级机型适合注重高性价比，长期使用，追求操作便捷、控制功能完善的用户。

（3）专业级机型

专业级单反相机是为需要优异性能和细节品质的摄影师专门设计的，如图 2–8 佳能 EOS 6D Mark Ⅱ。专业级机型适合不以价格为第一考虑，追求优异性能，比如连拍速度、抑制噪点、色彩宽容度等指标的专业用户。

图 2–6　佳能 EOS 1500D

图 2–7　尼康 D7500

图 2–8　佳能 EOS 6D Mark II

※ 课堂讨论

结合自身兴趣，你会选择哪种机型？主要用于拍摄什么？为什么？

（二）机身与镜头功能

1 驱动与拍摄功能

数码单反相机机身上的常用图标如表 2–1 所示，不同机型、品牌也可参照类似表述。驱动与拍摄模式是机身针对不同场景进行优化处理已预先设置的功能，摄影师可以根据商品特性选择不同的驱动与拍摄模式功能，人像、风景、微距、运动、夜景人像是比较常用的几种。

表 2–1　数码单反相机机身上的常用图标

驱动模式	拍摄模式		
单拍	全自动	微距	P 程序自动曝光
连拍	CA 创意自动	运动	Tv 快门优先自动曝光
自拍 / 遥控 *	闪光灯关闭	夜景人像	Av 光圈优先自动曝光
H 高速连续拍摄	使用内置闪光灯	短片拍摄	M 手动曝光
自拍定时器：2 秒	人像	ISO 更改 ISO 感光度	AF 自动对焦模式
自拍定时器：连拍	风景		MF 手动对焦模式

①人像模式拍摄主要为了聚焦点在人物上，可以拍摄出人像与背景不同层次的照片，户外拍摄可以虚化背景增强人像的主角感（图 2–9，图 2–10）。

图 2–9 人像模式 – 室内

图 2–10 人像模式 – 背景虚化

②风景模式拍摄主要为了保证足够的景深，在白天拍摄出色彩鲜明、锐度较高的照片（图 2–11）。

③微距模式主要适合拍摄小物体，景深小，焦点十分清晰，色彩鲜明，锐度也高（图 2–12）。

④运动模式主要使用高速快门确保动态对象清晰成像，方便运动拍摄，拍出瞬间的动作（图 1–13）。

⑤夜景人像模式主要是在光线比较暗的场景下拍摄人像，也适合在室内拍摄人像，该模式可以自动提高感光度降低快门速度，使画面背景获得足够的曝光（图 2–14）。

图 2–11　风景模式

图 2–12　微距模式

图 2–13　运动模式

2–14　夜景人像模式

2 镜头

数码单反相机的镜头很大程度上影响着成像质量。根据网店实际工作需要和预算，可以考虑是使用原厂镜头还是使用副厂镜头。从不同焦距的角度划分，可以分为广角镜头、长焦镜头、标准镜头。

①广角镜头相对另外两种镜头来说较适合拍摄大场景照片，拍摄角度宽广（图 2–15）。

②长焦镜头的特点是景深小，视角狭窄，聚焦点细，突出细小的主体，虚化背景（图 2–16）。

③标准镜头是参考人眼的视角，有记录真实的视觉效果，透视自然，适合一般的商品拍摄需求（图 2–17）。

图 2–15　广角镜头

图 2–16　长焦镜头

图 2–17　标准镜头

（三）辅助摄影器材

1 闪光灯

闪光灯是能在瞬间发出强光的灯，是用于布光补给的重要器材，包括内置和独立两种模式（图 2–18）。

2 遮光罩

遮光罩可以用在两种情况下，一是为了避免干扰光线进入镜头提高成像质量，二是为了保护镜头（图 2–19）。

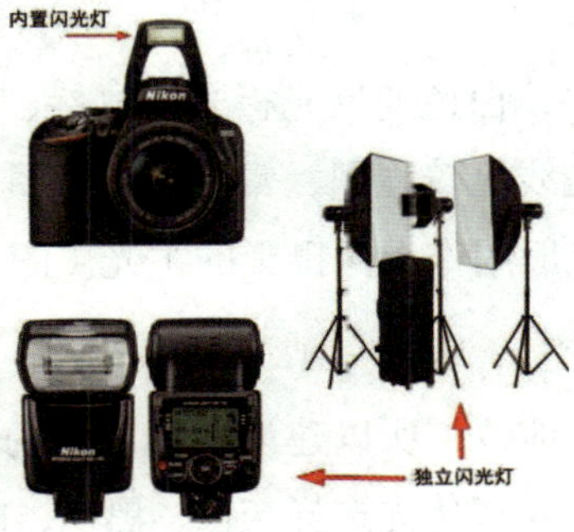

图 2–18　闪光灯

图 2–19　遮光罩

3 三脚架

三脚架的主要作用是避免手抖，提高相机成像过程的稳定性。常用于长曝光的拍摄，如光线较暗的晚霞或有丝绸感的动感水流（图 2–20）。

4 储存卡

储存卡是数码相机不可缺少的配件之一，主要用于储存拍摄照片生成的数据，SD 卡和 CF 卡使用较多（图 2–21）。

图 2–20　三脚架

图 2–21　储存卡

5 静物台

静物台是拍摄小型商品的必要设备，除了可以展示出商品最佳拍摄角度，便于布光，消除物品投影，对后期商品图的处理也提供了很大的便利（图 2–22）。

6 快门线

快门线可以减少拍摄者按动快门时由于手抖所造成的图像不清晰，可以保证长时间曝光、不同驱动模式情况下的成像质量（图 2–23）。

7 柔光箱

柔光箱主要用于处理生硬的光线，让光质变得柔和，在室内拍摄人像和静物时使用，光照面积大，不会在模特或静物商品周围形成硬硬的黑影边，看上去柔和舒服，是棚内拍摄的必备辅助器材（图 2–24）。

图 2–22　静物台

图 2–23　快门线

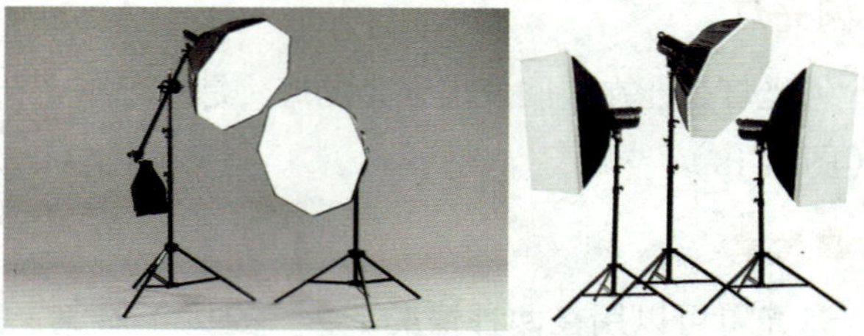

图 2–24　柔光箱

8 反光板

反光板是最常见的商品拍摄辅助器材之一，白色的反光板光线自然、柔和，常用于一般的补光。银色的反光板光亮如镜，反射的光线比较强烈，常作为人像摄影辅助光。金色的反光板提供暖调光线，光线也比较强烈，一般用作人像摄影的主光（图 2–25）。

9 背景布

背景布用于室内拍摄时烘托出商品的主体地位，所以建议使用简洁的背景布，不熟悉的情况下可以优先选择灰色、黑色、白色（图 2–26）。

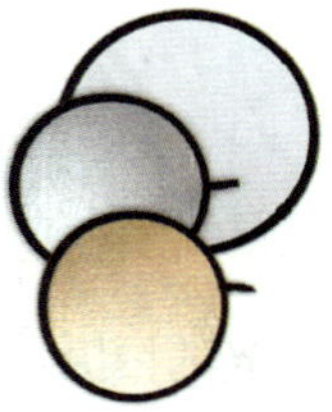

图 2–25　反光板

图 2–26　背景布

※　**课堂讨论**

什么器材适合户外拍摄使用？什么器材是室内摄影棚才使用？拍摄服装类商品的户外模特照片需要用到什么器材？

【任务加油站】边学边练

进阶任务：配备合适的摄影器材。

※【训练目的】

1. 利用所学知识选择合适器材。

2. 学会使用摄影器材进行拍摄操作。

※【任务背景】

小阳已经具备开设店铺的基本技能，店铺开设之后面临的第一个问题就是网店装修，众所周知，装修需要大量商品图片支持。拍摄商品图片之前需要储备什么摄影知识吗？

※【任务要求】

1. 常见的摄影器材有哪些？它们主要起到什么作用？适合哪些商品使用？

2. 根据小阳网店女装服饰的商品特征，罗列出适合进行一组棚内拍摄的摄影器材，并用器材进行拍摄。

任务二　商品摆放

商品拍摄的首要原则是真实反映拍摄主体的固有特征和真实相貌，在不改变商品原有真实性的前提下，使创意、构思、光线、色彩等摄影布局相配合，最终呈现出具有艺术美感的真实商品图，从如何摆放商品及拍摄所需道具的角度考虑就成为重要的突破点。

【任务引入】

小阳已经根据网店预算和商品定位购置好摄影器材，开始准备商品图的拍摄，但是不知道如何让自己的商品看上去真实美观，你能帮帮他吗？

1. 你如何帮助小阳构思？选择摆放的道具有哪些？

2. 你依据什么原理选择合适摆放商品与道具的位置？

【知识链接】

（一）道具摆放案例介绍

要拍摄出一张符合网络销售的商品推广诉求图片，使用道具为图片增色能起到很大的作用，下面以女性服装类商品为例做具体的介绍。

※ 课堂讨论

为什么道具的摆放是拍出一张优质商品图的突破点？你能列举一些店铺运用道具拍摄和不运用道具拍摄的商品图的异同点吗？

1 长裙拍摄道具介绍

图 2-27 所示的是一张长裙的商品图片。这个商品图片使用了街拍背景，但是图片中还使用了两种道具——真人模特和背包。对于长裙来说，模特的作用是体现服饰穿着的效果，起到“衣架”的作用，所以真人模特对于这张图片来说是一种拍摄的道具。模特身上

除了长裙还有一个单肩包，它也起到了搭配效果、增加模特整体气质的作用，所以这个小单肩包也是一种拍摄道具。这两个道具的使用在图片的美观和真实体现上起到了很好的作用。

② 上衣拍摄道具介绍

图 2–28 所示，这是一张卡通 T 恤的商品图片，图中使用的道具共有 3 种，其中背景使用了较为简洁的人造草坪地毯。为了表达这款 T 恤除了有米白色还有其他颜色，把几种颜色和款式都摆放在一起，而且不是简单地罗列，是用了不同的折叠方式，突出 T 恤的卡通形象，店主还以蓝色圆形背景板、小猫玩偶作为搭配道具。此外，为了让场景更加生动，小猫玩偶还摆放在巧妙的位置。

③ 服装配件拍摄道具介绍

图 2–29 所示，这是一张可爱型袜子的商品图片。这张图片使用了简易背景——白色背景台，图片中也使用了几种道具：手机壳、纸皮袋、眼睛玩偶。虽然简易背景看上去干净利落，但是视觉效果会略显呆板，加上袜子形状是长方形的，直接平放较为呆板。所以在拍摄时利用颜色相近的道具辅助拍摄，袜子套卷站起来堆叠，使得图片看起来不会过于呆板，背景也不会抢走商品的主体感，整体活泼了很多，也就符合了商品特征的推广诉求。

手机壳、纸皮袋的价格是很低廉的，眼睛玩偶是商品本身就有的，几乎所有的道具成本都很低。

图 2–27　长裙拍摄图

图 2–28　上衣拍摄图

图 2–29　袜子拍摄图

（二）搭配与摆拍技巧

在为商品图片选择道具时，道具和商品或背景是否搭配，可以从属性、形状等方面来考虑。从用属性相关的物品作道具的角度来考虑，衣服可以用饰品来搭配，食品可以用餐盘来搭配，笔记本可以用笔来搭配等。从形状的角度考虑，可以构想形状给人的视觉冲击，比如利用商品与道具形状不同作为补充，也可以让商品和道具的形状相映成趣，比如利用眼镜搭配气球。

如果图片中的商品和选择的背景美观、真实，但是无法突出商品的主体地位，则可以选择亮眼的道具，这样更符合推广的诉求。

如果商品图片真实、主体突出，但不是那么美观，则可以利用一些外形较为美观的物品作为道具，增加图片的美观度，让图片更符合推广诉求。

服装的摆拍是一个比较有难度的任务，下面以服装为例进行讲解。首先分析几张商品图片，看看不同的摆放造型，拍摄出来的不同效果。

❶ 服装的摆放造型

图 2–30 摆放方式主要突出了商品的立体感，稍稍收起腋下位置和腰部位置，凸显出服装的线条，同时也会体现衣服面料的质感，提升了衣服的层次。

❷ 拍出产品的卖点和特点

服装类商品不能只考虑商品的整体效果，细节也十分重要。很多新手商家不注重细节的拍摄，甚至没有细节图，因而很难得到消费者的青睐。为了更好地运营网店，细节的拍摄一定不能少，下面介绍如何拍出服装的细节特点、卖点和优势。

服装类商品需要拍摄的细节有：吊牌、拉链、线缝、内标、Logo、领口、袖口以及衣边等。服装的特别之处都要拍摄细节，细节越多，消费者越清楚，与同类比较的时候就越有优势。

像图 2–31，拍出衣服领口的位置，展示做工，同时也展示衣服的面料。

图 2–32 拍摄的就是卖点，这件衣服的细节、特点，就是你的卖点，一定要给一个特写，让大家了解衣服上面还有特别的装饰。所以，拍摄服装展示出商品的细节很重要。

图 2–30　服装摆放

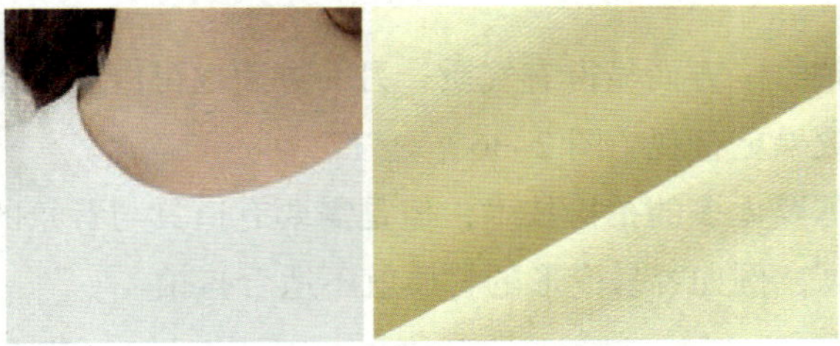

图 2–31　服装细节

图 2–32　服装卖点

❸ 平铺拍摄服装

平铺拍摄是最常用的拍摄手法，通常 T 恤、裤子、裙子等无法突出立体效果的时候可以采用平铺拍摄的方式（图 2–33）。

平铺拍摄在选择背景上是很重要的，很多商家直接在床上摆放衣服进行拍摄，没有搭配构想，效果不好。从商品与水平线的角度考虑，平铺拍摄的方法有以下三种：

①商品和水平线呈 90 度角，这种方式比较直观，网店的爆款和官网的图片很多都使用这样的拍摄方式。

②商品和水平线左倾或右倾 30 度，这样的拍摄角度会更加吸引顾客，现在很多的日韩系服装都是用这样的拍摄方法。

③商品随意摆放，但不是随便摆放，需要构想摆放效果，一些杂志上的服装常用这样的拍摄方法，这样拍出来的图片给人的感觉随意但又有美感。

以下是商品和水平线呈 90 度角的拍摄方式参考。

如图 2–34 就是用登高的方法来拍摄。

图 2–35 就是角度没有拿捏好的例子，不是垂直的角度显得衣服有些变形，光线从左上角摄入，服装上有阴影显得光线不均匀。

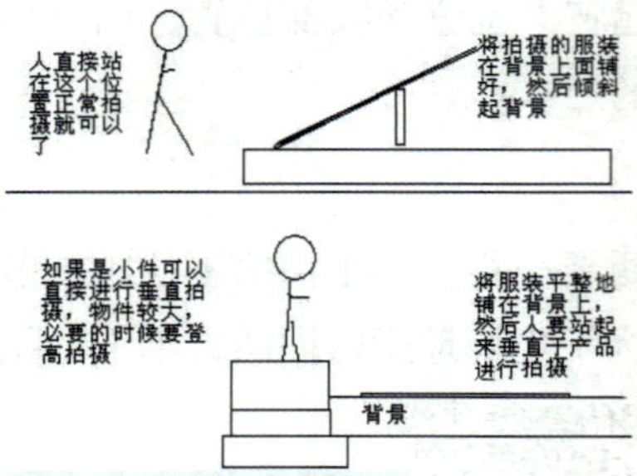

图 2–33　平铺说明

图 2–34　90 度角平铺拍摄

图 2–35　非 90 度角平铺拍摄

4 挂拍手法

商场中的衣服挂在衣架上销售可以体现服装穿着后的观感，在拍摄悬挂衣服时，要注意背景和照明的设置方法，避免阴影对服装成图的影响。想得到单色背景的干净照片，就需要白色的背景，周围使用遮光板，正面放置光源即可。类似的方法可以搭配模特架子进行拍摄。

使用模特架子挂拍，一方面显得有气质，另一方面也可以展示出衣服上身的观感，比平铺拍摄展示出来的效果更直观（图 2–36）。

进行悬挂拍摄不需要太多的拍摄技术，但是需要有道具与背景的搭配构思，而且对服装材质的要求也比较高，例如容易变形的材质就不适合挂拍。

图 2–36　模特架子挂拍

图 2–37　悬挂拍摄

选择雪白的墙壁，或者漂亮的、不太鲜艳的碎花墙纸都可以进行悬挂拍摄。如果没有就要选择背景布（纸），纯色的背景布（纸）就可以，具体操作在任务三会进行说明。然后按照不同衣服、不同风格搭配一些小配饰，如图 2–37 所示。

5 真人模特拍摄

大家经常可以看到很多服装类商家用真人模特进行拍摄，这种拍摄方法能够表现出产品的线条、样式和质感。而由于室外拍摄容易受天气和环境影响，很多商家更倾向于选择室内拍摄，主要考虑到光源能人为进行控制。

在室内拍摄的时候布光十分重要，想拍摄出好的商品图片一定要掌握这一点，多尝试使用不同的辅助灯，从不同的角度进行测光。一般来说，细腻质感的面料适合用柔和的光线，而粗糙质感的面料适合直接打光。

在室外拍摄的时候基本不需要外加灯光，但是需要用到反光板以协调室外的光线对成图的影响，对天气有一定的要求。拍摄时需要注意拍摄地点周围是否有可更换衣服的场所，也可以带些布帘子之类的物料搭建简易换衣间。拍摄前先构思好流程，主要是拍摄所需的光源时间不能被延误，因为所需要的自然光线会随着时间改变，如图 2–38。

图 2–38　模特室外拍摄

在室外拍摄的时候大的反光板十分有用，如果没有购买专业的大型反光板，可以使用大块的白色泡沫板做一个简易的反光板。拍摄的时候建议使用大光圈和较小的景深，这样可以虚化背景，突出商品主体。

（三）服装类摆拍辅助攻略

1 光线注意点

室内拍摄服装可以选择天气晴朗的早上或者下午。室外自然光拍摄可以选择阳光不太强烈的天气，有时候些许阴天也是个好的选择。

不建议阳光直射被拍摄的商品。运用辅助拍摄的灯具摄影时应该注意布光，调节光线的投射方向、强弱，使商品表面整体光线均匀。

2 其他注意点

①拍摄颜色较浅的商品时，使用点对焦，曝光补偿 +1，不要使用闪光灯。先试拍几张，在电脑中查看拍摄的效果，根据拍摄的实际效果调整光圈值的大小。

②拍摄颜色较深的商品时，特别是黑色的服装，可以使用智能测光，不能使用点测光，点测光会使相机的自动曝光非常强，照片颜色会失真。

③经常使用一些小道具搭配摆放，增加商品的活跃指数。

④用微距模式拍摄服装的细节，清晰体现服装的优势。

【任务加油站】边学边练

进阶任务：摆拍不同类型的服装。

※【训练目的】

1. 针对不同商品找准特性，拍摄合适的商品图。

2. 结合客户群定位进行商品图片设计规划。

※【任务背景】

小阳已经根据网店预算和商品定位购置好摄影器材，开始准备商品图的拍摄，但是不知道如何让自己的商品看上去真实而美观，你能帮帮他吗？

※【任务要求】

1. 请你帮助小阳在室内摆拍一组棉质上衣的商品图，不少于 3 张。

2. 请你帮助小阳在室外摆拍一组雪纺长裙的商品图，不少于 3 张。

任务三　背景选择

商品拍摄是一项极其考验技巧与设计感的工作，拍摄水平的高低会直接影响后期美工修图工作量以及整个店铺的美观，商品拍摄时背景应该如何选择，什么样的背景最适合商品，是拍摄过程中能提升照片水准的艺术活。

【任务引入】

小阳已经初步掌握摆拍的一些技巧，接下来，他需要选择合适的拍摄背景。你能帮帮他吗？

1. 选择背景需要考虑哪些问题？

2. 道具的摆放与背景的选择如何做到和谐不冲突？

【知识链接】

（一）纯色背景

所谓纯背景就是单一颜色的背景，一般分为白、灰、暖黄、彩色系列。

1 白色系列

白色是网店中用得最普遍的背景颜色，也是网店图片必须有的背景，一面白墙便可操作。白色背景适合各种颜色的服装拍摄，根据光源亮度的设置和光源方向的不同，能形成各种风格和效果，但是需要注意衣服所呈现的质感和色差。

（1）全白无影

代表：玉山水，如图 2–39。光是从背后侧边底下打来，所以看不见影子，页面干净利落清爽。这种背景对于后期的调色要求比较高，需要与产品实物对比着调，但是对于后期的白底图片处理就可以节省一定的工作量。

（2）全白有影，模糊人像

代表：DPLAY，如图 2–40。光从侧面打来，形成一个模糊人像，有立体感。适合近距离的白色画纸，模特需要与墙面保持一定距离。

（3）全白有影，清晰人像

代表：衣品天成，如图 2–41。这种方式需较亮的光度，模特必须紧靠墙壁，且越近越好，适合夏装，要能体现身形轮廓的衣服。

（4）全白有影，双重人像

代表：某设计师品牌，如图 2-42 进行拍摄，背影一深一浅，非常有动感。模特动作幅度需较大，适合活泼新潮的春夏装，但是拍摄有一定难度。

图 2-39　玉山水

图 2-40　DPLAY

图 2-41　衣品天成

图 2-42　某设计师品牌

2 灰色系列

灰色也是拍摄常用背景色，能够营造舒适的空间感和立体感，对衣服面料的质感表现很有用，在不同的光影布局下可以塑造不同的效果。

（1）浅灰空间

代表：播，如图 2-43。靠下方的浅灰色，是利用弧度白墙的空间感形成，模特站在离墙体约 5 米远的地方进行拍摄，由于光感形成自然灰。

（2）银灰斜影

代表：初语，如图 2-44。淡灰色的背景纸，或是白墙利用不同布光形成的灰色，前方或侧方再加一束光源，模特离背景近，呈现不同效果的影。

（3）立体中灰

代表：古秀朵，如图 2-45。中高端服装用得最多的背景色，能非常好地展现衣服质感，利于卖高价。

（4）质感深灰

代表：Laurel，如图 2-46。一般的衣服都不太适合尝试，适合色彩浓厚、气场强大、高级定制面料的衣服，道具、搭配以及布光，需要前期进行非常充分的准备。

图 2-43　播

图 2-44　初语

图 2-45　古秀朵

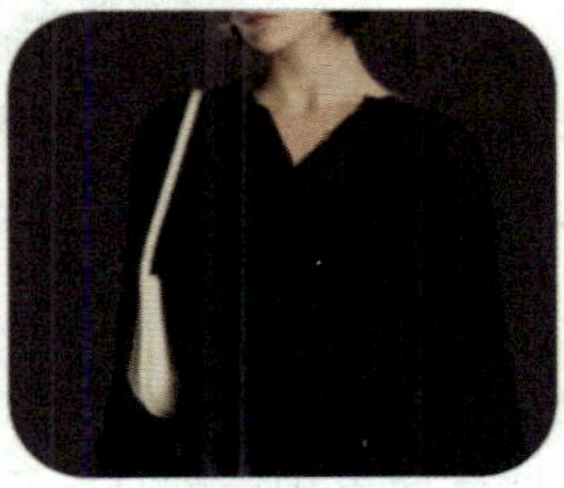
图 2-46　Laurel

3 暖黄系列

黄色属于暖色调，能给人暖暖的感觉。暖黄背景根据光照和色彩深浅的不同，也能变化出多种风格。以风格偏好划分消费者群体，爱好恬淡的生活，具有平和的心境，不喜夺目刺眼，喜活力素雅的消费者，几乎都偏好米黄色等暖色系的背景。其次是偏英伦风，小香风的衣服，暖黄也是具有代表性的背景色，甚至能让人联想到城堡与小公主。

（1）亮黄

代表：某设计师品牌，如图 2–47。散发质感，活力满分。

（2）暗黄

代表：Nexopia，如图 2–48。休闲有个性的品牌，宽松的衣服，配上稍显暗黄的背景，舒适感十足。

4 彩色系列

彩色背景多种多样，主要看店铺商品的风格和拍摄团队的创造力。只要想法与商品特性匹配，稀奇古怪的颜色都可以尝试，主要锻炼设计感。

以下列举三个比较有特色的例子：

（1）孔雀绿

引自：唯美时尚早班车某设计师作品，如图 2–49，孔雀绿与亚麻棉裙的民族风匹配，背景鲜艳独特，可识别性高。注意点在于鲜艳的颜色要格外注重色彩搭配，除了服装与服装、服装与配饰的搭配，更重要的是研究服装颜色与背景色是否协调。最基本的就是肉眼看上去有舒服的感觉就可以。

（2）酒红色

代表：唐家欧美，如图 2–50。性感魅惑的背景色符合唐家的风格，酒红色的背景适宜搭浓郁艳丽的衣服，不适合棉麻类和小清新。

（3）紫色

代表：妖精的口袋，如图 2–51。妖精常常不按常理出牌，背景也是，常选取不同的背景进行搭配，紫色配迷雾绿，大胆前卫。

图 2–47　某设计师品牌

图 2–48　Nexopia

图 2–49　唯美时尚早班车

图 2–50　唐家欧美

图 2–51　妖精的口袋

（二）墙体背景

墙体效果拍摄就是运用各种仿真墙纹理墙纸和真墙作为拍摄背景。

1 砖墙真墙

（1）青砖墙

代表：印画读你，如图 2–52。民族风服装非常匹配古镇青砖石板路背景的风格。

（2）红砖墙

在喜庆的节日系列里比较多见，加点祝福，加点礼物，加点节日的专属道具，例如圣诞节添置圣诞树或槲寄生，春节添置春联或红包，营造出节日的专属浪漫。

2 室内装潢墙体

代表：小米虫子，如图 2–53。浮雕质感墙面搭配个性服装，走欧美风。

3 墙纸

墙纸背景的选择多种多样，如图 2–54。需要注意的地方跟纯背景纸的彩色系列类似，要注重配色和搭配。

4 布面

代表：茵曼，如图 2–55。朴素的布面背景，与模特身上的素雅淡漠风服装搭配，更显自然棉麻的雅致。

图 2–52　印画读你

图 2–53　小米虫子

图 2–54　墙纸

图 2–55　茵曼

（三）场景背景

常常有为了室内背景不显单调而构思一个小场景的拍摄设计，如适配的家具，点缀的鲜花、永生花等。小场景设计得当，可以使图片饱含想象空间，效果图让人眼前一亮。

1 适配的家具

代表：丝侬，如图 2–56。作为高端家居服店铺，拍摄场景匹配简约舒适的家具和背景，显现衣服的高舒适感。类似的代表还有如图 2–57 马格利菲臣，主图拍摄清简森系，不抢主体，不撞主调。

2 花饰的布置

代表：齐黛，如图 2–58。木色圆桌与白色陶瓶花朵，显出女人的高贵优雅，花样的柔美芬芳，也彰显了一种生活情调与品质，是对衣服极好的衬托。

图 2–56　丝侬

图 2–57　马格利菲臣

图 2–58　齐黛

以上介绍的是一些具有代表性的例子，简单介绍了在商品拍摄时应该如何选取合适的背景，但是最终的选择应该根据商品以及店铺的风格、预算等来决定。

※ 课堂讨论

你认为拍摄商品时可以考虑哪些因素影响背景搭配的设计感？

背景对于商品照片的视觉好坏十分重要。选择干净、简单的背景，画面会显得整洁而且能够烘托出拍摄主体物。应选择与实物适配的背景色调，避免色彩视觉上冲突，切忌颜色跨度太大。

小件商品的背景选择范围非常广泛，不同颜色、不同款式的背景都可以用作拍摄背景。在纯色背景中，白色和黑色由于跟其他颜色都具有相容性，容易搭配，所以应用最广。如黑色具有很好的吸光作用，可以避免商品表面在拍摄时产生光斑；而白色给人明快、清洁的感觉，拍出的画面整洁清晰，商品的主体突出，一目了然，并且在后期使用图像处理软件进行修正时也容易操作。

另外，背景的选择搭配合适的道具，效果可有质的提高。

【任务加油站】边学边练

进阶任务：搭配道具选择背景。

※【训练目的】

1. 掌握选择拍摄背景的技巧。
2. 学会搭配整体拍摄环境。

※【任务背景】

小阳已经初步掌握摆拍的一些技巧，接下来，他需要选择拍摄环境的背景。你能帮帮他吗？

※【任务要求】

1. 请为小阳选取合适的背景并拍摄一组女装模特图。
2. 请选取 2~3 种道具与选取的背景搭配一组女装模特图。
3. 对比用道具和没有用道具的模特图，说出两者的优劣。

任务四　拍摄过程

商品图的拍摄过程是制作出一张好图片的前提，如何才能把商品拍摄好，怎样才能让消费者看到想看的商品细节，怎样才能让消费者放心购买，这些都是在拍摄商品图过程中需要注意的问题。商品图既要好看又要吸引消费者，还要真正地展现商品的特点，让消费者觉得不仅看到了图片，而且真实地看到了商品实物，这就需要做好前期规划并按计划进行拍摄处理。

【任务引入】

小阳已经设想好如何拍摄网店商品的一系列照片，但是具体的过程还不是很明确。你能帮帮他吗？

1. 拍摄前期需要做什么规划？

2. 拍摄过程中有多少个步骤？

【知识链接】

（一）规划拍摄方案

1 分类商品

在正式动手拍摄前，要先根据拍摄中的可变因素对所有商品进行细致的分类，将商品的材质、大小、颜色及反射率等放在一起综合考量，然后再按照规划顺序进行拍摄。如果前期没有对商品进行分类就开始拍摄，可能会因为商品随时要更换背景、灯光、辅助器材等耽误时间，增加不必要的时间成本。为了提高拍摄效率，降低时间成本，一定要先将商品分类再拍摄。下面列举几种特性比较突出的商品类别做进一步说明。

①拍摄水晶等透明物品。这类物品的特点是透明，在布光上是难点，因此在拍摄前尽量多角度布置光源试拍其透明的物品特征。另外，准备干净的拍摄背景，否则会反射在物品上影响物品表面成像。在拍摄前最好准备布质手套，以免在要拍摄的物品上留下指纹。准备反光板或白纸类道具，透明物品表面很光亮，容易造成反光，所以光线不能直接照射物品，需要在肉眼看起来比较暗的部位打上反光板或者在旁边用白纸映衬，使物品表面的光达到均匀的效果，增强透明物品的立体感。

②拍摄首饰等反光物品。这类物品非常容易反射出四周的场景，尤其是在四周颜色与其本身颜色完全不同的情况下，更容易出现反射的情况。在拍摄前建议准备四周颜色比较单调且与商品本身颜色较接近的背景、场景、环境。

③拍摄食品等有想象空间的物品。通常用色、香、味俱全来形容食品，色、香、味是食品的特点，如何用图片来表现食品这些想象出来的特点，就需要在事前做好准备。例如熟透了的菜品，往往偏向于深色，颜色太深会导致图片缺乏美感，调动不了消费者的食欲。拍摄食品的最好时机是在其半熟的时候，颜色偏向于暖色系，让消费者一看就有想吃的冲动。因此，拍摄熟的食品时一般是一做完就立刻拍摄，保证食品的最佳状态，体现食品的“色、香、味”，在食品表面涂上一层油，“色”会更加好看。

④拍摄服装。这是所有物品中较容易拍摄的一类，也是较容易表现其特点的物品。在拍摄过程中，手要保持稳定，否则不能体现服装的质感，有必要准备三脚架。在用光方面，细腻质料的服装比较适合用柔和的光拍摄；粗糙质料的服装比较适合直接打光，以弥补质料差的缺陷，所以拍摄前要依据服装的面料准备不同的灯与光。刚到货的服装由于折

叠会比较皱，可以先熨烫平整再拍摄，这样图片的效果会更好。

2 制定拍摄规划表

在拍摄前商品分类后，可以制作一个拍摄规划表，做好拍摄前准备。这样比较清晰明确，方便拍摄，并且有利于掌握时间进度。

表 2-2 拍摄规划表

产品名称			拍摄时间	
拍摄环境			商品卖点	
活动信息			商品特性	
商品摆放、视角、构图综合搭配设计			预期效果	
作品 1				
作品 2				
作品 3				

（二）拍摄前期工作

电商平台上商品类目非常多，各式各样的商家呈现了各种类型的商品图，服装类商品拍摄涵盖了很多商品拍摄需要用到的技巧，现针对服装类目案例，讲述如何做拍摄的前期准备工作。

1 根据服装风格选模特

对于服装类商品的拍摄，最好是能有模特，能选合适的模特。选模特最重要的一点就是根据拍摄的衣服类型来具体考虑，主要考量的是模特的气质与她的展现能力，这些都可以从模特以往的拍摄案例中进行筛选。如有条件可听取摄影师和造型师的意见。

2 根据服装档次选场景

（1）室内拍摄

在室内拍摄服装时，可以参考任务二、任务三进行道具与背景的搭配选择。

（2）外景拍摄

图 2-59 外景模特拍摄

图 2-60 外景模特细节拍摄

外景拍摄是最直观感受服装商品图的方式，如图 2-59 和图 2-60，自然光是最好的，能极好地呈现人物和服装的颜色。既然是外拍，场景自然很重要，场景要依据服装的风格选择，例如时尚类可以选择在商场或繁华商圈，OL 风可以选择在写字楼或办公室，小资清新风可以选择咖啡店或是书吧一类文艺场景，总的来说相互协调即可。另外要注意观察身边的环境，往往找不到好场景不是因为没有好场景，只是平时疏于观察。

③ 根据服装选择道具搭配

出售的服装很多都是单件，但是为了更好地衬托销售的服装，往往需要其他服饰、装饰物的搭配，要适当准备帽子、包包、鞋、打底衣、打底裤、眼镜、头饰等搭配物。专业的网拍公司会拥有许多不同风格的搭配、道具，但于商家而言还要考虑成本的问题，所以要实现低价搭配出精美，就需要准备一些百搭的道具。

④ 外拍根据自然光线选择时间

外拍光源多为自然光，天气、时间和环境不同，光线也复杂多变，自然光线是最容易拍摄出好照片的光线，但需要提前做好规划，例如考虑天气预报、早中晚光线的强弱、周边环境的吸光率和反光率等。

（三）拍摄视角与构图

随着店铺越来越完善，商品图片的全景化必不可少，多角度拍摄商品，让商品全方位展示在消费者面前，更能让消费者产生购买欲望。

不同的商品通过不同的角度、构图拍摄，拍摄效果也是不同的。对一件商品要采用多角度、多维度构图进行拍摄，最后挑选最能表现商品特征的照片上传。如果条件允许，可以把各个角度拍摄的照片全部上传到网页上，让消费者从不同的角度查看商品。

① 拍摄视角

（1）正面拍摄

正面拍摄的商品图片主要是让消费者对商品有第一印象，一般商家用作商品预览图片，所以要高质量才能吸引消费者。

（2）侧面拍摄

侧面拍摄，使商品图片更显美观，有些商家也把侧面拍摄的照片用作商品预览照片。

（3）俯视拍摄

俯视拍摄就是从商品的上面拍摄，这样能把商品其他角度展示出来，让消费者从不同的角度观看商品。

（4）仰视拍摄

仰视拍摄针对需要全方位展示给消费者的商品，把商品的各个方面展示出来，让消费者更放心地购买。

（5）斜角拍摄

斜角拍摄就是在商品的约左（或右）45 度，上（或下）45 度的方向拍摄。斜角拍摄可以使商品增加层次感和立体感。

② 拍摄构图

所谓“构图”是指照片的布局和结构安排，是根据一些出色的摄影作品归纳出来的一套实践经验，下面讲述几种商品拍摄常用的构图方法。

（1）水平构图

水平构图是将商品呈水平摆放的构图方式，这种构图方式给人以宁静、平稳和开阔的感觉，也是摄影师们在构图中常用的形式，如图 2-61，代表：F5 咖啡。

（2）垂直构图

垂直构图是将商品呈垂直方向摆放的竖幅构图方式，垂直构图给人的感觉是高耸、秀朗、威严，多用来表现有垂直的线条或外观修长的商品，可以显示出挺拔和力量，如图 2-62，代表：F5 咖啡。

（3）对称构图

对称构图是指所拍摄的商品在画面正中垂线两侧或正中水平线上下对等或大致对等，从而使画面布局平衡、结构规矩、和谐、稳定，如图 2-63，代表：圆上咖啡、F5 咖啡。

（4）九宫格构图

为了避免将拍摄的商品主体放在画面正中央的位置，使画面平淡、呆板，缺乏灵气，可以采用九宫格构图法进行构图。将要表现的商品主体置于九宫格交接的四个点的其中一个点上。这种构图方式可以保证拍摄画面整体的和谐性，一直以来被广泛使用，如图 2-64，代表：圆上咖啡。

图 2-61　水平构图

图 2-62　垂直构图

图 2-63　对称构图

图 2-64　九宫格构图

不管商家如何经营网店，都要注意商品图片的拍摄，怎样拍摄，从什么角度拍摄，这些都是为了让商品照片更好看，更加吸引消费者，商家也不是非要运用以上角度或构图方式拍摄商品照片，如果能创造属于自己的独特的商品拍摄方法更好。

（四）商品拍摄布光

网店销售，视觉效果很重要。不同的商品，有着不一样的视觉呈现方法和技巧，如何利用摄影把一个好的商品淋漓尽致地展现出来，以更好的姿态吸引消费者的关注，并促使其下单购买，还需要布光技巧。下面介绍一些商家布光的详细操作。

1 动态物拍摄布光技巧和相机基本设置

如何在拍摄过程中运用布光技巧，把动态物更好地展现出来，下面以模特图拍摄为例：

①全白背景光会使画面更干净，充分突出主体。具体操作：主灯从被拍摄人物正上方 45 度向下打光，两背景灯 45 度向白色背景打。

②立体光在鼻台两边面颊部位出现一个三角形状，使鼻梁显得挺拔，光线打亮头发，

皮肤线条产生阴影，质感很强，人物更有立体感。具体操作：主灯从被拍摄人物正上方45度向下打光，两轮廓灯分别从拍摄人物左、右两侧稍后方45度左右打光，相机对着眼睛，其余辅助光源、光比控制要比主灯稍弱。

③大平光布光在人像的拍摄中极为广泛，这种布光方式使影像光线较为柔和、均匀，影像唯美。具体操作：两柔光箱从被拍摄人物前方左、右两侧45度左右打光。

以上三种打光是通过不同的布光技巧进行不同突出点的拍摄打光方法，拍摄出来的模特图效果有着明显的差异。除了考虑上述布光效果，还有一个重要的布光考虑因素，就是无影商品拍摄。

2 无影照片

没有留下光源投出阴影的照片叫无影照片。无影照片的拍摄方法如下。

（1）用散射光照明

在均匀的散射光下拍摄，物体就不会出现阴影。在暗处拍摄时，可以利用阴天，晴天可以在背阴处拍摄。在室内拍摄时，可以把光源射到反光板上、白墙上或其他反光物体上，再由它们的反射光照射到被摄物体上，利用反射光拍摄。还可以用透明性质较好的白色透明纸，将被摄物体罩起，光源从罩外向被摄物体照明，就可以得到无影照片。

（2）用悬空法拍摄

把被摄物体放在透明玻璃上，将玻璃两端架起，光线从两面45度角向被摄物体照射。这时，被摄物体的影子会落到玻璃的下方。用此法拍摄也可得到无影照片。

（3）用脱影箱脱影

制作一个箱子，箱盖为一块透明玻璃，上面放好被摄物体，将灯光固定在箱口四周，利用反射光拍摄。也可以把灯光固定在箱底，箱盖为透明乳白玻璃，玻璃上放好被摄物体，用这种光线，可拍摄白底脱影照片。

（4）采用环形闪光灯

闪光灯环绕在照相机镜头的四周，光照均匀，能获得无影照片。

（5）利用背景的作用

用黑丝绒作背景，因为它的吸光性能强，看不见物体的影子。也可以把背景与主体的距离拉远，主体的影子也不会落到背景上。这些都能获无影照片。

光线的运用是摄影一个重要的环节，运用好光线对摄影作品有很大的帮助，甚至有时候是决定性的影响因素。

※ 课堂讨论

列举透明、反光商品各一种，说说应该如何筹划拍摄前期工作及拍摄过程中如何构图与布光。

【任务加油站】边学边练

进阶任务：制作拍摄规划表，按照规划表进行拍摄。

※【训练目的】

能完成网店商品拍摄全过程。

※【任务背景】

小阳已经设想好如何拍摄网店商品的一系列照片，但是具体的过程还不是很明确。你能帮帮他吗？

※【任务要求】

1. 拍摄前期需要做什么规划？请完成一份拍摄规划表。

2. 根据拍摄过程的步骤完成一项自选商品的组图拍摄。

画龙点睛：项目总结

本项目内容是网店装修中商品拍摄的模块，从了解摄影器材开始。通过项目二所学，掌握摄影工具和辅助器材的功能和各自起到的作用，明确拍摄时道具选择与商品摆放的技巧会制作出不同效果的商品图，并能根据拍摄规划、拍摄角度、构图、布光等实际操作拍摄出店铺系列商品图。在此基础上探讨商品拍摄的创意与创新，成为一名合格的电商“美工人”。

视野拓展：白平衡

白平衡的设置：

如何拍出高清无色差商品细节图？

网上购物，对消费者而言，最看重的莫过于商品的动态评分和产品细节。高清无色差的商品细节图，不但可以帮助消费者清楚地了解商品外在，还可以提升店铺的形象和专业度，减少客服及售后的负担，同时也大大延长了浏览时间、提高了店铺转化率。在如此有效的销售力度带动下，如何拍出高清无色差的商品细节图就成了商家们必备的技能。下面以鞋为例进行介绍：

（1）怎样创作出好的特写

要拍出清晰的产品图片，除了最基本的拍摄内容、拍摄方法和拍摄角度，还跟相机器材、布图和摄影灯及用光技巧等有关，这些都属于拍摄技术的范畴。

当了解了产品细节图要求后，就可以有针对性地进行拍摄前准备：摄影灯 2~4 台（常见的有 300~600W 灯）、柔光箱 2 个、三脚架 1 个、静物摄影台 1 个、单反相机 1 台。有条件的话，最好能准备一台电脑和相机连接，可以随拍随看，方便修改。为了让鞋子有更生动的投影效果，可以用白色亚克力板垫底做反光效果。商家在拍摄商品前，一定要检查商品是否清洁，这样可以大大节省美工修图时间。另外，用支撑物撑起鞋子，可以让鞋子在拍摄的时候更有立体感。光圈设置：相机中的 F 值设置在 5.6 以上才能保证拍摄对象各部分都是清晰的，同时要根据闪光灯的大小来设置。

（2）相机的设置

一般来说，普通的室内闪光灯最长的闪光时间是 1/200 秒，超过这个值可能会出现照片不能正常曝光，通常设置为 1/125 秒。ISO 设置方面，最好用相机最低 ISO 设置，通常为 100 或 200。在打灯技巧方面，由于不同的鞋款材质，灯光的摆设位置有所不同，最基本要保证黑色暗部不要出现死黑，高光不能全白。最常见的布光方式是：2 个左右和相机成 45 度的灯，1 个顶灯，1 个背景灯。在拍摄光皮或者反光面比较多的鞋款时，应把灯光靠近鞋子，以获得更多的反射光。图片出现偏色问题最主要的原因是白平衡的设置，白平衡可以通过以下两个方式来调节：

①通过白纸自定义白平衡。要用到白纸自定义白平衡的方法，首先是先拍摄一张纯白色的纸，保证这张白纸曝光正常，通过相机用户自定义白平衡，选择刚刚拍摄的这张白纸来白平衡。

②用灰卡来设置白平衡。要用到此方法的话，就要购买一个 20% 的灰卡，在保证曝光正常的情况下，放在鞋子的旁边一起拍摄，以佳能相机为例，安装相机自带的 DDP(Digital Photo Professional) 软件，拍摄的时候设置为 RAW 格式，拍摄完在电脑里面选择点击白平衡模式，吸管点击到灰卡上，这样也能保证照片更好地恢复本来的色彩。如果拍摄出来的背景不是纯白，就会增加后期美工的工作量。解决的办法是多打一个背景灯，遮光罩最好是用标准罩，标准罩所占空间小，照射方向好控制。

※ 总结

在网上销售商品，如果没有专门的摄影师，没有专业的模特，就只能自己来拍摄或者找一些爱好摄影的朋友帮忙，但是很多时候，拍摄出来的效果总是不尽如人意，网店要想博得消费者的好感，无论在图片的拍摄上还是整体风格上都是需要下功夫的。所以，要想在相同的关键词下比对手吸引更多的潜在客户进入自己的小店，就必须学习累积包括但不限于摄影器材、商品摆放、背景选择、拍摄过程等商品拍摄的知识与技能。

※ 辅助学习资料

更多拓展案例

知识延伸

学以致用：巩固检测

请结合本项目所学，完成以下练习：

扫码，完成
在线检测题

扫码，核对
参考答案

1.（　　）拍摄主要为了突出人物的成像质量，可以拍摄出层次丰富、肤色柔美的人像照片，户外拍摄也可以虚化背景以增强人像的主体感。（单选题）

A. 微距　　B. 风景　　C. 人像

2.（　　）是模仿人眼的视角取景，透视效果自然，有纪实性的视觉效果，适合大部分商品拍摄需求。（单选题）

A. 广角镜头　　B. 长焦镜头　　C. 标准镜头

3.（　　）是中高端服装用得最多的背景色，能非常好地展现衣服质感，利于卖高价。（单选题）

A. 浅灰空间　　B. 立体中灰　　C. 质感深灰

4. 民族风服装背景非常适合选择（　　）。（单选题）

A. 青砖墙　　B. 红砖墙　　C. 墙纸

5.（　　）针对一些需要全方位展示给消费者的商品，把商品的各个方面展示出来，让消费者更放心地购买。（单选题）

A. 斜角拍摄　　B. 仰视拍摄　　C. 俯视拍摄

6. 为了避免将拍摄的商品主体放在画面正中央的位置，使画面平淡、呆板，缺乏灵气，可以采用（　　）法进行构图。（单选题）

A. 水平构图　　B. 垂直构图　　C. 九宫格构图

7. 专业级机型适合注重高性价比，短期内不打算更换其他机身，追求操作便捷、控制功能完善的用户。（判断题）

○对　　○错

8. 静物台是小型商品拍摄的一个重要的设备，可以展示出商品最佳拍摄角度，便于布光，消除物品投影。（判断题）

○对　　○错

9. 经常使用一些小道具，可以增加商品的鲜活感。（判断题）

○对　　○错

10. 在均匀的散射光下拍摄，物体就不会出现阴影。（判断题）

○对　　○错

11. 平铺拍摄按商品与水平线的角度分可分成以下三种__________，____________，______________。（填空题）

12. 商品拍摄常用的构图方法有______________，______________，______________，______________。（填空题）

匠心精研：实操演练

项目二综合实训　商品拍摄

实训要求：

请打开活页实训任务指导书，完成项目二综合实训。

项目二综合实训

序号	实训项目	实训要求
1	实训 2 拍摄前准备	准备并检查好实训要用到的摄影器材和产品，并将相机参数设置好。将产品稍微整理干净。
2	实训 2 布光	设置主灯位置为侧光，侧光能更好地把阴影调整出层次感，使用闪光灯引闪把产品的正面照亮，检测是否需要在产品的侧后方增加背光。
3	实训 2 拍摄	拍摄商品的正面图、背面图、侧面图、细节图及组合场景图。

评价与反馈：淬炼思政

请结合项目二的学习表现及收获，填写下表，完成学习评价：

<table>
<tr><th rowspan="2">项目</th><th rowspan="2">学习任务</th><th rowspan="2">学习目标</th><th colspan="3">学习评价</th><th rowspan="2">总评</th></tr>
<tr><th>自评
30%</th><th>小组评
20%</th><th>教师评
50%</th></tr>
<tr><td rowspan="3">商品
拍摄</td><td rowspan="3">任务一　摄影器材
任务二　商品摆放
任务三　背景选择
任务四　拍摄过程</td><td>【知识目标】：
1. 能说出常用摄影器材的种类和功能；
2. 能罗列商品摆放、商品拍摄背景选择技巧；
3. 能复述商品拍摄的流程。</td><td></td><td></td><td></td><td></td></tr>
<tr><td>【技能目标】：
1. 能根据商品特性进行摆放与构图；
2. 能选择合适的背景与道具；
3. 能按照网店要求进行规划、完成拍摄。</td><td></td><td></td><td></td><td></td></tr>
<tr><td>【素质目标】：
1. 激发学生创意，培育创新精神；
2. 树立原创和岗位意识，培养职场时间观念。</td><td></td><td></td><td></td><td></td></tr>
<tr><td colspan="2">学习综合评分</td><td colspan="5"></td></tr>
<tr><td colspan="2">学习收获</td><td colspan="5"></td></tr>
</table>

项目三　店铺装修

项目概览图

项目	学习任务	学习目标
项目三 店铺装修 微课：页面背景的分类及设计原则	任务一　淘宝店铺宝贝图片尺寸参数 任务二　淘宝旺铺及图片空间的使用 任务三　店铺首页装修 任务四　详情页装修	【知识目标】： 1. 能说出淘宝店铺宝贝图片尺寸参数； 2. 能复述淘宝旺铺的种类及使用旺铺智能版流程； 3. 了解店铺首页及详情页装修技巧。 【技能目标】： 1. 能使用 PS 软件和美图秀秀软件处理照片； 2. 能使用淘宝图片空间处理装修素材； 3. 能设计制作店铺首页及详情页的装修。 【素质目标】： 1. 培养学生自觉遵守网络文明规则，抵制低俗营销； 2. 培养学生审美能力和细致耐心的工作态度。

项目背景

新开的店铺如同一套“毛坯房”，需要进行装修。如今，网上店铺数不胜数，在这茫茫店铺中，如何脱颖而出呢？店铺装修不容忽视，它是卖家给予顾客的“第一印象”，只有专业、美观、大气的店铺才能吸引顾客的眼球，增加顾客的页面停留时间，提升网购信任感，从而提高咨询量和转化率。由此可见，“独具匠心、与众不同”的店铺装修至关重要。

勤学善思

三只松鼠是国内第一家定位于互联网品牌的企业，是当前国内销售规模最大的零售食品电商企业。2022 年“双 11”，三只松鼠连续第 11 年拿下全网坚果“双 11”销售量第一的成绩，为天猫坚果零售品牌行业第一、京东坚果零售品牌行业第一、京东全球购食品行业第一、淘宝直播零售品牌直播间第一，以及抖音零售品牌直播间第一，这主要来源于它的品牌效应。那么请登录浏览三只松鼠淘宝店铺，思考以下问题：

1. 三只松鼠如何通过视觉效果来展示其品牌个性？
2. 你知道进行店铺装修时需要做哪些前期准备工作吗？

任务一　淘宝店铺宝贝图片尺寸参数

淘宝店铺宝贝主图在店铺装修中最重要的作用是吸引眼球赚点击量，因为它是商品的灵魂，一张漂亮的商品照片可以直接刺激到顾客的灵魂，能起到为店铺活动造势和增加品牌曝光率的作用，因此，本次任务将介绍淘宝店铺宝贝图片尺寸参数及图片处理技巧。

【任务引入】

小阳已经完成对经营商品的拍摄，现需对所搜集的图片进行处理，使图片能从感官上冲击买家的视觉，提升购买率。可是，小阳对图片处理有着不少疑惑，请你帮他解答一下。

1. 淘宝店铺宝贝图片分类型吗？它们的尺寸大小如何呢？
2. 拍摄的图片存在失真问题时应该如何处理呢？

【知识链接】

（一）淘宝店铺宝贝图片尺寸参数

淘宝店铺宝贝图片按照终端分为电脑端和移动端；按照图片类型分为宝贝主图和宝贝细节图。

1 电脑端店铺宝贝图片尺寸

（1）宝贝主图尺寸规范

宝贝主图是买家对店铺商品信息的第一视觉入口，因此，制作好宝贝主图才能激发买家的购买欲望，让买家产生进一步了解产品信息的需求。淘宝宝贝主图的标准尺寸是 310 像素 ×310 像素，如图 3-1 所示。一般来说，建议的尺寸是 800 像素 ×800 像素，这种尺寸的主图可以使用放大镜功能，买家浏览宝贝时只需将鼠标移动到主图某个区域，右边就会呈现放大图片的效果，如图 3-2 所示。另外，需要注意的是，第一，宝贝主图大小一般在 500KB 以内，但也不要压缩得太小，避免图片失真；第二，在电脑上编辑发布宝贝时，主图一般上传 5 张不同角度的图片，同时也需要遵守行业标准合理挑选主图。

图 3–1　淘宝宝贝主图的标准尺寸

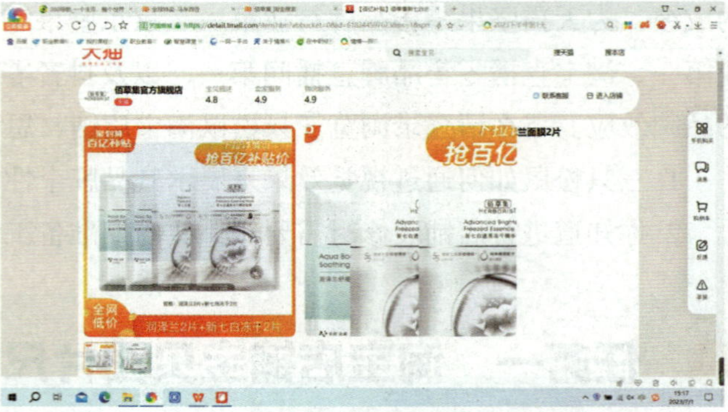

图 3–2　主图使用放大镜功能效果

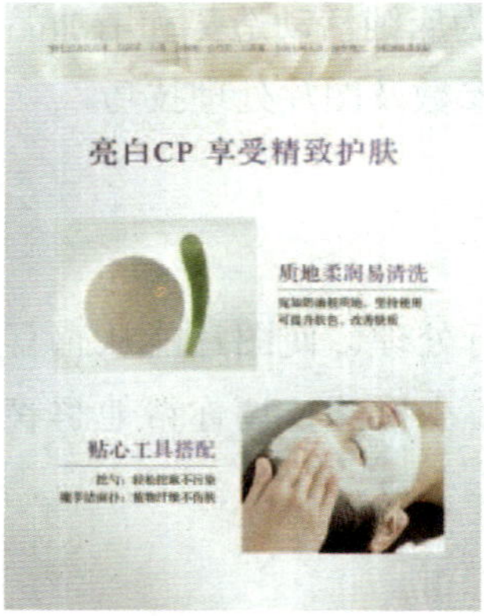

图 3–3　宝贝细节图

（2）宝贝细节图尺寸规范

细节图是帮助买家对商品进行深入了解，细节展示越详细，买家对产品和品牌就会越信任，容易提高对商品的购买兴趣，从而提高转化率，如图 3–3 所示。一般细节图建议宽为 750 像素，而高度则根据商品实际情况而定，其大小最好控制在单张 500KB，连体图片 3MB 以内。

❷ 手机端店铺宝贝图片尺寸

手机端店铺宝贝图片可以选择不制作，将电脑端图片上传至淘宝空间后，就可以通过淘宝空间系统自动抓取适配的尺寸。一般来说，手机端的主图和电脑端的主图是共用的，而宝贝细节图则要求宽度为 480~620 像素，高度小于或等于 960 像素，以便适配手机端和 Pad 端屏幕浏览。

（二）使用 PS 处理宝贝图片

拍摄商品照片后，为了使宝贝图片更加真实、更加具有吸引力，通常会使用 Photoshop（PS）对图片进行处理，一般包括抠图去背景、图片裁剪、调整图片亮度和调整图片颜色等。

❶ 抠图去背景

（1）魔棒工具去除简单背景

若遇到纯色或者颜色相近的背景，一般可以使用魔棒工具去除。

步骤 01　打开“PS”文件→选择“打开”命令，如图 3–4 所示。

步骤 02　选择所需素材，再单击“打开”，如图 3–5 所示。

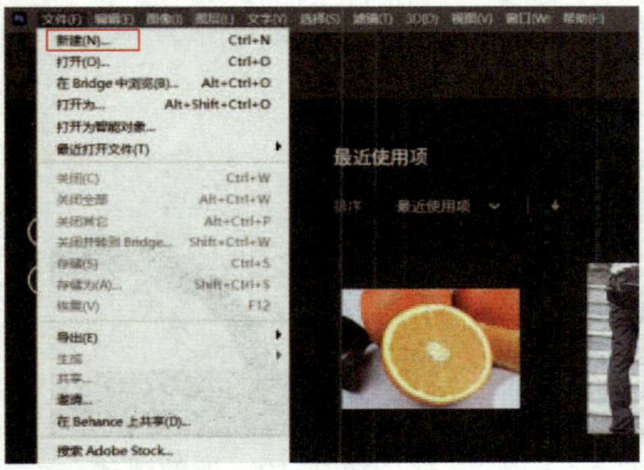

图 3–4　打开命令

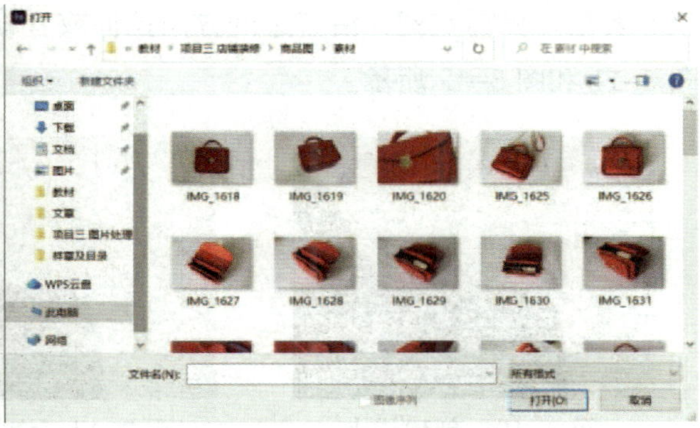

图 3–5　素材选择

步骤 03　点击“魔棒”工具，选择“快速选择工具”，如图 3–6 所示。选择好工具后，在右上角红框里面点击“快速加选”直接沿着物体选取，如图 3–7 所示，接着按“Delete”键即可去除背景。

图 3–6　快速选择选区

图 3–7　加选选择

（2）钢笔工具去除复杂背景

若遇到背景比较复杂的，比如主体与背景颜色不分明的图片，则可使用钢笔工具进行抠取。

步骤 01　打开素材库中的素材“钢笔工具抠图 .jpg”。

步骤 02　为了更精准方便地进行抠图，用缩放工具可将图片放大显示，同时选择钢笔工具，如图 3–8 和图 3–9 所示。

图 3–8　选择放大镜

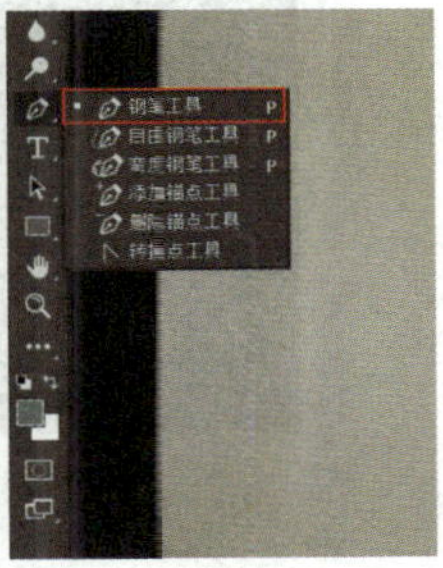

图 3–9　选择钢笔工具

步骤 03　沿着要抠的主体的任意部位单击一下，这时出现一个锚点，如图 3–10。

步骤 04　沿着抠图主体的边单击出现下一个锚点，若需要调整两个锚点之间的弧线，就不要松开鼠标左键，沿着边的方向拉伸或者旋转，当弧线紧贴主体的边时松开鼠标，如图 3–11 和图 3–12 所示。

图 3–10　创建锚点

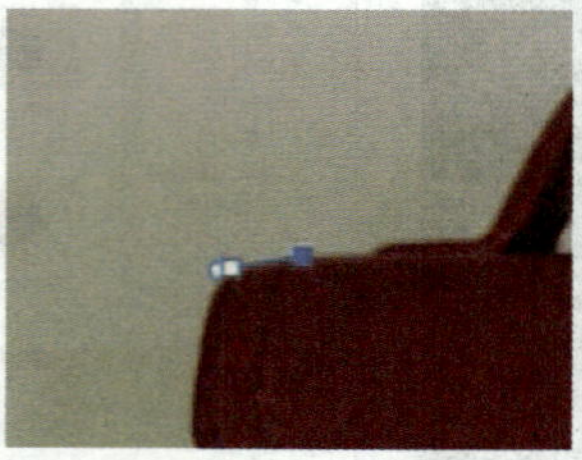

图 3–11　增加锚点

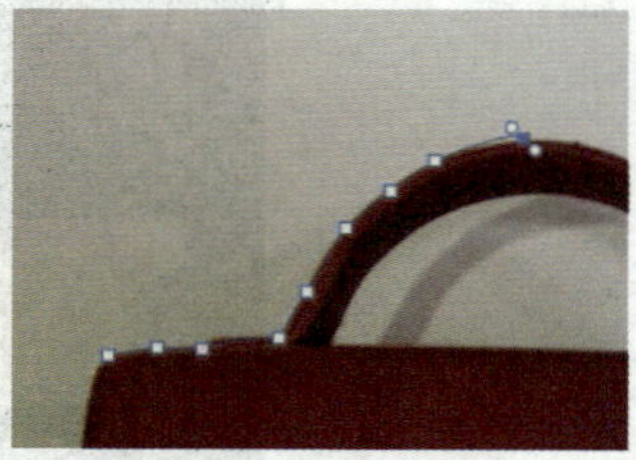

图 3–12　调整弧线

步骤 05　沿着抠图主体的边缘，重复同样的操作将抠图的主体全部选中，如图 3–13 所示。在编辑区单击鼠标右键，在弹出的菜单中，选择“建立选区”，如图 3–14 所示，建立选区后的效果如图 3–15 所示。

图 3–13　全部选中主体

图 3–14　选择建立选区

图 3–15　建立选区效果

步骤 06　选择“编辑”→“拷贝”“Ctrl+V”命令。得到的图层 1 即为抠图成果，如图 3–16 所示。

步骤 07　打开素材库中的素材“主图背景图 .jpg”，将抠好的包包图层拖到“主图背景图 .jpg”文档中，用移动工具调整到合适位置，如图 3–17 所示，得到一张包包主图。

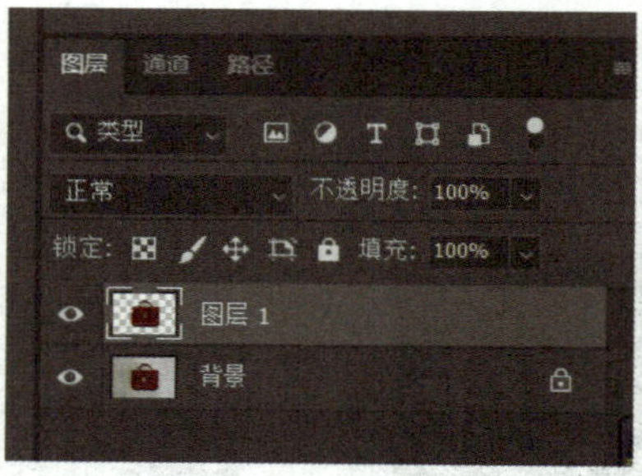

图 3–16　拷贝

图 3–17　最终效果图

② 图片裁剪

在拍摄照片时，为了保证画面的完整性，有可能会将一些不需要的内容拍摄进去，那么我们就需要使用裁剪工具，裁剪出所需要部分的图片。一般来说，图片裁剪功能能够对图片进行重新构图、突出重要细节、固定尺寸等，以便设计出更加完美、满足需求的图片，其裁剪工具的快捷键是 C。

（1）重新构图裁剪

在拍摄过程中，若出现多余的部分背景，那么可以通过图片裁剪去除这些多余的背景。

步骤 01　打开需要裁剪的图片，如图 3–18 所示。使用裁剪工具，拉动边框，调整图片的大小和裁剪范围，完成范围的选择后，按下键盘上的“Enter”键，如图 3–19。

步骤 02　完成照片的裁剪，如图 3–20。

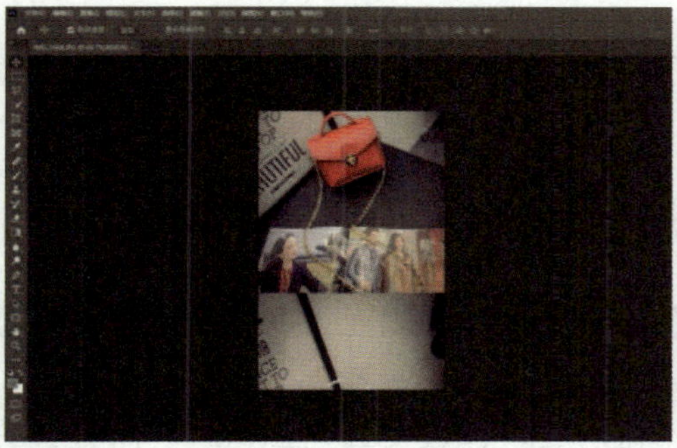

图 3–18　打开图片

图 3–19　调整裁剪范围

图 3–20　最终效果图

（2）细节放大裁剪

由于在淘宝网宝贝描述时需要用到产品细节图，这时我们可以将拍摄后的原图放大进行细节的裁剪，以此获取细节图。

步骤 01　打开要裁剪的图片，用裁剪工具将边框倒拖到需展示的细节处，并按下“Enter”键，如图 3–21。完成后的裁剪图如图 3–22。

图 3–21　使用裁剪工具

图 3–22　最终效果图

（3）固定尺寸裁剪

从前面内容可以知道，淘宝所上传的图片大多都有尺寸要求，比如主图一般为 800 像素 ×800 像素，因此我们可以使用工具进行固定尺寸的裁剪。

步骤 01　打开准备好的图片，如图 3–23。点击“裁剪工具”，并在上方选择 1 : 1（方形）设置裁剪像素大小，拖动调整剪切范围，调整完成后按下“Enter”键完成剪切，如图 3–24。

图 3–23　打开素材

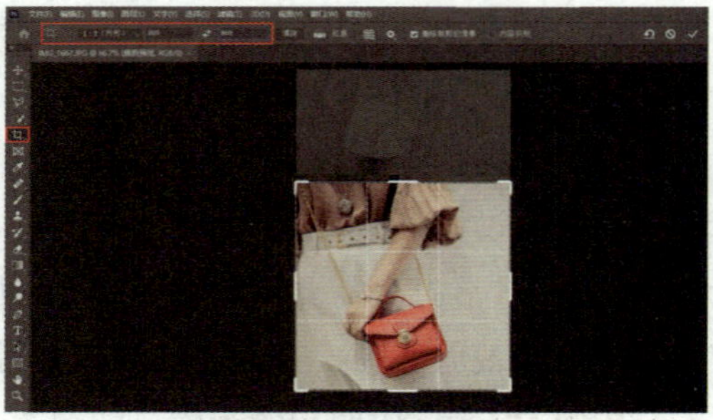

图 3–24　剪切范围

步骤 02　点击“√”，提交裁剪图片，如图 3–25。

图 3–25　提交当前裁剪

③ 调整图片亮度

在拍摄过程中，因光线问题或者其他问题导致曝光不足或者曝光过度时，就需要借助软件技术来处理图片。

步骤 01　打开素材，如图 3–26 所示。选择“图像”→“调整”→“曝光度”，如图 3–27 所示。

图 3–26　打开素材

图 3–27　选择曝光度

步骤 02　根据图片情况，调整对应的数值，若曝光度不足就把曝光度的数值条往右移，曝光度过度则把曝光度的数值条往左移，设置完成后点击“确定”。如图 3–28、图 3–29 所示。

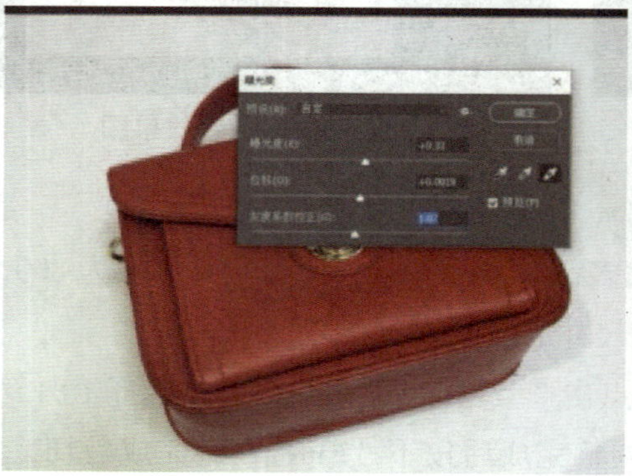

图 3–28　调整曝光度

图 3–29　最终效果图

④ 调整图片颜色

如果在拍摄过程中受天气、光线或者设备等因素的影响，导致所拍摄的图片色相与实际颜色有差异，那么可用软件技术进行调整。

步骤 01 打开素材图片，选择“图层”→“调整”→“色相 / 饱和度”选项，如图 3-30、图 3-31 所示。

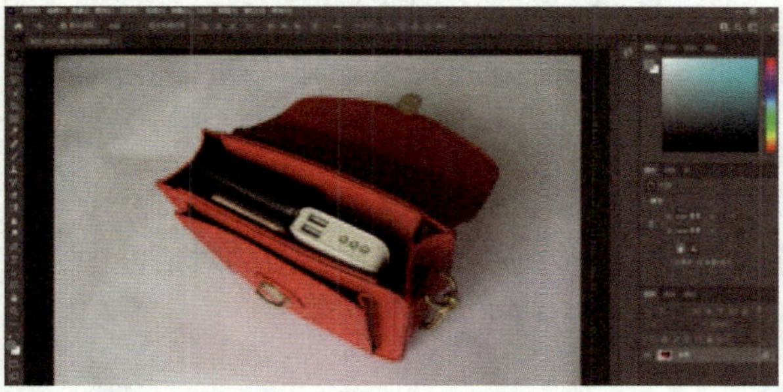

图 3-30 打开素材

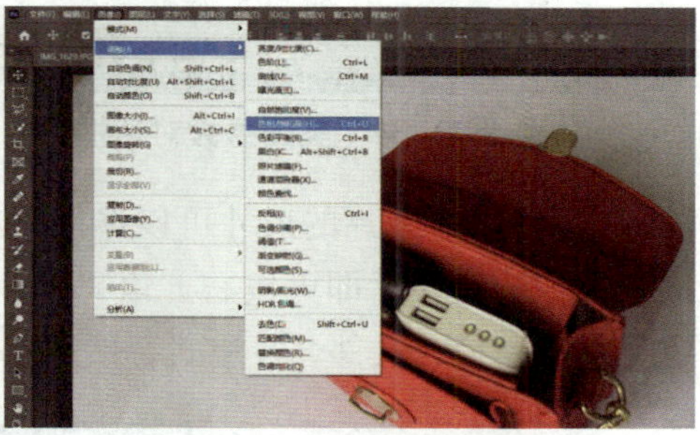

图 3-31 选择“色相 / 饱和度”选项

步骤 02 在弹出的面板中调整饱和度和亮度参数，如图 3-32、图 3-33 所示。

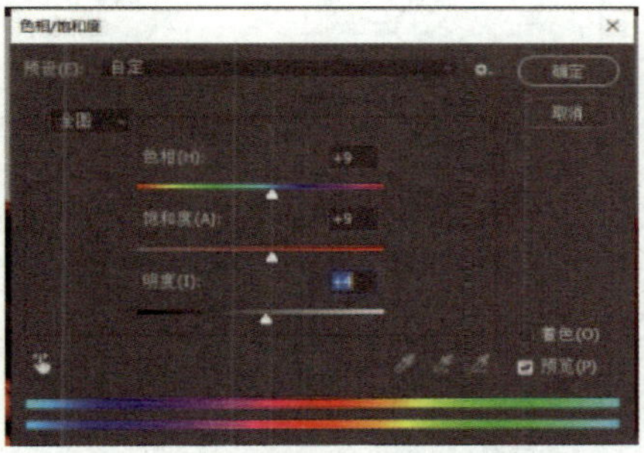

图 3-32 调整饱和度和亮度参数

图 3-33 最终效果图

（三）使用美图秀秀处理宝贝图片

美图秀秀相对 PS 软件更加简单易操作，比较适合没有基础的初学者，它有调整图片尺寸、虚化背景、马赛克等功能。

① 调整尺寸

一般来说，我们使用相机拍照时为了追求高质量的效果，大多采用较大的分辨率，这样导致图像较大且在网上的加载速度慢。因此，在进行网店装修时宝贝图片需调整尺寸大小。

步骤 01 启动美图秀秀后，在对话框中，选择美化图片，并点击“打开一张图片”按钮。如图 3-34 所示。

步骤 02 选择其中一张需要处理的图片，然后点击“打开”按钮，并点击页面左上角的“1 : 1原大”或移动滑动按钮来调整图片的尺寸。如图 3-35 所示。

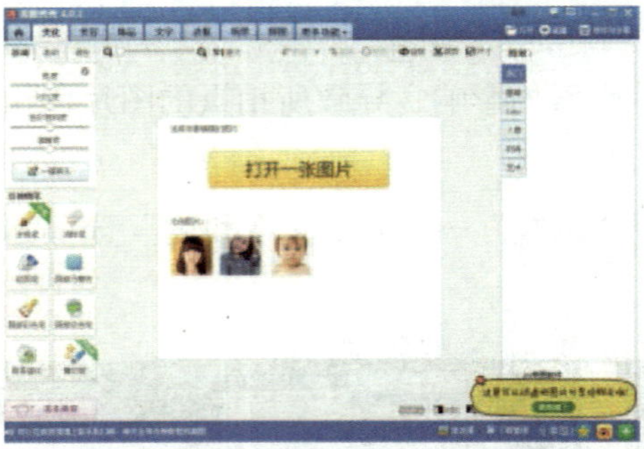

图 3–34　美图秀秀对话框

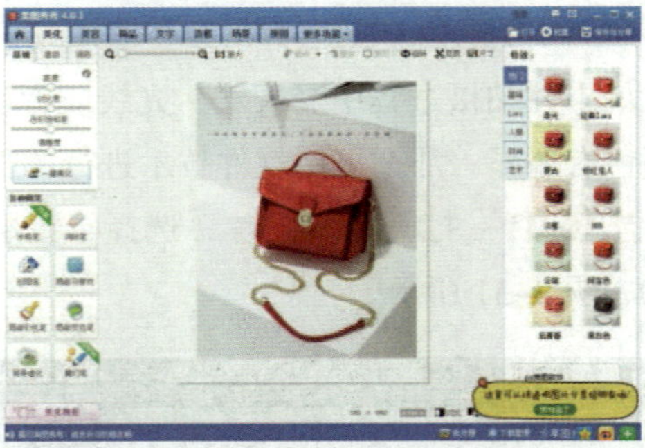

图 3–35　打开素材

步骤 03　图片的尺寸可以选择常用尺寸推荐或者直接输入尺寸数值，然后点击“应用”按钮，调整后即可按右上角“保存与分享”按钮（图 3–36）。在弹出的对话框中，设置保存的路径、文件名及格式，然后点击“保存”按钮（图 3–37）。

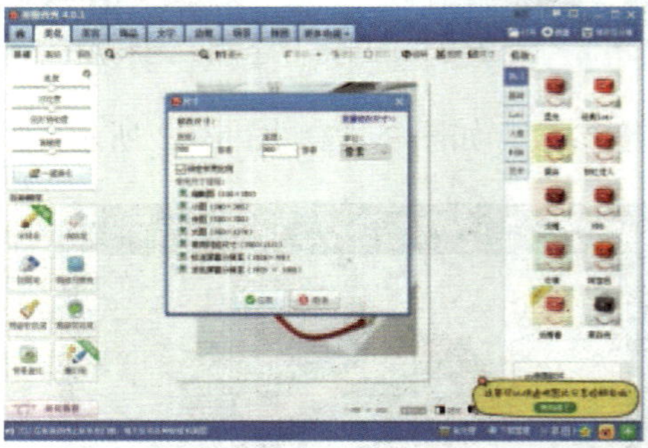

图 3–36　调整尺寸

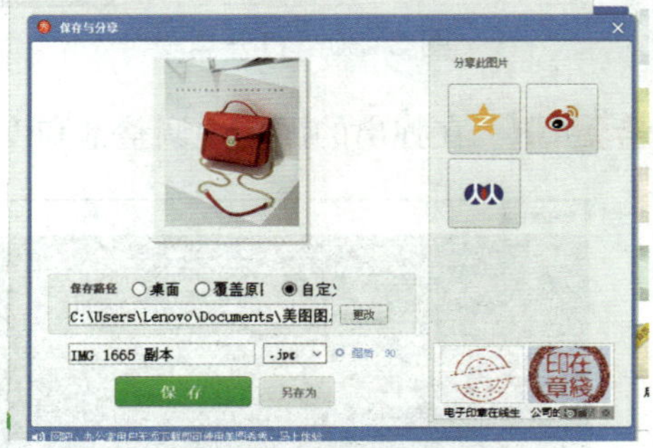

图 3–37　保存

② 虚化背景

如果需要突出主体，那么我们可以将背景进行虚化。

步骤 01　在美图秀秀中打开素材图片，点击页面左侧的“虚化背景”按钮，如图 3–38 所示。

步骤 02　虚化有两种方式，一种是涂抹虚化，另一种是圆形虚化。以涂抹虚化为例，根据图片主体需要调整画笔大小，在不需要虚化的物品身上进行涂抹，如图 3–39 所示。若涂抹到背景上，可以使用“橡皮擦”来回擦拭，即可恢复。

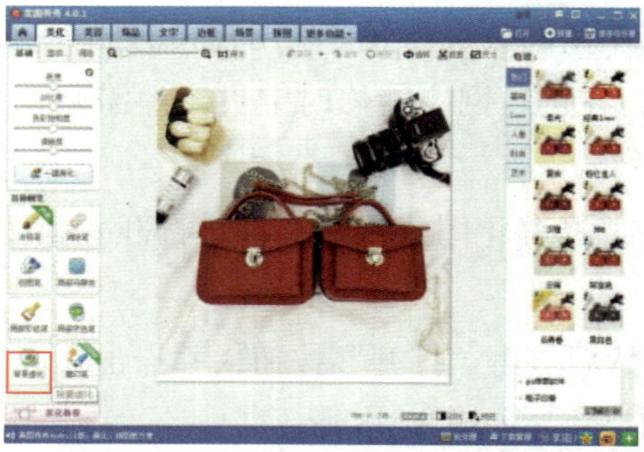

图 3–38　点击“虚化背景”按钮

图 3–39　选择虚化方式

※ 课堂讨论

在浏览网店时，你会被店铺的装修吸引吗？当你不确定是否购买该店铺的物品时，是否会被其装修风格打动进而产生了购买欲望呢？

【任务加油站】边学边练

进阶任务：提升图片处理技能。

※【训练目的】

1. 依据不同商品图像的特点选择合适的工具。
2. 依据网店装修需要对商品图像进行相应处理。

※【任务背景】

小阳已经完成对经营商品的拍摄，现需对所搜集的图片进行处理，使图片能从感官上冲击买家的视觉，提升购买率。可是，小阳对图片处理有着不少疑惑，请你帮他解答一下。

1. 淘宝店铺宝贝图片分类型吗？它们的尺寸大小如何呢？
2. 拍摄图片失真应该如何处理呢？

※【任务要求】

1. 描述淘宝店铺宝贝图片的类型区别；
2. 结合所学知识，依据不同商品图像的特点选择合适工具；
3. 根据网店装修需要对商品图像进行处理。

任务二　淘宝旺铺及图片空间的使用

2016 年 6 月淘宝旺铺为了顺应无线端和个性化展现的需求，旺铺功能一再升级。为了呈现更具有个性化、有特色的界面，就需要使用更为强大的店铺装修工具，那么这时淘宝专业版旺铺就是最好的选择。当然，网络空间对于卖家开店来说是必不可少的，它被用来存储大量图片、商品说明等信息，以辅助描述宝贝。

【任务引入】

小阳已经对商品进行了拍摄、抠图及后期处理合成，接下来就要为已经注册的网店选择模板了。那么，现在需要你帮他试试哪种旺铺模板更合适。请思考一下问题：

1. 淘宝旺铺种类有哪些？
2. 淘宝旺铺智能版的使用流程是什么？
3. 目前小阳有着大量素材图片，应该如何管理呢？

【知识链接】

（一）淘宝旺铺

淘宝旺铺是淘宝网开辟的一项增值服务和功能，能使店铺变得富有个性化，让买家的购物体验更好，更容易产生购买欲望。

1 旺铺种类

目前淘宝旺铺有三个版本：旺铺基础版、旺铺专业版和旺铺智能版。旺铺基础版无须订购，所有用户都可以使用。旺铺专业版由旺铺基础版升级而成，订购费用为 50 元 / 月。值得一提的是，从 2020 年 2 月 12 日起，旺铺智能版实行免费订购（含旺铺专业版所有功能），天猫、淘宝商家可直接“0 元订购”。旺铺智能版在 PC 专业版的基础上，提供了更丰富的无线装修功能和营销玩法，提升卖家的装修效率和数据化运营能力。

2 免费使用旺铺智能版

图 3–40　选择“PC 店铺装修”

鉴于淘宝网扶持新手卖家，因此一钻以下的店铺都可以免费使用旺铺智能版。

步骤 01　登录淘宝网，进入卖家中心页面，在页面左侧，点击“店铺—店铺装修—PC 店铺装修”，如图 3–40 所示。

步骤 02　进入旺铺主页面，目前还是旺铺基础版，把鼠标移到智能版的位置，会显示“立即开通”的提示，点击按钮，进入页面后点击立即购买就可以了，如图 3–41 所示。

图 3–41　开通淘宝旺铺智能版

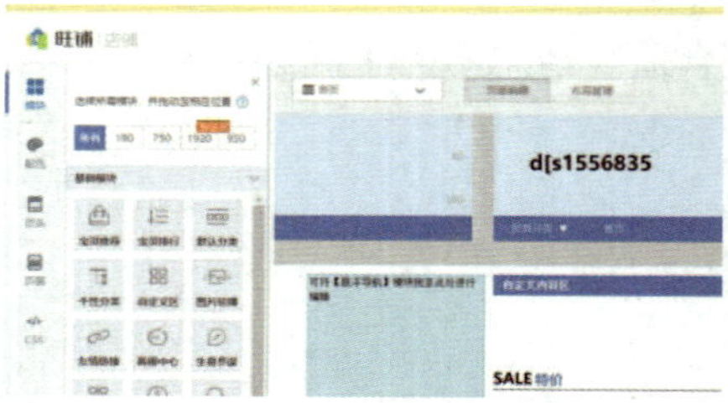

图 3–42　旺铺智能版

步骤 03　切换到旺铺智能版之后，就可以运用该界面上的各个功能并根据店铺的需求对店铺的各个模块进行装修了（图 3–42）。

（二）淘宝图片空间的使用

淘宝图片空间主要用于存储和管理宝贝详情页、

店铺装修图片，具有稳定安全、管理方便、能批量操作、价格便宜等特点。

1 图片的上传与查看

在店铺装修前，通常需要将需要用到的图片上传到图片空间中。

步骤 01 登录淘宝网，进入卖家中心页面，在页面左侧，点击“商品—商品管理—图片空间”，如图 3–43 所示。进入图片空间页面，点击“上传文件”按钮，如图 3–44 所示。

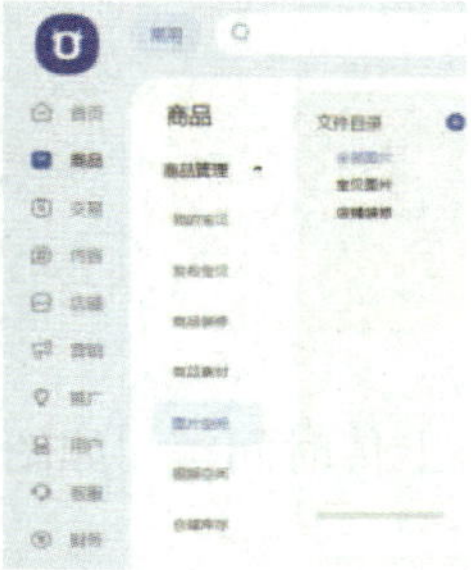

图 3–43 点击“图片空间”

图 3–44 点击“上传文件”

步骤 02 在打开的对话框中，根据图片所需选择上传的方式原图上传或者图片无损压缩上传，注意：图片大小限于 3MB 以内。如图 3–45 所示。在打开的对话框中选择需要上传的图片，点击“打开”，图片上传，会显示上传结果，如图 3–46 所示。

图 3–45 选择上传方式

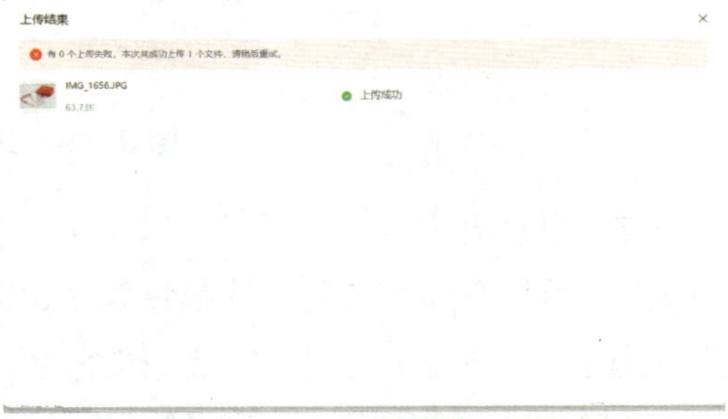

图 3–46 上传结果

2 图片管理

为了以后方便寻找图片，我们需要对图片进行管理，如设置图片显示方式、搜索图片、新建或者删除文件夹等。

（1）图片显示方式

图片可以采用不同的显示方式排列，以便于查看。

①可以在图片空间页面上选择“全部正常文件”“已冻结”或“当前未引用”，根据所需选择显示相关图片，如图 3–47 所示。

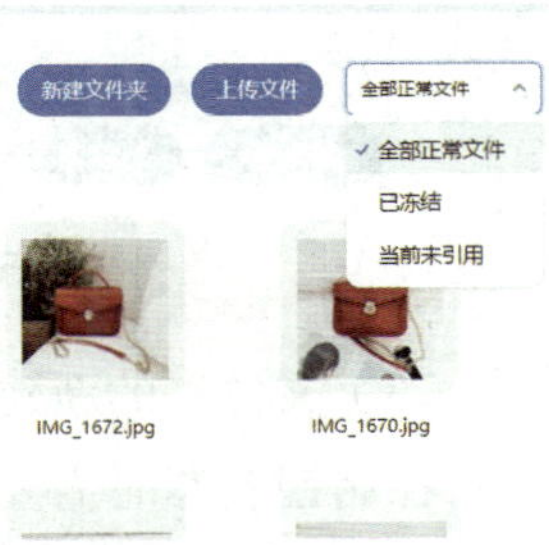

图 3–47 选择显示方式

②点击“列表模式”按钮，如图 3–48 所示，图片会以列表的形式显示，这时方便查看图片大小、尺寸、是否引用等相关信息。

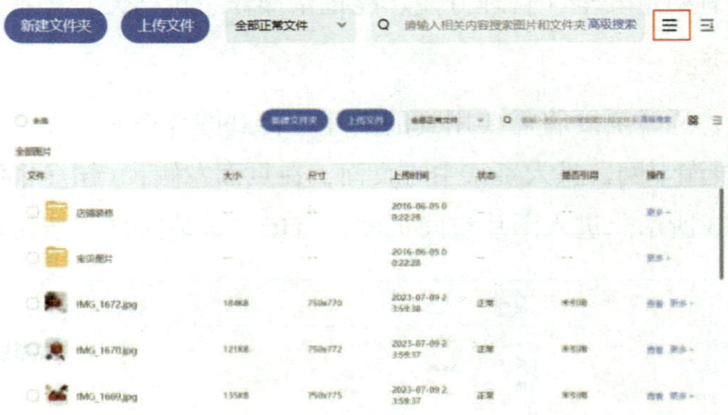

图 3-48　列表模式

③在排序的下拉列表中可以选择图片排列的方式，如文件名、上传时间等，如图 3-49 所示。

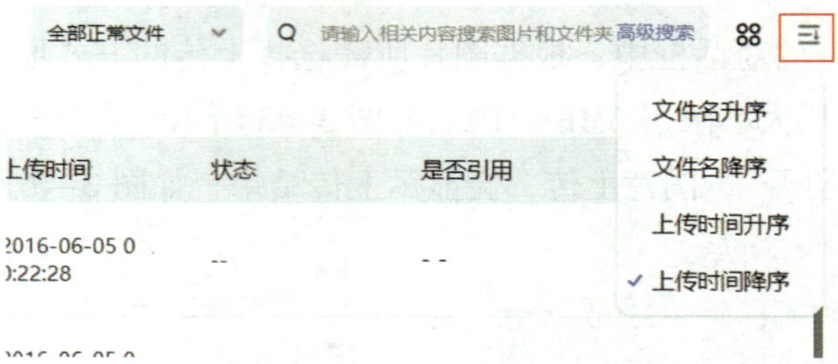

图 3-49　选择图片排列方式

（2）搜索图片

由于图片空间上传的图片数量较多，为了快速寻找所需的图片，我们可以使用搜索功能，但前提条件是上传图片时要记得命名。

步骤 01　在搜索文本框中输入图片名称，点击“搜索”按钮，如图 3-50 所示。

步骤 02　若想更快速度、更精准地搜索图片，可以点击“高级搜索”按钮，在展开的对话框中设置搜索的类别、上传日期和关键字，如图 3-51 所示。

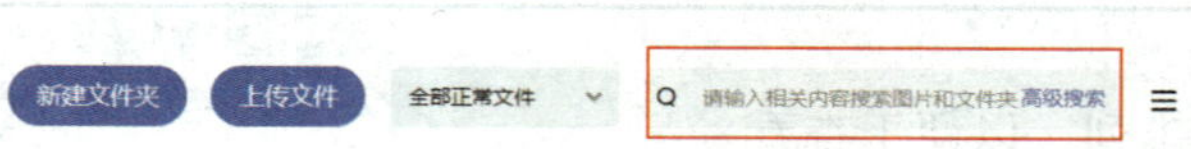

图 3-50　点击“搜索”按钮

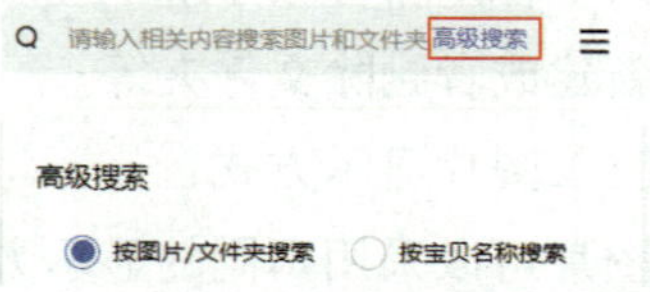

图 3-51　高级搜索

（3）文件夹的新建和删除

在店铺装修时需要用到的图片数量通常会比较多，为了能快速精准地找到图片，可以使用文件夹整理不同的图片。

步骤 01　点击图片空间页面上的“新建文件夹”按钮，如图 3-52 所示。

步骤 02 在打开的对话框中选择所属上级文件夹，并输入文件夹名称，然后点击“确定”，如图 3-53 所示。

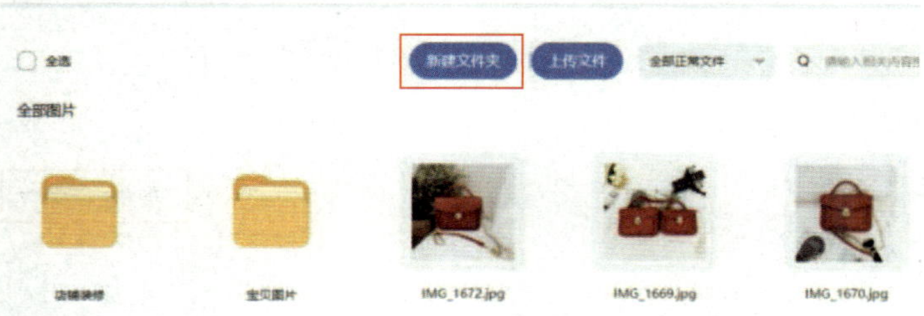

图 3–52 点击“新建文件夹”按钮

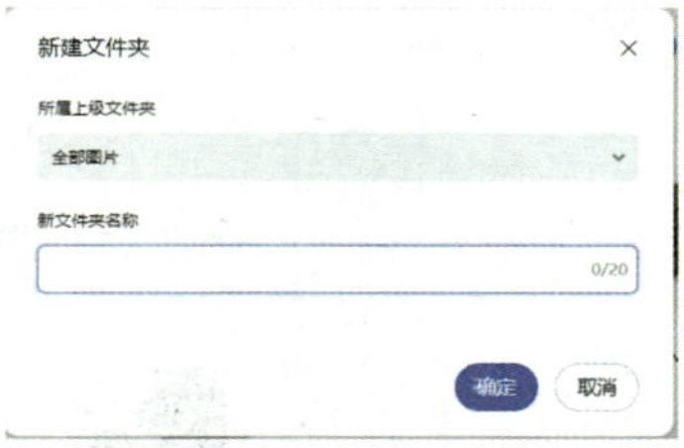

图 3–53 选择输入新建文件夹相关信息

步骤 03 选择一张宝贝图，在其右上角点击变成“√”，并在右上边执行“移动”命令，选择移动至目标文件夹后按“确定”，即可移动图片到目标文件夹，如图 3–54、图 3–55 所示。

图 3–54 执行“移动”命令

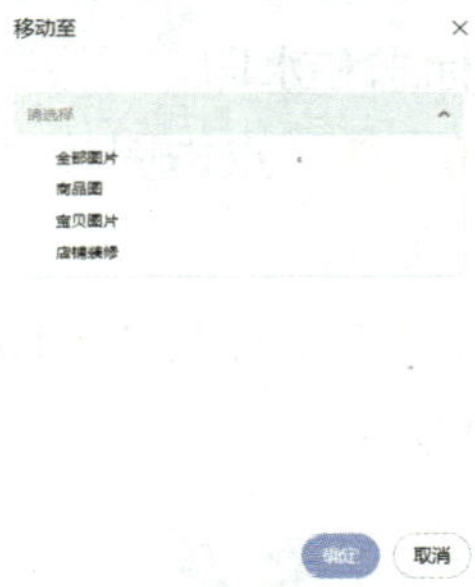

图 3–55 选择移动至目标文件夹

步骤 04 若不需要该文件夹，则在文件夹上单击鼠标右键，执行“强制删除文件夹”命令，并在提示框中按“确定”即可，如图 3–56 所示。注意：删除的图片可以在 7 天内在回收站恢复。

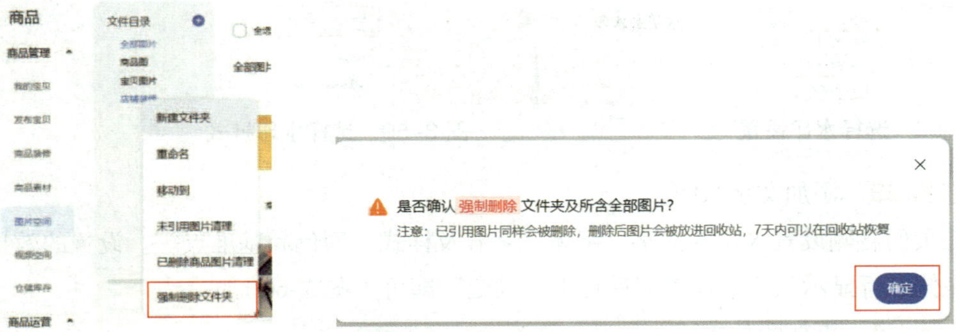

图 3–56 删除文件夹

步骤 05 点击图片空间页面上的“回收站”按钮，进入回收站，在需要删除 / 还原的图片右上角点击变成“√”，在页面的右上角会出现“彻底删除/还原”按钮，如图 3–57 所示，便可以对删除的图片进行再处理了。

图 3–57　回收站

③ 为图片批量添加水印

为了防止他人盗用图片，可以使用图片空间中“图片水印”功能，批量为宝贝图片添加店铺标志和水印。

步骤 01　点击图片空间导航栏上的“更多设置”，在展开栏中选择“水印设置”，如图 3–58 所示。

步骤 02　打开“水印设置”对话框，可以添加文字水印，也可以添加图片水印，如图 3–59 所示。

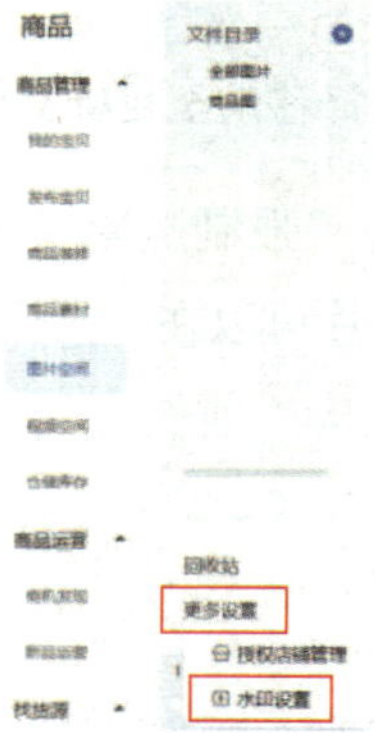

图 3–58　选择水印设置

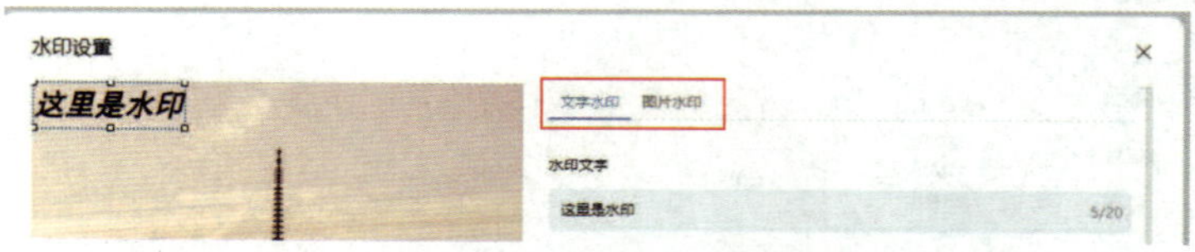

图 3–59　选择水印模式

步骤 03　添加文字水印。

在页面右侧设置水印的文字、字体、字号及样式、颜色和基准点等。设置的效果可在页面左侧进行显示预览，设置完后点击“确定”即可（图 3–60）。

步骤 04　添加图片水印。

点击“图片水印”按钮，切换到添加图片水印页面，在页面右侧上传提前做好的水印或标志，可以设置水印图片的透明度、水印基准点等。设置效果也能在页面左侧进行预览，设置完成后，点击“确定”即可（图 3-61）。

图 3-60　添加文字水印

图 3-61　添加图片水印

步骤 05　在图片空间首页，点击“上传图片”，在打开的对话框中，勾选“添加水印”的复选框，然后点击“上传”按钮并选择要上传的图片，如图 3-62 所示。上传完成后，在空间上显示的图片则是已经自动添加水印了的，效果如图 3-63 所示。

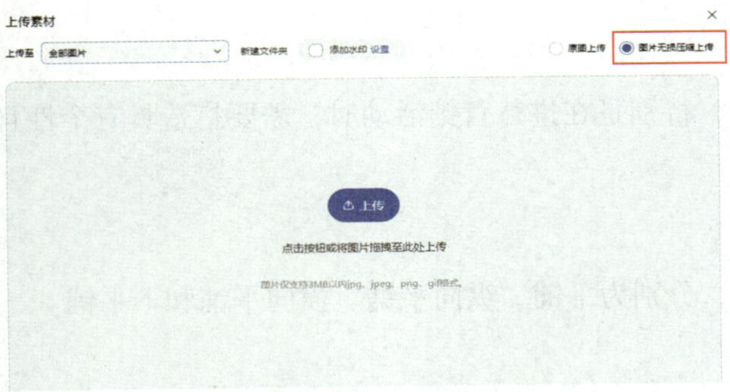

图 3-62　勾选“添加水印”

图 3-63　效果图

【任务加油站】边学边练

进阶任务：设置店铺模板及使用淘宝图片空间分类管理商品图片。

※【训练目的】

能依据店铺需求布局和设置店铺模板；

能依据商品类目特点使用淘宝图片空间进行分类管理。

※【任务背景】

小阳已经对商品进行了拍摄、抠图及后期处理合成，接下来就要为已经注册的网店选择模板了。那么，现在需要你帮他试试哪种旺铺模板更合适，并处理其素材图片。

※【任务要求】

1. 登录淘宝，在旺铺装修页面选择装修模板，根据店铺经营商品的特点选择合适的模板。
2. 目前小阳有着大量素材图片，请根据商品图片类别帮他分类管理并添加水印。

任务三　店铺首页装修

淘宝网店首页是店铺的门面，体现了一个店铺的品质和特色，它的美观度直接影响销量和顾客对店铺的印象。店铺首页的装修空间很大，包括页头、页尾、背景及中间模块的装修等。下面对各个模块的制作方法分别进行介绍。

【任务引入】

小阳现在进入店铺首页装修，可是他不懂页面布局，只能盲目地堆砌一些功能模块，使得整个页面没有主次，很混乱，请问你能帮助他吗？

1. 店铺首页装修包括哪些模块？
2. 店铺装修每个模块应该如何制作呢？

【知识链接】

（一）页面背景装修

背景是网店装修不可缺少的一部分，特别是在进行营销活动时，需要打造具有个性且有活动气氛的背景。

1 页面背景的分类

首页的背景显示可以设置四个类别，分别为平铺、纵向平铺、横向平铺和不平铺。

（1）平铺背景

它是由一小块背景图通过纵向平铺和横向平铺，呈现出整个店铺页面背景，如图 3-64

所示。

（2）纵向平铺背景

纵向平铺是由一小块背景竖向平铺而成，可以设置的位置有左对齐、居中或者右对齐，尺寸宽度由那一小块背景的具体宽度决定。通常情况下采用这种类型大多是以锁定背景来显示相关信息，下拉页面时背景不会移动，比如优惠券等，如图 3–65 所示。

图 3–64　平铺背景

（3）横向平铺背景

横向平铺背景与纵向平铺背景相反，由一小块背景横向平铺而成。

（4）不平铺背景

不平铺背景是根据这一小块背景的大小决定背景大小，采用这一模式可以突出某个产品特点，如图 3–66 所示。

图 3–65　纵向平铺背景

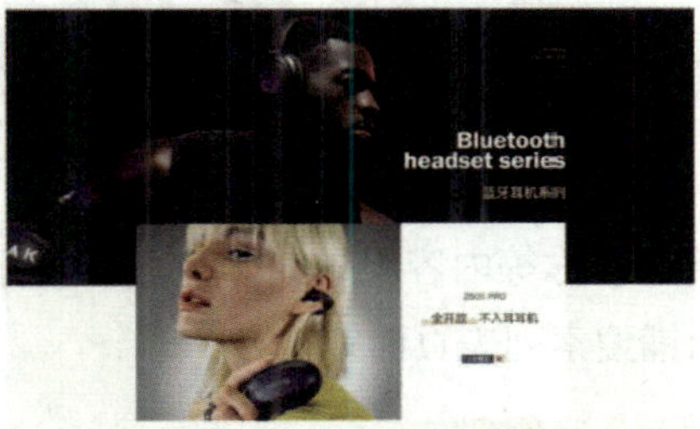

图 3–66　不平铺背景

② 页面背景的设计原则

在淘宝店铺中，我们通常会看到具有个性且漂亮的店铺背景，能烘托一种气氛，起到提升店铺魅力和品牌力的作用。因此，我们可根据自己的需要制作不同样式的背景，这时就需掌握一些设计原则，主要包括 3 点：

①尺寸大小适宜，在设计制作时背景图片不能太大，否则会影响加载速度；

②图案简洁，在设计制作时背景图片不能太花哨，要简洁，否则会影响产品的呈现；

③衔接连贯，在设计制作背景图时要注意选择背景类型，考虑是否需要平铺，以免出现页面不连贯的问题。

③ 页面背景设置

将制作好的背景图上传到店铺中。

步骤 01　进入淘宝旺铺页面，在右侧导航栏选择“页面”。

步骤 02　在弹出的页面进行背景色和背景图的设置，如图 3–67 所示。选择页面背景色为深红色，点击页面背景图“更换图片”，选择准备好的背景图，设置背景显示类型“平铺”及背景对齐方式“左对齐”，如图 3–68、图 3–69 所示。

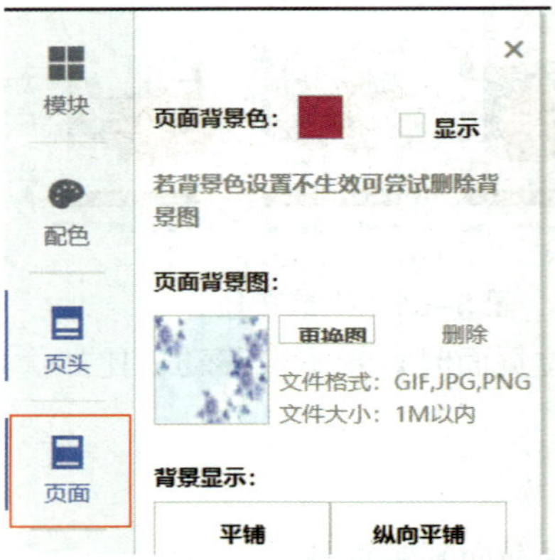

图 3–67　选择“页面”

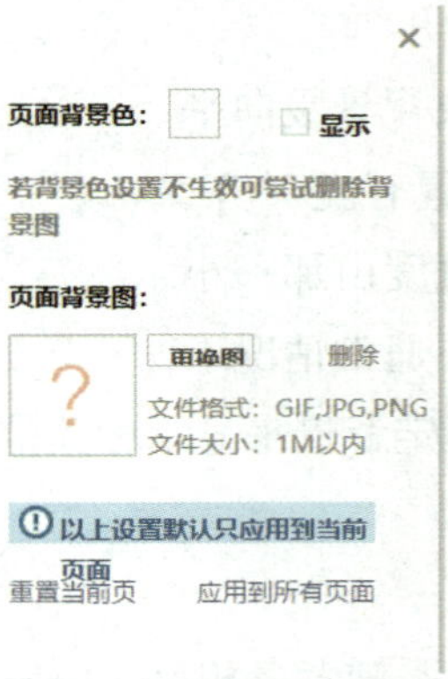

图 3–68　设置背景色和背景图

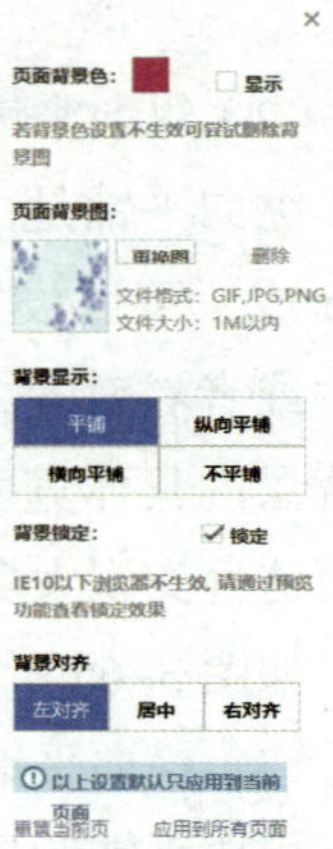

图 3–69　更换图

图 3–70　效果图

步骤 03　背景设置完成后，可以直接在页面右侧点击“预览”按钮查看效果，如图 3–70 所示。

（二）店标制作

店标是店铺的标志，由产品图片、广告语和店铺名称等内容组成，分为静态店标和动态店标两种，它主要显示在店铺的左上角或者淘宝店铺搜索列表页面等地方。

1 店标设计原则

店标是店铺的重要形象代表，好的店标不仅能向买家传递信息，也能提升店铺的艺术魅力，因此在设计店标时需遵循一定的原则，主要有：

（1）尺寸大小，淘宝店标的尺寸为 80 像素 ×80 像素或者 100 像素 ×100 像素，大小为 80KB 以内；

（2）彰显店铺的个性，为了能让买家感受到店铺的风格，需要添加一些独特的设计，看起来要与众不同；

（3）色彩搭配要合理，可以通过艳丽的颜色、个性的图案、艺术字体等效果，给买家留下深刻的印象，注意要与店铺风格相统一。

2 店标上传

制作好的店标需要上传至店铺才能被买家看到，彰显店铺独有特色。

图 3–71　编辑店铺标志

步骤 01　登录淘宝，进入卖家中心，点击“店铺”“店铺信息”“修改信息”，进入设置界面，在“店铺标志”栏点击“编辑”标志，如图 3–71 所示。

步骤 02　进入打开的对话框，点击“上传”，选择需要上传的店标即可完成（图 3–72），效果如图 3–73 所示。

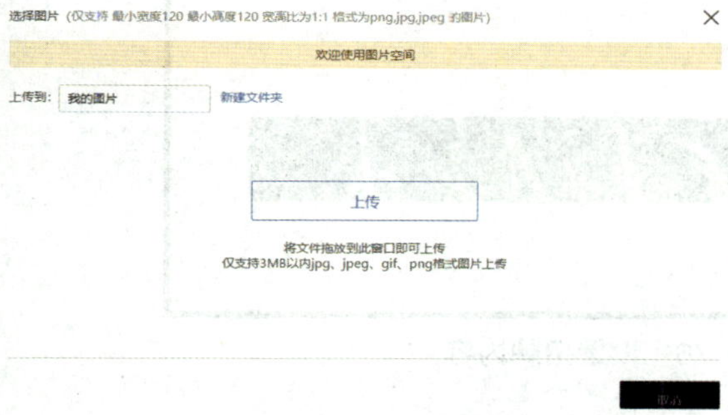

图 3–72　上传店标

图 3–73　效果图

（三）店招装修

店招是店铺的招牌，是给买家留下第一印象的主要店铺窗口，因此具有鲜明特色的店招对店铺品牌和产品地位有着不可替代的作用。

❶ 店招设计原则

好的店招一般都会遵守一定的原则：

① 尺寸大小，店招分为常规店招和通栏店招，常规店招模块是 950 像素 ×120 像素，通栏店招的尺寸大小是 1920 像素 ×150 像素，它们的主要区别在于常规店招上传至店铺页面后，两侧是空白显示，而通栏店招两端会根据设计的效果进行显示；

② 塑造品牌形象，如添加店铺名称或者产品图片；

③ 做好定位，能让买家直观地知道店铺售卖的产品类型（图 3–74）。

图 3–74　店招案例

❷ 店招装修

步骤 01　在旺铺首页，点击店招模块上的“编辑”按钮。如图 3–75 所示。

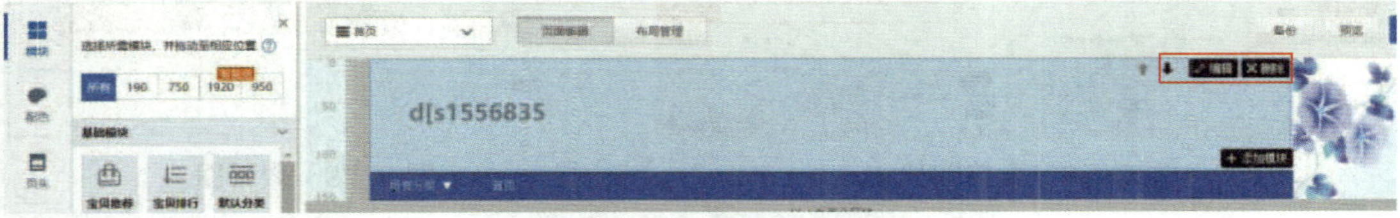

图 3–75　点击“编辑”

步骤 02　在弹出的对话框中取消勾选“是否显示店铺名称”后的复选框，点击“选择文件”按钮，如图 3–76 所示。

图 3–76　设置招牌内容

步骤 03　在展开的面板中选择店招图片的位置，并从中选择图片，如图 3–77 所示。

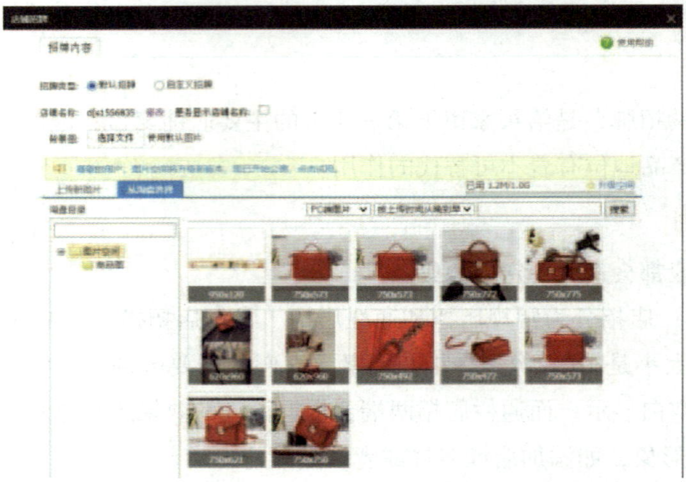

图 3–77　选择图片

步骤 04　选择好图片后，确认高度，点击“保存”按钮，如图 3–78 所示。保存后，页面会自动跳转回旺铺首页，编辑好的店招已经显示在页面上了，也可点击页面上的“预览”按钮，查看装修效果，如图 3–79 所示。

图 3–78　上传图片

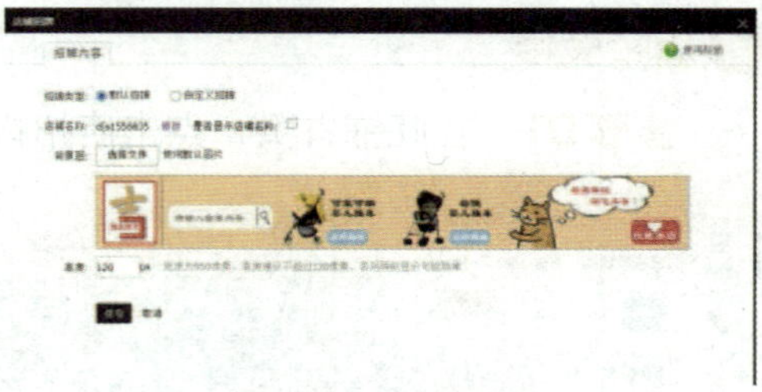

图 3–79　效果图

（四）导航设置

导航位于店招下方，主要是方便买家查看店铺类目、选择宝贝分类的入口，一般来说，常规店招下的导航无须自己设计，只需要在店铺页面导航模块进行设置就可以了。在未设置前，默认的导航只显示“所有分类”和“首页”两个菜单。除此之外，还可以添加其他分类、页面或链接。

步骤 01 在首页，点击导航栏的“编辑”按钮。如图 3–80 所示。

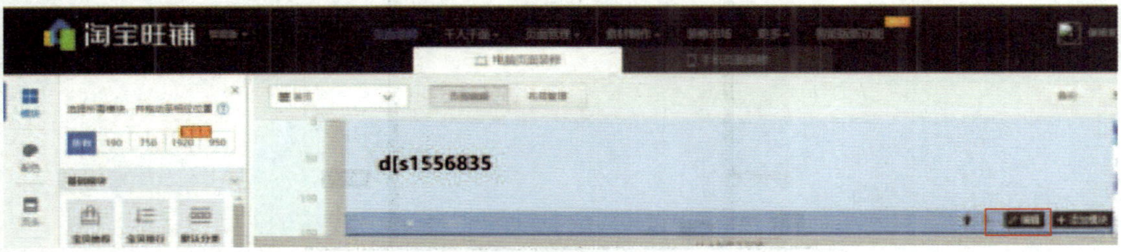

图 3–80 点击“编辑”

步骤 02 在弹出的对话框中点击“添加”按钮。这里需要注意的是店铺导航区最多可以设置 12 项一级内容，建议不超过 7 项，否则超出页面尺寸的部分将会不展现。如图 3–81 所示。

步骤 03 在打开的页面中，可添加宝贝分类，按“确定”按钮（图 3–82）。

图 3–81 点击“添加”

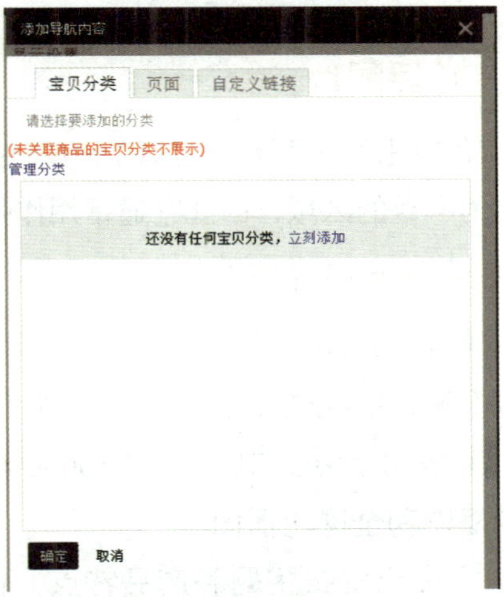

图 3–82 添加宝贝分类

步骤 04 进入淘宝分类管理页面，只需点击“添加手工分类”，输入“分类名称”，保存即可，如图 3–83 所示。

图 3–83 输入“分类名称”

步骤 05 返回添加导航内容页面，选择所需的分类目，如图 3–84 所示。

步骤 06 点击“确定”按钮之后，店铺首页的导航栏上就显示了所添加的菜单，如图 3–85 所示。

图 3–84　选择分类目

图 3–85　效果图

（五）轮播图片

轮播图片一般位于导航的下方，由于其版面占用面积较大，可以说是买家进入店铺后看到最为醒目的区域，因此它通常用作强调店铺主推商品或者营销活动，起到一定的促销作用。

1 轮播图片设计原则

轮播图片是由多张海报图片循环播放的，为吸引买家，在设计时要对海报的主题、构图以及配色等视觉要点进行综合考虑。我们需要遵守一定的原则：

① 尺寸大小，其高度在 100~600 像素，宽度则分为 750 像素和 1920 像素两种，即通栏轮播图和全屏轮播图。

② 突出海报主题和产品特点，根据店铺营销活动和产品特点提炼简洁的文字和搭配合适的背景；

③ 合适构图，根据所呈现的内容选择合适的构图方式，其构图方式主要有左右构图、左中右构图、上下构图等，如图 3–86~图 3–88 所示。

④ 配色需统一，选择相近或者同色系的颜色进行设计，通过明暗深浅来搭配，比如重要文字信息用突出醒目的颜色进行强调。

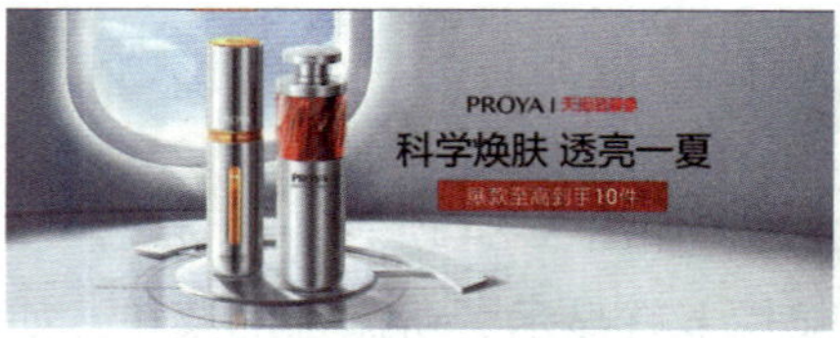

图 3–86　左右构图

图 3–87　左中右构图

图 3–88　上下构图

❷ 上传轮播图片

（1）上传通栏轮播图

步骤 01 将制作好的海报上传到图片空间中，在装修界面，点击页面左侧“模块—图片轮播”，按住鼠标左键不放，将其拖到导航下方，如图 3–89 所示。

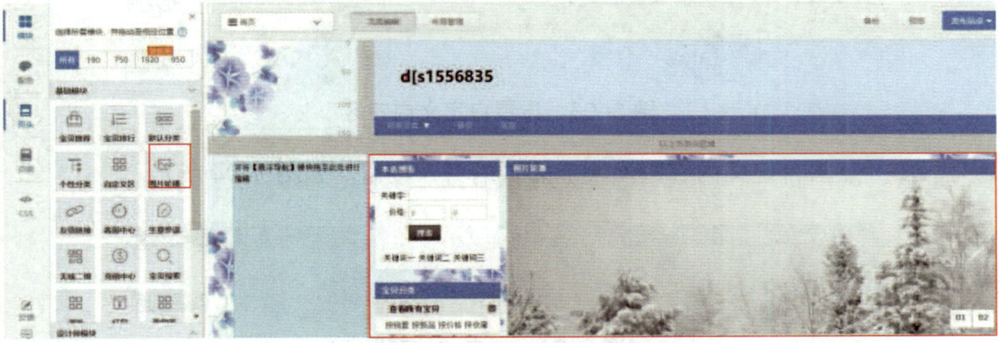

图 3–89 设置图片轮播模块

步骤 02 点击图片轮播模块上的“编辑”按钮，如图 3–90 所示。

图 3–90 点击“编辑”

步骤 03 在打开的图片轮播设置对话框中，点击 按钮，选择上传所需的海报，如图 3–91 所示。若需多张上传的，可以按“添加”，重复步骤即可。点击“保存”，进行预览，如图 3–92 所示。

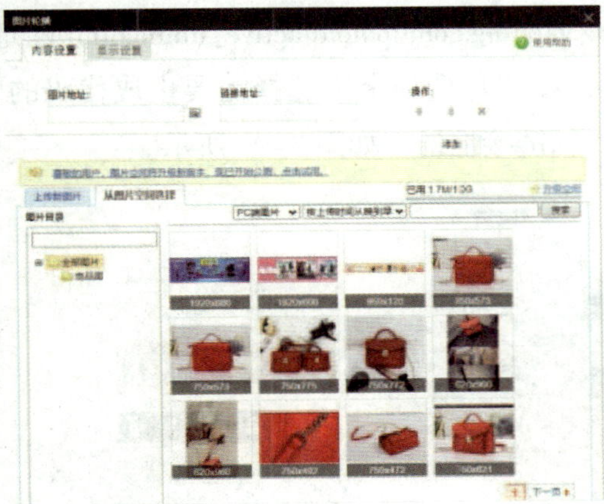

图 3–91 上传海报

图 3–92 效果图

（2）上传全屏轮播图

步骤 01 将制作好的海报上传到图片空间中，在装修界面，点击页面左侧“模块—自定义”，按住鼠标左键不放，将其拖到导航下方，如图 3–93 所示。

图 3–93　设置自定义内容区

步骤 02 点击自定义内容区模块上的“编辑”按钮，如图 3–94 所示。

图 3–94　点击“编辑”

步骤 03 进入自定义内容区编辑界面，选择“不显示”标题，点击页面左上角的“源码”按钮，进入源码编辑模式。如图 3–95 所示。

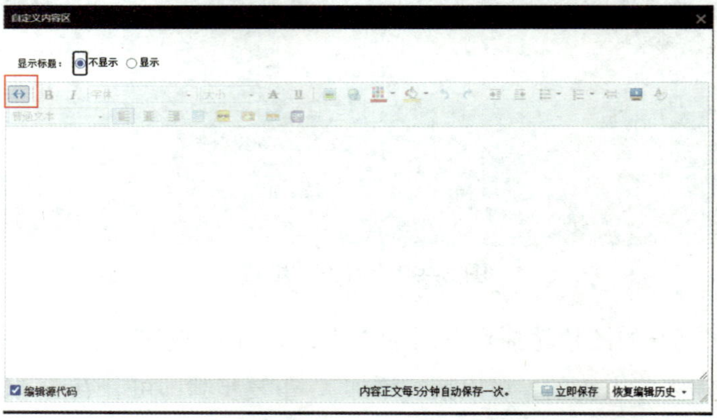

图 3–95　进入源码编辑模式

步骤 04 在浏览器中输入 https://dianshang.gaoding.com/toolold/active_lunbo.html 网址，打开页面，如图 3–96 所示。打开“素材中心”，在图片选项卡中选择需要生成代码的图片，单击其下方的“复制链接”按钮，复制图片的链接地址，如图 3–97 所示。

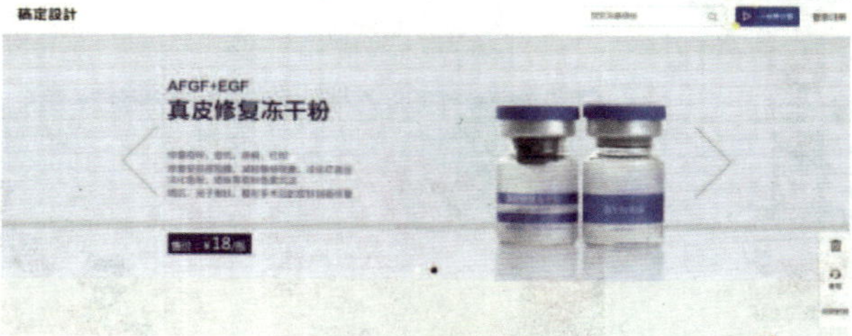

图 3–96　打开页面

图 3–97　复制图片链接地址

步骤 05 将图片的链接地址粘贴在“轮播图设置”栏中，并按“生成代码”，如图 3–98、图 3–99 所示。

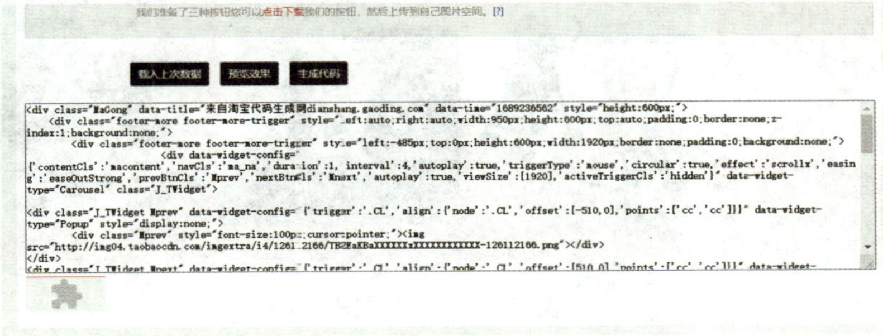

图 3–98 设置轮播图相关信息

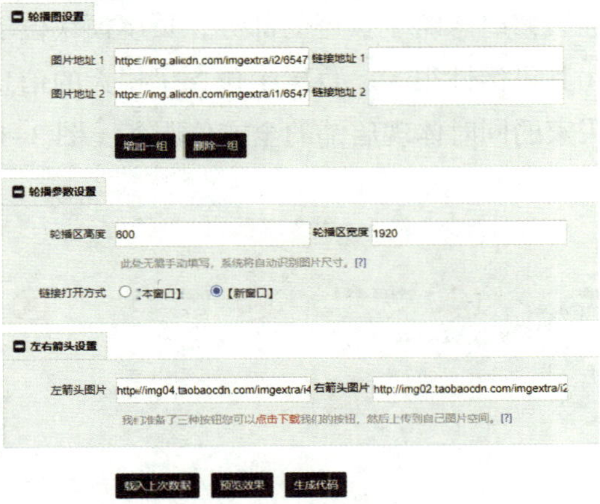

图 3–99 生成代码

步骤 06 把全屏海报的代码粘贴到自定义内容区的源码编辑框，如图 3–100 所示。

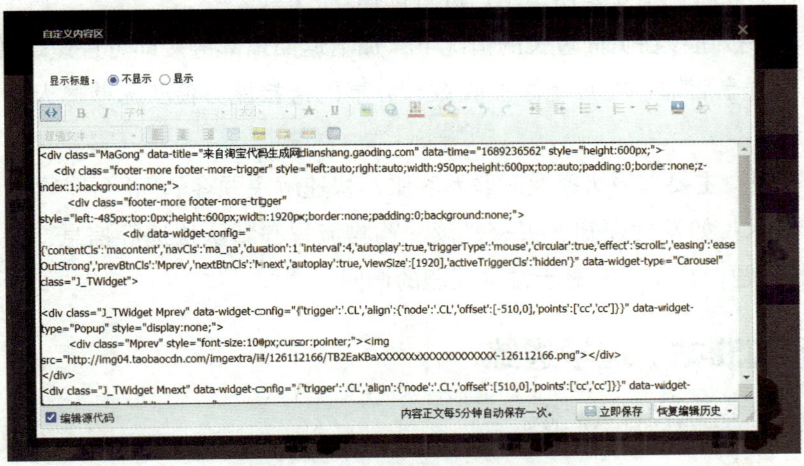

图 3–100 复制粘贴代码

步骤 07 代码编辑确定无误后点击“确定”按钮，然后点击“预览”或“发布”按钮后就可以查看装修效果了（图 3–101）。

图 3–101　效果图

（六）店铺页尾

往往会有很多卖家在装修时忽略了页尾的部分，页尾模块位于店铺首页的最底部，是首页装修最后一个环节，其灵活性很大。页尾中包含了很大的信息量，包括店铺声明和公告之类的信息，在方便买家的同时体现店铺的全方位服务（图 3–102）。

图 3–102　页尾案例

一般页尾包含以下几部分。

① 店铺底部导航：主要是便于用户进行选择。

② 返回顶部按钮：在页面过长的情况下，加上返回顶部链接即可快速跳转到顶部。

③ 收藏、分享店铺：在页尾添加收藏、分享的链接能方便买家收藏及分享，提升客户黏性。

④ 旺旺客服：主要方便买家及时联系客服，快速解决顾客的问题。

⑤ 温馨提示：如发货须知、买家必读、购物流程和默认快递等信息，快速解决买家购物流程中的问题，减少买家对于常见问题的询问。

【任务加油站】边学边练

进阶任务：淘宝店铺首页装修。

※【训练目的】

1. 掌握淘宝店铺首页模块。

2. 结合所经营的商品类目，设计店铺首页。

※【任务背景】

小阳现在进入店铺首页装修，可是他不懂页面布局，只能盲目地堆砌一些功能模块，使得整个页面没有主次，很混乱，请问你能帮助他吗？

※【任务要求】

1. 根据所学的知识，布局店铺首页；

2. 结合所经营的商品类目特点，设计制作店铺首页。

任务四　详情页装修

如果说首页是网店店铺的脸面，则商品详情页就是店铺的骨血。一般情况下，买家通过淘宝点击宝贝后进入的就是宝贝的详情页，详情页是决定买家是否购买的关键因素。对于大多数淘宝卖家来说，宝贝详情页是其命脉所在，有好的详情页，才会有好的成交量与转化率。因此，宝贝详情页的装修十分重要。

【任务引入】

小阳在设计详情页时发现别人的商品详情页不是看不到产品的介绍，就是内容多而杂，觉得这不仅没有产生视觉美感，还影响买家购买欲望。因此，他现在面临着如何设计详情页的问题。

1. 详情页展示一般包括哪些模块？

2. 制作详情页的流程是怎么样的呢？

【知识链接】

（一）主图设计

1 主图设计要点

商品主图是买家接触到店铺商品信息的第一途径，这也是提高销售量的核心要素。商品主图设计效果好坏直接影响店铺商品浏览量，因此，在设计过程中要注意以下事项：

①构图方面，商品主图构图方式主要有对角线构图、中心构图、三角构图、紧凑构图、均衡构图和九宫格构图等，如图 3–103~图 3–108 所示，根据商品特点选择合适的构图方式。

②内容方面，选择适当的背景或者产品使用场景来展示产品使用范围，进而提升认知度；提炼产品的创意卖点，增强宝贝的核心竞争力，进而吸引买家产生购买欲望；设置具有创意点的促销信息，提高浏览量。

③视觉方面，务必保证图片的清晰度，同时颜色切记不要用过于繁杂，一般采用 2~3 种颜色就可以了。

图 3–103　对角线构图

图 3–104　中心构图

图 3–105　三角构图

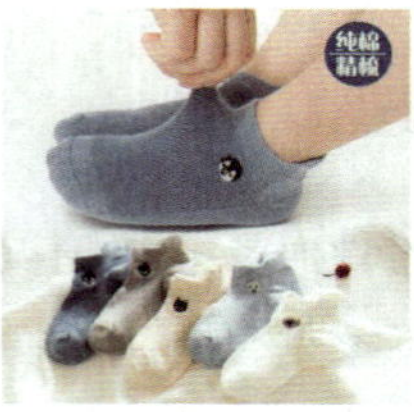

图 3–106　紧凑构图

图 3–107　均衡构图

图 3–108　九宫格构图

② 上传商品主图

步骤 01　将制作好的商品主图上传到图片空间中，进入卖家中心，点击页面左侧“商品—发布宝贝”，如图 3–109 所示。进入商品发布页面后，点击上传制作好的商品主图，并确认类目，如图 3–110 所示。

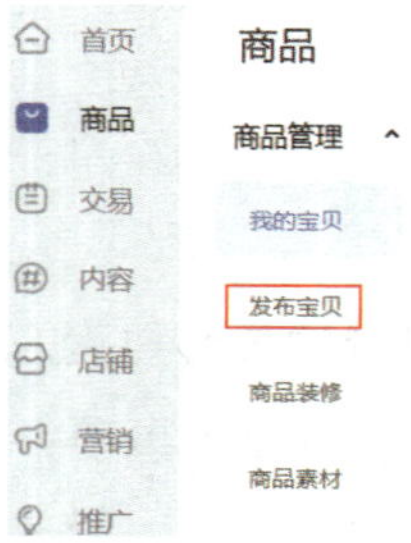

图 3–109　发布宝贝

图 3–110　上传主图

步骤 02　跳转至商品发布信息页面：①输入宝贝的基本信息，带星号部分的文本框必须输入对应内容，卖点内容可以简洁明了，“宝贝属性”需填写真实；②输入宝贝的销售信息；③输入宝贝的物流信息和支付信息；④输入宝贝的图文描述和售后服务，如图 3–111~图 3–114 所示。

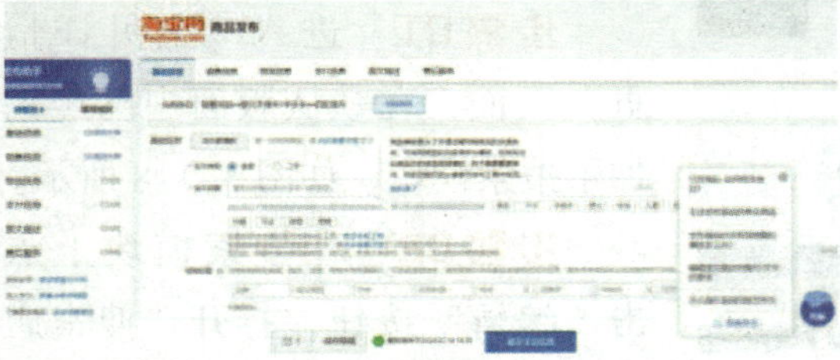

图 3–111　输入商品发布基本信息

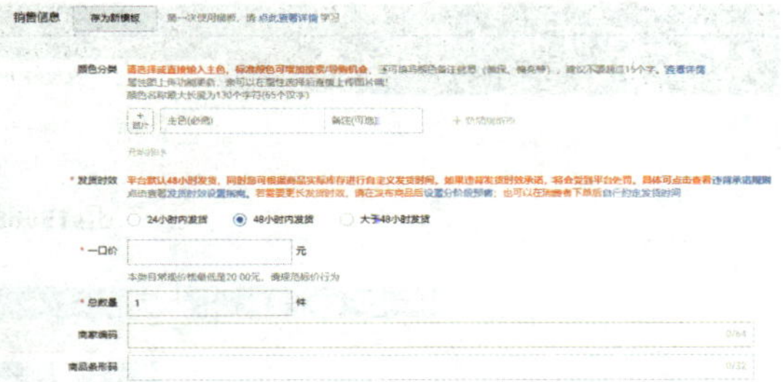

图 3–112　输入销售信息

图 3–113　输入物流信息

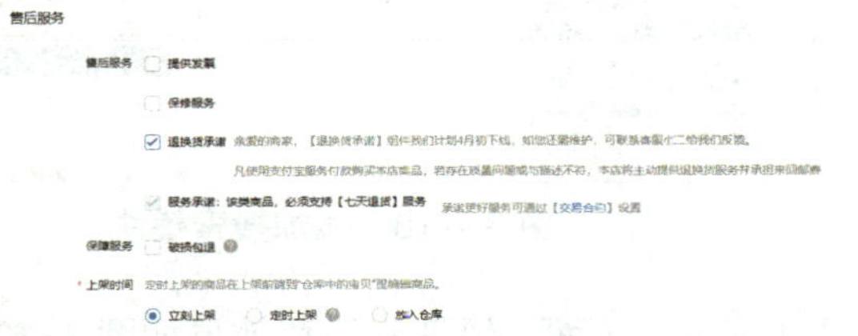

图 3–114　输入售后服务信息

步骤 03　输入所需的信息后，点击“提交宝贝信息”即可完成宝贝的发布操作，如图 3–115 所示。

图 3–115　提交宝贝信息

（二）详情页装修区域

详情页是一个重要的版块，是买家打开宝贝后看到的宝贝展示与介绍的页面，因此对于促进成交量和转化率的提升有着至关重要的作用。

进入“店铺装修”页面，单击“首页”右侧的下拉按钮，选择“宝贝详情页”，即可打开页面，如图 3–116 示。宝贝详情页中有默认的模块，可根据所需对各个模块进行相应的设置，以更好地突出产品。宝贝详情页分为左侧模块和右侧模块，主要有搜索、宝贝推荐、宝贝排行榜、宝贝描述和为你推荐等（图 3–117）。

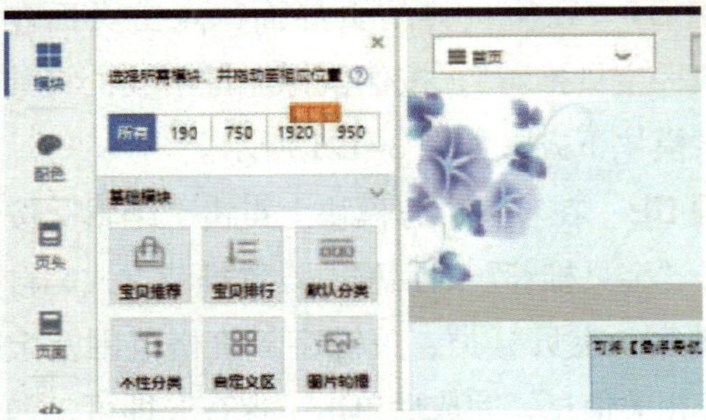

图 3–116　店铺装修首页页面

图 3–117　店铺装修详情页页面

❶ 左侧模块

左侧模块通常会用来添加宝贝搜索、宝贝推荐、宝贝排行榜等信息，在打开的每个宝贝的详情页左侧模块都是相同的。

（1）宝贝搜索模块

步骤 01 进入“宝贝详情页”页面，在默认版面中已经添加了搜索模块，如图 3–118 所示。

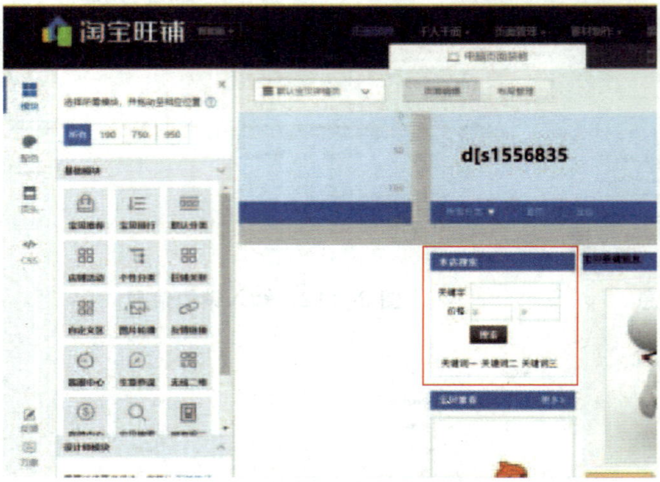

图 3–118　添加搜索模块

步骤 02 在搜索模块上点击“编辑”按钮，打开“搜索店内宝贝”对话框，在“显示设置”栏中选择“不显示”，在“预置关键字”文本框中输入预设关键字，在“推荐关键字”文本框中输入关键字，完成后单击“保存”即可，如图 3–119 所示。返回“宝贝详情页”页面，该搜索模块效果如图 3–120 所示。

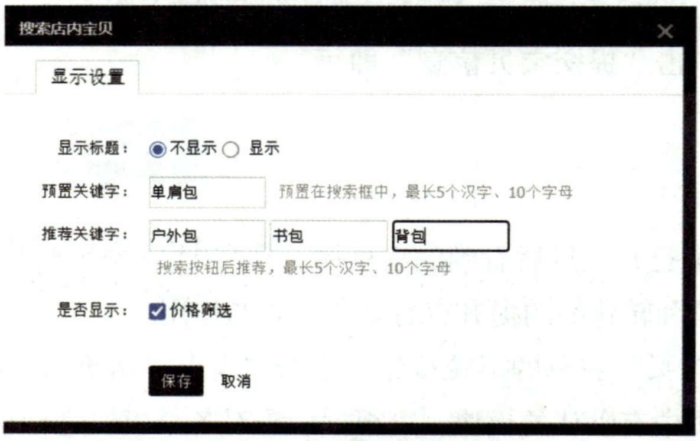

图 3–119　设置显示内容

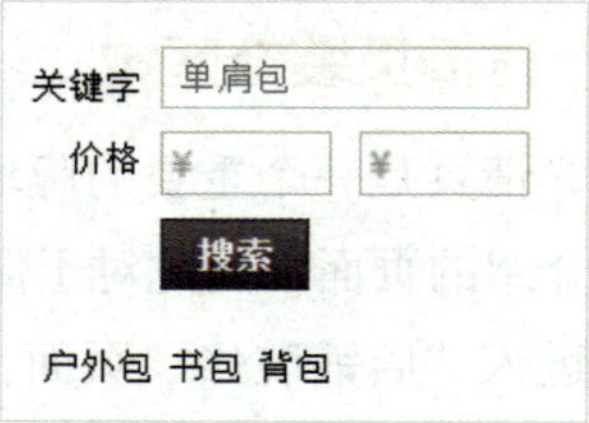

图 3–120　效果图

（2）宝贝推荐模块

步骤 01 在宝贝详情页界面，点击页面左侧“模块—宝贝推荐”，按住鼠标左键不放，将其拖到搜索模块下方，如图 3–121 所示。

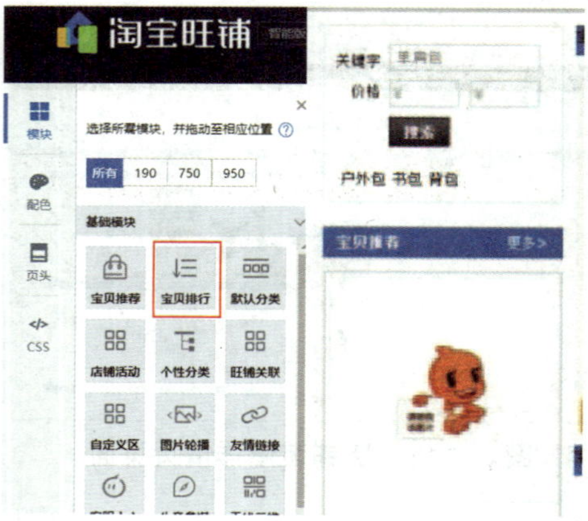

图 3–121　点击宝贝推荐

步骤 02 在宝贝推荐模块上点击“编辑”按钮，打开“宝贝推荐”对话框，设置推荐方式、自动推荐排序、宝贝分类、关键字、价格范围及宝贝数量等相关信息，完成后单击“保存”即可，如图 3–122 所示。

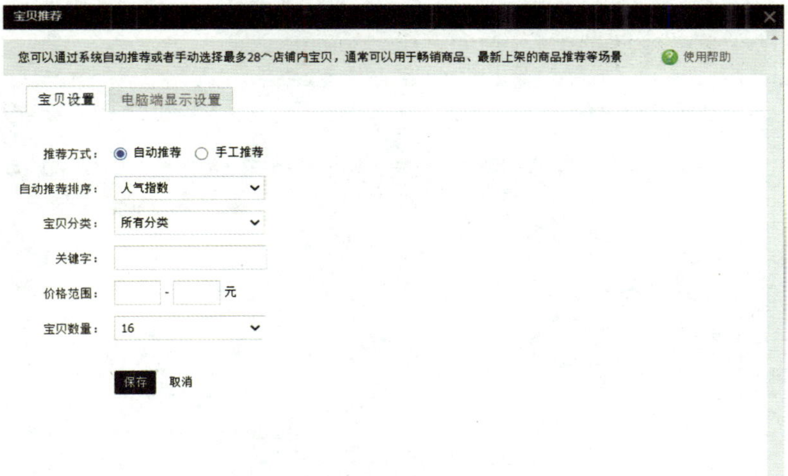

图 3–122　打开宝贝推荐对话框

（3）宝贝排行榜模块

步骤 01　在宝贝详情页界面，点击页面左侧“模块—宝贝排行”，按住鼠标左键不放，将其拖到所需模块区域中，如图 3–123 所示。

步骤 02　在宝贝排行模块上点击“编辑”按钮，打开“宝贝排行榜”对话框，设置显示标题、宝贝分类、关键字、价格范围、显示数量等相关信息，完成后单击“保存”即可，如图 3–124 所示。

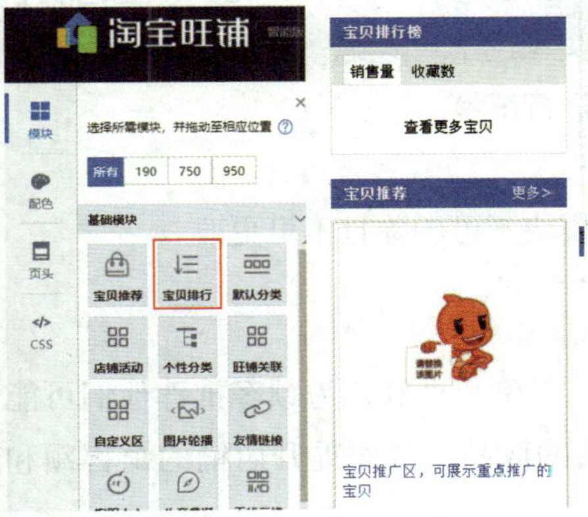

图 3–123　点击宝贝排行

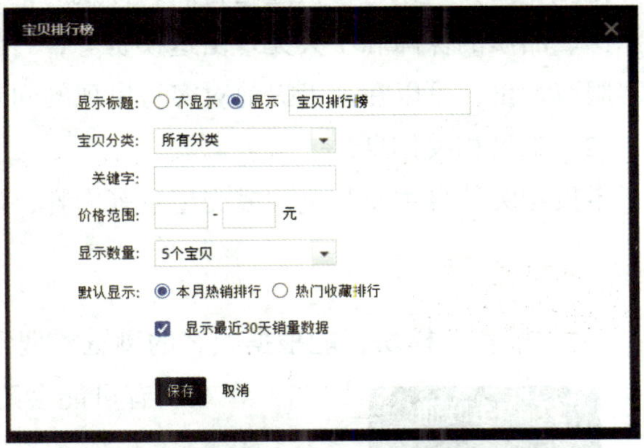

图 3–124　打开“宝贝排行榜”对话框

② 右侧模块

宝贝详情页的页面右侧模块为主要展示区，放置宝贝描述的内容，一般来说宽度为 750 像素，高度自定。主要包括宝贝描述信息区域及宝贝相关信息等内容，且这些模块不可删除。

（1）宝贝描述信息

宝贝描述信息的内容是在发布每款宝贝时填写的，如图 3–125 所示。宝贝描述包含的内容大致可以分为焦点图、产品信息描述、产品卖点、快递与售后和温馨提示等。

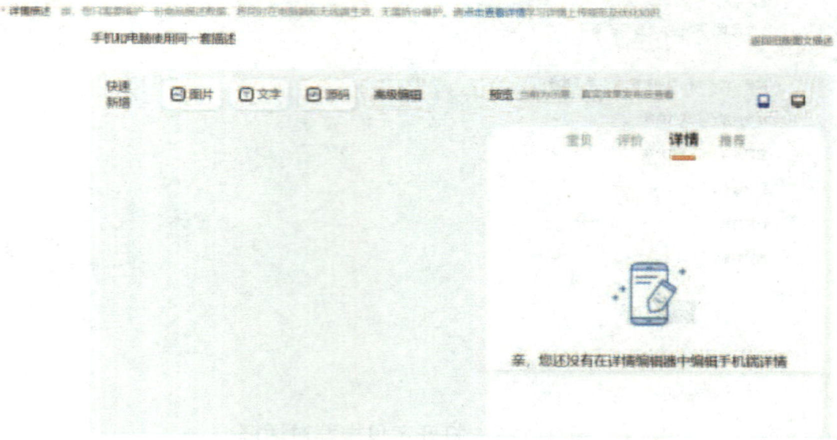

图 3–125　宝贝描述信息页面

在宝贝描述信息页面需达到激发买家购买欲望、树立买家对店铺的信任感和打消买家的顾虑、促使买家下单的内容设计效果，因此，在设计时要遵守一定的原则：①完美体现焦点图，展示促销优惠信息的同时需引入品牌形象，也要注意风格的统一；②准确描述产品信息，不仅对产品信息进行正确介绍，还可以对产品使用效果及注意事项进行展示；③精准挖掘产品卖点，抓住客户的需求，突出产品优势，在产品整体、细节和包装等方面进行挖掘，留住买家；④快递与售后，体现店铺真诚的服务价值版块，比如专业包装、服务承诺、品质的保障和 7 天无理由退换货等，打消买家的下单顾虑；⑤温馨提示，为了减少客服咨询量，可以在这里提前对容易出现的问题进行解答。

（2）宝贝相关信息

宝贝相关信息主要是呈现成交记录等内容，该模块不可删除且不可更改。

（三）为你推荐

“为你推荐”模块，能根据顾客的浏览、搜索、下单和喜好，为顾客推荐他们可能会喜欢、有可能会购买的商品，从而提升店铺的销售额和转化率。

图 3–126　点击“旺铺关联”

步骤 01　进入宝贝详情页页面，点击页面左侧“模块—旺铺关联”，按住鼠标左键，把“旺铺关联”拖到页面右侧需要添加该模块的地方（图 3–126）。

步骤 02　页面右侧显示“为你推荐”的模块，点击该模块上的“编辑”按钮，在弹出的对话框中设置是否显示以及推荐类型、排序方式等，然后点击“保存”，关联推荐设置完成。该模块的真实效果与具体单品相关，要进入线上店铺查看（图 3–127、图 3–128）。

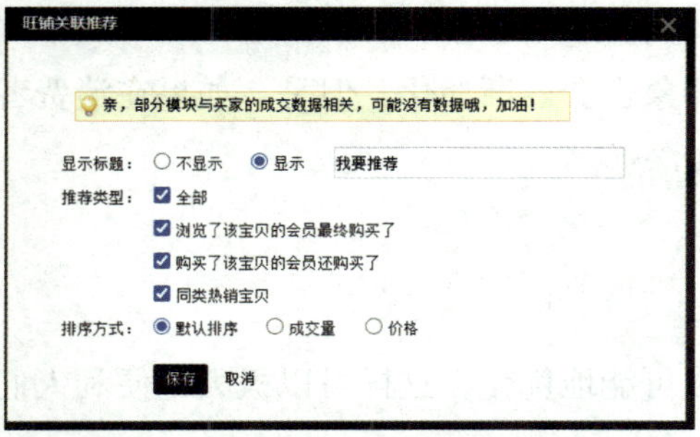

图 3–127　打开旺铺关联推荐对话框

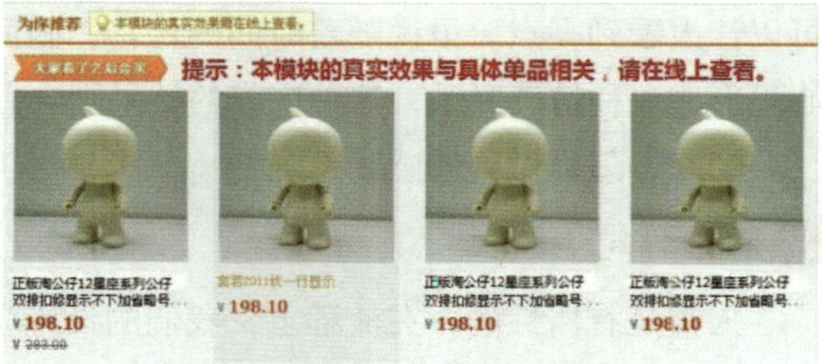

图 3–128　效果图

【任务加油站】边学边练

进阶任务：设计详情页。

※【训练目的】

1. 掌握淘宝店铺详情页模块。
2. 结合所经营的商品类目，设计店铺详情页。

※【任务背景】

小阳在设计详情页时发现别人的商品详情页不是看不到产品的介绍，就是内容多而杂，觉得这不仅没有产生视觉美感，还影响买家购买欲望。因此，他现在面临着如何设计详情页的问题。

1. 详情页展示一般包括哪些模块？
2. 制作详情页的流程是怎么样的呢？

※【任务要求】

选择其中一种商品制作详情页，将焦点图、商品参数、商品亮点及细节展示出来。

画龙点睛：项目总结

“人靠衣装店靠靓装”，本项目内容是网店运营的重要组成部分，高颜值网店装修和商品详情页能增强买家对店铺的信任感，从而提高购买欲望。通过项目三所学，掌握了图片处理、店铺首页装修及详情页装修等相关技能与技巧，从而轻松掌握网店装修的技巧。

视野拓展：案例分析

淘宝上产品的同质化严重，怎样才能让顾客更愿意在你的店铺消费，除了信誉度，就是店铺的装修了。

广告无处不在，一个好的广告，在画面的表现力、元素的组合方面，相对于其他普通的广告，都要表现得更加理想。按照这个道理，我们在店铺装修的时候，也要尽可能做到可以让人看到亮点。虽说随着时间的转移，画面印象也会逐渐淡化，但是，如果在消费者心里形成一种情感联系，这种广告的效果则会更加深远。

那么，怎样做到情感联系呢？

1 思维导向

人都是有惰性的，在流程上，我们的设置应尽可能地优化，这样可以极大地便利人们浏览。人们都喜欢简单的流程式的操作。

2 考虑风险

淘宝商海之大，产品之多，如恒河中的流沙。我们或许有这样的感觉，对损失的感觉比收益要深刻。针对这种心态，在店铺装修的时候，我们要尽可能地做出相关图片或者文字描述，尽可能给客户一种权威、安全、信任的感觉。

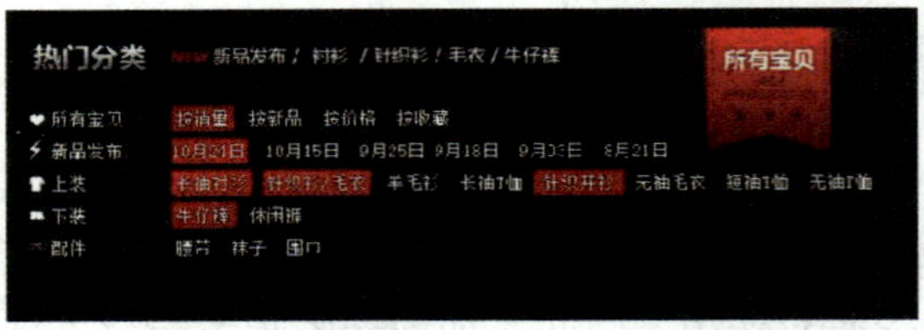

3 第一印象很重要

什么是店铺第一印象，我们理解为店铺的装修界面、产品的详情页情况、产品的好中差评。因为这些是消费者对店铺产品的判断依据。所以，在这里我们要尽可能保证消费者第一次接触我们时感受到的东西都是美好的。

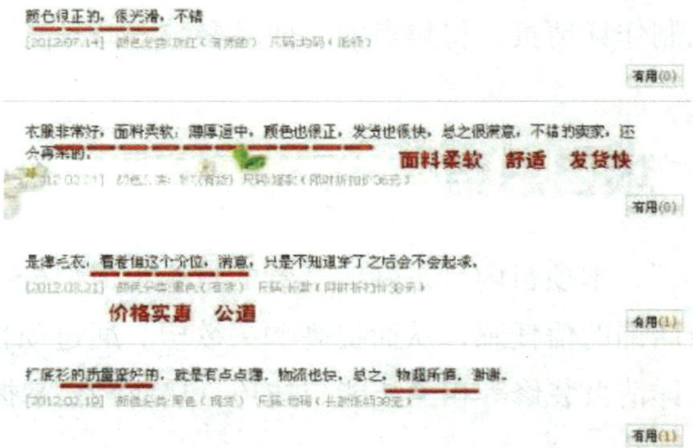

4 充分利用人性

虽说“好奇害死猫”，但是好奇是人的天性，如果我们在店铺装修上，在图片、文字上极具诱惑，就能激起消费者的购买欲望。

培养回头客，为店铺囤积老顾客，增加顾客的黏性。我们通过一些针对老顾客的优惠活动，或者赠送礼品的方式达到这个目的。顾客对店铺有信任感了，后面很多事情办起来，也会变得轻而易举。

※ 案例讨论

本案例在淘宝店铺装修中讲述了哪些思路？你怎么看待这些思路？

假如你是店主，按照这种装修思路会做哪些努力？

※ 总结

淘宝店铺装修是店铺运营中的重要环节，装修设计思路的优劣决定着装修效果，进而直接影响买家对店铺的最初印象。只有首页、详情页设计得美观大气，买家才有兴趣去了解商品，进而被详细的描述和良好的评价打动，从而产生购买欲望并下单。因此，店铺装修思路的地位可想而知。

※ 辅助学习资料

更多拓展案例　　知识延伸

学以致用：巩固检测

请结合本项目所学，完成以下练习：

扫码，完成在线检测题　　扫码，核对参考答案

1. 电脑端店铺宝贝图片尺寸，建议主图尺寸为（　　）。（单选题）

A. 700 像素 ×700 像素　B. 800 像素 ×800 像素　C. 950 像素 ×950 像素

2. 宝贝细节图尺寸大小，建议为（　　）。（单选题）

A. 700 像素 ×700 像素　B. 750 像素 ×750 像素　C. 750 像素宽，高不限

3. 使用（　　）能去除较简单的背景，如纯色和相近色的背景。（单选题）

A. 套索工具　　B. 魔棒工具　　C. 钢笔工具

4. 对于背景比较复杂，主体与背景颜色不分明的图像则需要使用（　　）进行抠取。（单选题）

A. 套索工具　　B. 魔棒工具　　C. 钢笔工具

5.（　　）即整个店铺的页面背景是由一小块背景竖向平铺而成。（单选题）

A. 纵向平铺背景　　　　B. 全平铺背景　　　　C. 全屏固定背景

6.（　　）中包含了很强大的信息量，包括店铺声明和公告之类的信息，在方便买家的同时体现店铺的全方位服务。（单选题）

A. 页尾　　　　B. 店招　　　　C. 海报

7. 宝贝详情页的左侧模块不包括（　　）部分。（单选题）

A. 搜索模块　　　　B. 宝贝推荐模块　　　　C. 宝贝描述

8. 一般情况下，买家通过淘宝点击宝贝后进入的就是宝贝的（　　）。（单选题）

A. 详情页　　　　B. 主图　　　　C. 海报

9. 通栏轮播图的宽度为（　　）。（单选题）

A. 750 像素　　　　B. 640 像素　　　　C. 950 像素

10. 我们在编辑手机端内容时，手机端的主图和电脑端的主图不共用。（判断题）

○ 对　　　　○ 错

11. 没有装修的店铺不仅毫无美感，且在很大程度上拉低了店铺及商品的档次，不能给人以信任感，也不会有人光顾这样一间没有任何装修的店铺。（判断题）

○ 对　　　　○ 错

12. 默认的店招模块是 950 像素 ×720 像素大小。（判断题）

○ 对　　　　○ 错

13.______________是商品的灵魂，一张漂亮的商品照片可以直接刺激到顾客的灵魂，让他们产生了解的兴趣和购买的欲望。（填空题）

14.______________是用于存储、管理宝贝详情页和店铺装修图片的地方。（填空题）

15. 当图片空间的图片过多时，为了方便查找，可以使用______________搜索图片。（填空题）

匠心精研：实操演练

项目三综合实训

项目三综合实训　店铺装修

实训要求：

请打开活页实训任务指导书，完成项目三综合实训。

序号	实训项目	实训要求
1	实训 3–1 商品图片处理	通过实训步骤，掌握图片裁剪和抠图换背景的处理方法，完成给图片换个白色背景并裁剪成主图规格的任务。
2	实训 3–2 PC 端店铺装修	通过分析网店经营特点，掌握 PC 端店铺首页的装修技巧，并根据实训步骤，装修好店铺首页。

评价与反馈：淬炼思政

请结合项目三的学习表现及收获，填写下表，完成学习评价：

项目	学习任务	学习目标	学习评价			总评
			自评 30%	小组评 20%	教师评 50%	
店铺装修	任务一　淘宝店铺宝贝图片尺寸参数 任务二　淘宝旺铺及图片空间的使用 任务三　店铺首页装修 任务四　详情页装修	**【知识目标】：** 1. 能说出淘宝店铺宝贝图片尺寸参数； 2. 能复述淘宝旺铺的种类及使用旺铺智能版流程； 3. 了解店铺首页及详情页装修技巧。				
		【技能目标】： 1. 能使用 PS 软件和美图秀秀软件处理照片； 2. 能使用淘宝图片空间处理装修素材； 3. 能进行店铺首页及详情页的装修。				
		【素质目标】： 1. 培养学生自觉遵守网络文明规则的意识，抵制低俗营销； 2. 培养学生审美能力和细致耐心的工作态度。				
学习综合评分						
学习收获						

模块三　营销推广

项目四　网店管理与经营

项目概览图

项目	学习任务	学习目标
项目四 网店管理与经营 微课：网店 管理与经营	任务一　宝贝详情页制作与上传 任务二　淘宝搜索优化 任务三　宝贝标题优化	【知识目标】： 1. 能说出宝贝详情页的设计要点和布局； 2. 能罗列出淘宝搜索初步优化步骤； 3. 能复述宝贝标题的构成、优化技巧、策略。 【技能目标】： 1. 能制作与上传宝贝详情页； 2. 能结合实际运用淘宝搜索优化策略进行优化； 3. 能制作并优化宝贝标题。 【素质目标】： 1. 培养网店运营的互联网营销思维； 2. 培养自觉遵守网店从业者的职业操守的劳动意识。

项目背景

在商品经济环境下，电子商务行业的宝贝详情页制作和上传及其淘宝搜索优化、标题优化是网店管理与经营中非常重要的环节。详情页就是对一个产品或一项服务进行解释说明的页面，充当着导购员角色，最终目标就是说服买家把产品或者服务加入购物车并付款，完成订单购买。宝贝搜索优化和宝贝标题优化则是导购员的“撒手锏”。卖家通过淘宝搜索引擎优化和宝贝标题优化，把买家引流到宝贝页面中，借助宝贝详情页向买家进一步展示宝贝详情信息，以此吸引买家购买。成功的网店经营与管理能成功刺激买家的消费欲望，打消疑虑，并能在一定程度上消除顾客疑义，促使其下单，达到提升产品的曝光率和销售转化率的效果。本章将围绕宝贝详情页的制作和上传、淘宝搜索优化和宝贝标题优化来展开学习，帮助提升宝贝详情页的质量，介绍淘宝搜索优化策略以及优化宝贝标题的技巧和策略，以提高店铺宝贝的销售效果和品牌影响力。

勤学善思

作为网店经营者，管理和运营店铺时需要结合多方要素，力求达到提高本店铺竞争力，提高宝贝转化率，让消费者成为忠诚顾客的效果。这些问题可以从详情页的制作与上传、淘宝搜索优化和宝贝标题优化三大模块找到突破口。结合上述，请思考以下问题：

详情页的制作与上传流程具体有哪些？

如何完成淘宝搜索优化？

如何完成宝贝标题优化？

任务一　宝贝详情页制作与上传

宝贝详情页是流量的入口，通过宝贝详情页能详细地介绍宝贝的属性、功能和卖点，提高宝贝转化率，因此网店经营者需要重视宝贝详情页的制作与上传。

【任务引入】

小阳开设店铺后发现宝贝详情页制作需要注意的事项很多，无从下手，你能帮帮他吗？

1. 详情页的设计要点和布局是什么？
2. 设计详情页常见的问题有哪些？
3. 详情页的制作与上传流程具体有哪些？

【知识链接】

（一）宝贝详情页的重要性

宝贝详情页是卖家向买家展示产品信息和特点的主要途径，具有以下作用。

（1）产品信息展示

宝贝详情页可以详细展示产品的特点、属性、功能、参数等信息，帮助消费者多角度深入认识产品，进而增强购买信心。

（2）购买决策影响

一个优质的宝贝详情页可以通过图片、文字、视频等多种方式呈现产品卖点及使用场景，激发消费者的购买欲望，促使其做出购买决策。

（3）品牌形象升华

宝贝详情页也是卖家彰显品牌形象和呈现专业性的重要窗口，通过精心设计的详情页可以成功塑造品牌形象，提升品牌认知度和美誉度。

（二）详情页的设计要点

1 风格统一，卖点突出

（1）视觉风格相一致

宝贝详情页在设计过程中需要采用与宝贝主图近似的颜色、相同的字体、一样的图标等，以求营造视觉风格相一致的品牌形象（图 4–1、图 4–2）。

图 4–1　绿行者食品旗舰店（一）

（2）主图突出，搭配协调

确保主图在页面上是突出的，成功吸引买家注意力。除此之外，还需要考虑搭配的辅图乃至整个页面的和谐性，确保宝贝主图、辅图、标题和其他元素（如价格、评价、售后、规格、背书等）在排版布局上的和谐性（图 4–3、图 4–4）。

图 4–2　绿行者食品旗舰店（二）

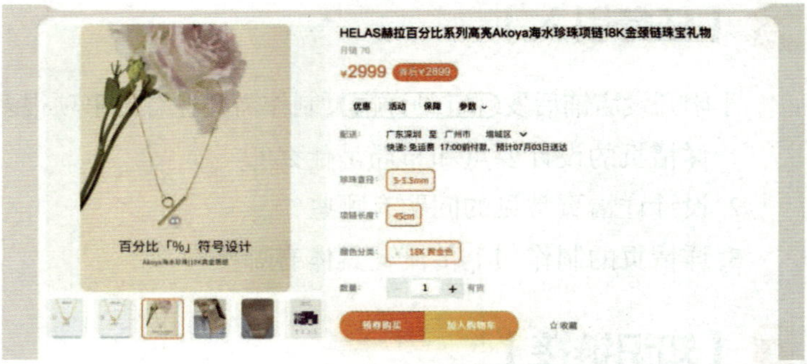

图 4–3　HELAS 旗舰店（一）

（3）内容呼应，图文一致

图 4–4　HELAS 旗舰店（二）

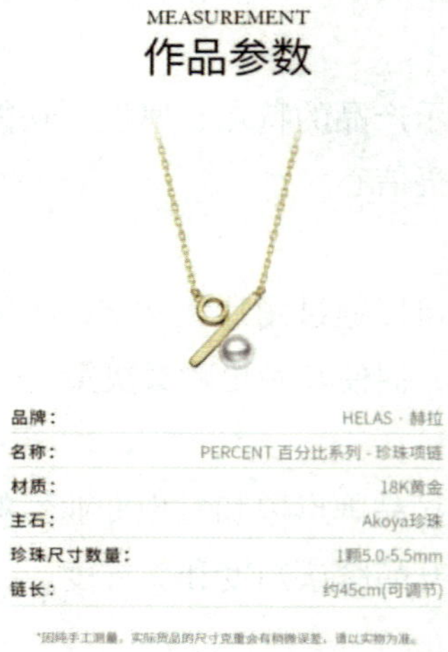

图 4–5　HELAS 旗舰店（三）

确保宝贝详情页中的文字描述、属性介绍、卖点展示等与宝贝主图和标题所传达的信息一致。在撰写内容文案时，需要保证图文的关联性和连贯性，使买家在浏览宝贝详情页时能更直观地理解和感知宝贝的卖点和背后的价值（图 4–5）。

（4）“标注”关键信息，“高亮”核心卖点

应该着重标注宝贝关键信息和重点介绍宝贝的核心卖点。使用合适的字体、适当的字号和相搭配的颜色，适量的图标或标签等方式，以“高亮”“显眼”的效果，帮助买家快速了解宝贝的核心卖点（图 4–6）。

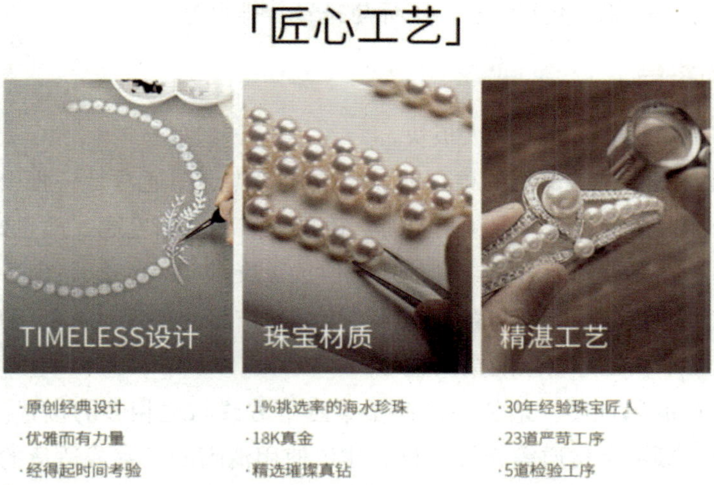

图 4–6　HELAS 旗舰店（四）

2 市场调查，数据分析

设计宝贝详情页之前，需要进行系统的市场调查，以便了解目标市场和用户的需求。

（1）市场调查，搜集数据

进行市场调查，了解目标用户的喜好、需求和行为，获取用户的反馈和意见。除此之外，还需要研究竞争对手及其产品和服务，着重分析其宝贝详情页的设计。

（2）数据分析，设计决策

要对数据进行多维深度分析。数据包括销售数据、用户行为数据、关键词搜索数据等。这些数据可以帮助你了解行情、市场发展趋势。基于对调查结果的详细分析，进行设计决策，确定宝贝详情页的布局、内容和功能。

3 产品定位，挖掘卖点

设计宝贝详情页时，产品准确定位是非常关键的一步。通过前期的调研，找准市场，明确产品定位，并通过图文将其融入宝贝详情页的设计中，可实现更高的流量和销量（图 4–7）。

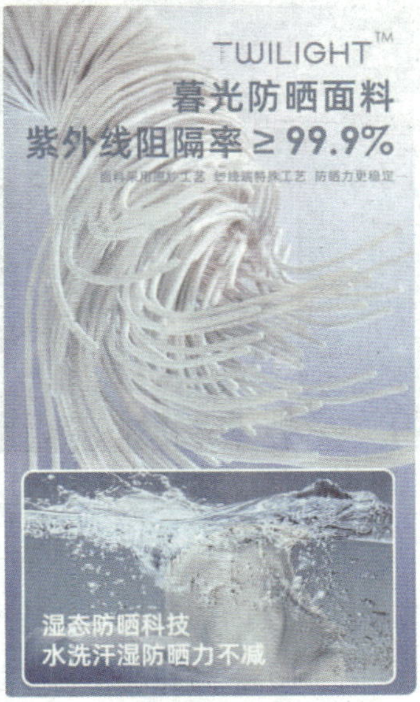

图 4–7　ohsunny 官方旗舰店

独特卖点是宝贝在竞争激烈的市场中屹立不倒的秘诀。产品同质化越来越严重，假如产品与竞争对手相比具备独有

的优势，便可以独树一帜。独特的卖点可以通过表格比较（隐匿竞争品牌）、卖点罗列等直观化的方式，让买家快速了解产品。这个独特卖点将成为宝贝详情页设计的核心。

4 元素收集，恰当呈现

设计宝贝详情页时，收集恰当的设计元素不可或缺，这些元素将帮助你构建页面的整体风格，增强视觉吸引力，凸显独特卖点。设计元素通常包括宝贝图片、品牌文化元素、配色、文案、字体、按钮与交互元素、图标与符号、排版等。

（三）详情页的布局

详情页的布局一般分为以下六大板块。

焦点图：焦点图放在详情页的顶部或显眼位置。焦点图通常是一张引人注目的图片，用于展示产品属性、独特卖点、促销信息等。确保焦点图清晰度高、质量好（图 4–8）。

产品全景图：在焦点图下方（或其他适当位置）展示产品的全景图。一般情况下产品全景图是通过宝贝的正面、侧面和背面来多维度展示产品的外观，帮助用户更好地了解产品的真实样貌及效果，提升买家购买兴趣（图 4–9）。

产品属性：产品属性图一般放在产品全景图下方或与之相邻的位置，包括产品的规格、尺寸、参数、颜色、材质等详细信息。建议使用清晰的标签或适量的表格加以呈现，以便用户一目了然地获取这些产品属性相关信息（图 4–10）。

图 4–8　梦旅者旗舰店（一）

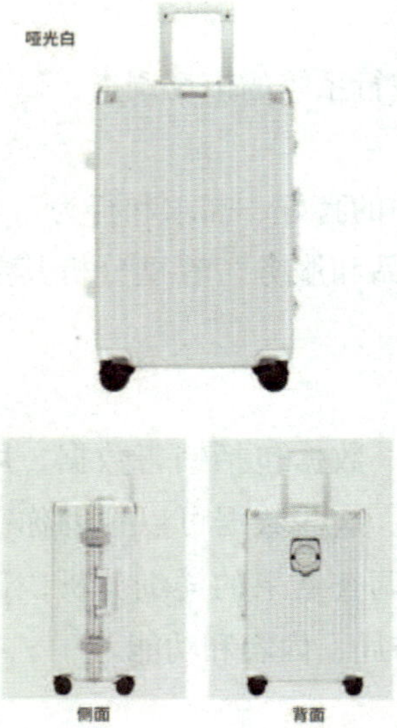

图 4–9　梦旅者旗舰店（二）

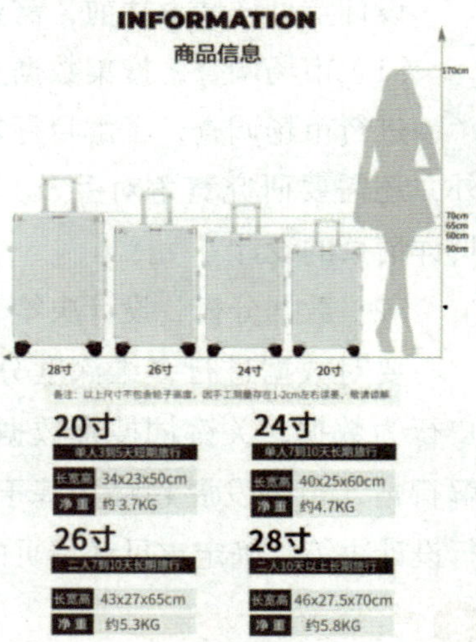

图 4–10　梦旅者旗舰店（三）

产品细节卖点：产品细节图通常放在产品属性下方位置。通过微距拍摄展示商品的细节、纹理、内部结构，特写产品的特殊功能、独特之处、关键优势等，使用整齐的两字或者四字词语、高亮的图标吸引买家的关注。通过产品细节卖点让买家深入地了解产品（尤其是材质），彰显产品价值，得到买家信任，激起买家的购买欲望（图 4–11）。

售后服务：通常放在页面的底部位置，包括退换货政策、保修期限、客户支持等。确保这些信息文字通俗易懂，流程一目了然，尽量不使用专业术语，以此打消买家购买顾虑，为买家提供安心的售后保障，提升店铺和产品的形象，增加买家的复购率（图 4–12）。

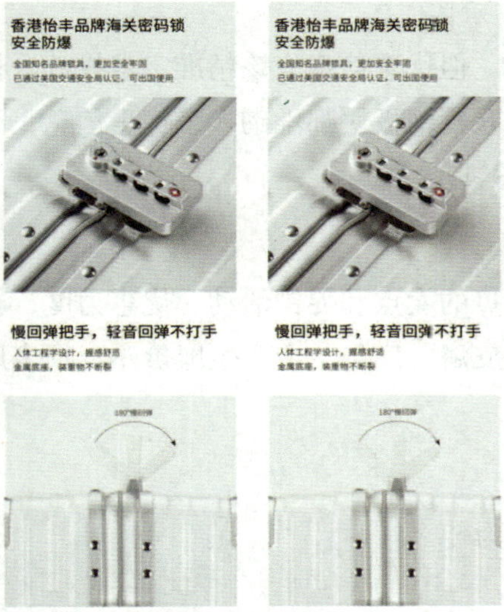

图 4–11　梦旅者旗舰店（四）

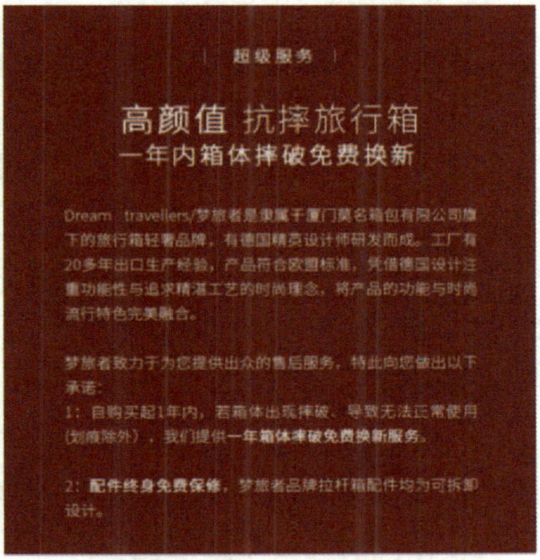

图 4–12　梦旅者旗舰店（五）

关联营销：充分、合理地利用页面的侧边栏、底部区域或推荐区域，展示与当前宝贝相关的其他产品，使用精美的缩略图和简练的标题来吸引买家的眼球，帮助促进交叉、关联销售，提高客单价，促进二次转化（图 4–13）。

图 4–13　梦旅者旗舰店（六）

（四）设计详情页时常见的问题

1 过于简单的设计

有的卖家在宝贝详情页设计上过于“佛系”，随意排版布局，简略地展示宝贝的图片和信息。要知道即使宝贝质量再过硬，也需要精心设计详情页。比起“千人一面”的详情页，一个别出心裁的详情页更受买家欢迎。

2 过于累赘的描述

有些卖家误以为把所有信息都堆砌在详情页中，把宝贝所有功能、优势和卖点都一览无余地呈现给买家看，买家总会被打动。恰恰相反，这么做只会弄巧成拙，信息太多太杂乱会缺乏重点，内容太长会消耗买家的浏览耐性，严重的会使买家产生逆反心理。在信息碎片化时代，信息宜精不宜繁，与其长篇大幅地介绍，不如将关键信息合理布局、重点呈现。

3 过量的关联营销优惠信息

优惠力度大固然能吸引买家，且能提高转化率。但优惠信息应该精准定点投放，切忌无差别投放，如果我们在所有宝贝详情页面中的关联营销板块都堆砌多个优惠信息，无疑会干扰买家的视线，廉价感“呼之欲出”，这就适得其反了。

4 滥用文字标签

很多卖家在设计详情页时为了更详细地介绍宝贝的卖点和促销活动、优惠力度，在图片设计中会滥用文字和标签，这种做法类似于“牛皮癣”广告，会产生廉价感，损害店铺和宝贝形象，跳失率会因此上升。

※ 课堂讨论

结合自身实际，详情页设计有哪些注意事项，为什么？

（五）详情页的制作与上传流程

详情页的设计流程包括确定页面风格、收集产品和素材、确定页面布局和结构、选择合适的配色方案、选择合适的字体类型、图文排版、定稿、切片储存、完成上传和发布。

1 确定页面风格

页面风格主要根据产品来定，如产品的属性、产品功能等。如果产品没有特定的风格属性，可以根据目标销售人群、品牌形象、季节、节日或主题活动来定。

2 收集产品和素材

收集素材可以参考同类目前十名产品的详情页面，对其进行分析；或者在可画网、花瓣网中寻找素材作品作为参考。这里的参考绝不是让大家照抄，同学们需要尊重法律，具备版权意识，在素材作品中获取灵感，充分发挥创意，在脑海中初步进行创造性设计（图 4–14）。

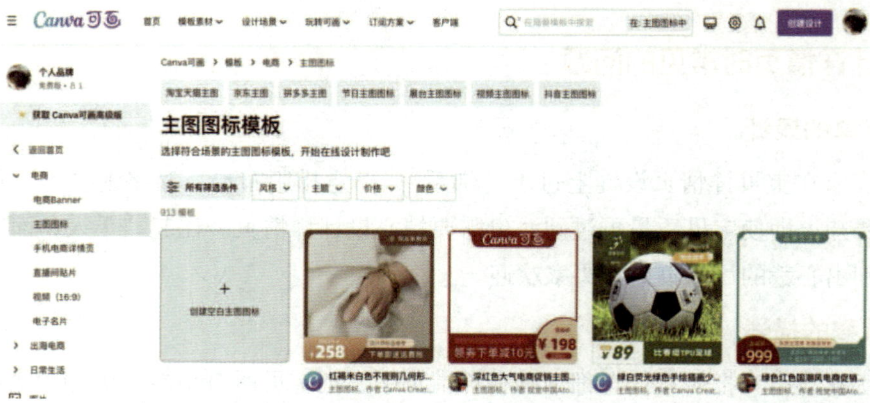

图 4–14　可画网

3 确定页面布局和结构

① 产品海报——引起买家注意。

② 产品全景——提升买家兴趣。

③ 痛点挖掘——引起买家共鸣。

④ 卖点优势——体现宝贝价值。

⑤ 产品属性功能——提升买家兴趣，进一步了解产品。

⑥ 产品细节展示——充分了解产品。

⑦ 检测报告——增加说服力度，建立信任。

⑧ 好评分享展示——验证宝贝价值。

4 选择合适的配色方案

根据目标客户、产品特点和品牌形象，选择适合的配色方案。在店铺既定视觉规范的情况下，宝贝详情页设计应该沿用原有的配色方案，确保配色方案与品牌一致，加深品牌形象。但“一致”并非一成不变，应该在保持延续性的前提下做出优化。如果店铺没有固定的视觉规范，则可以根据宝贝属性、消费人群、使用场景等确定恰当的配色（图 4–15）。

5 选择合适的字体类型

好的宝贝详情页能增加用户停留时长，减少跳失率，字体起关键作用。合适的字体不仅可以起到阐释产品功能、属性作用，还能美化页面，激发买家购买欲望，提高转化率（图 4–16）。

图 4–15　绿行者食品旗舰店

图 4–16　ValenKiley 旗舰店

店铺详情页中所使用的字体取决于该店铺产品的风格和品牌形象。常见的详情页字体风格有简约风、可爱风、文艺风、商务风、中国风、手绘风等。

6 图文排版

在各大电商平台中，店铺宝贝详情页的图文排版对于提高销量和吸引买家有至关重要的作用。有效的图文排版需要清晰的图片、简练的标题和副标题、详细的产品描述、清晰的呼吁行动（如“立即购买”“添加到购物车”等）、真实的客户评价和反馈、优惠活动和促销信息等要素。对以上要素进行“有机”排版，帮助买家迅速定位目标信息。另外，建议合理地使用空白，保证页面不拥挤。

7 定稿

检查图文排版后便可交给运营部门进行审核，如有需要修改的地方，再进行完善，最后定稿。

8 切片储存

一般的详情页面尺寸都很长，如果不进行切片直接整张上传则有可能出现打开页面迟缓问题，影响用户体验。为了提高页面加载速度，减少页面跳失率，我们需要对详情页面进行切片储存再上传。

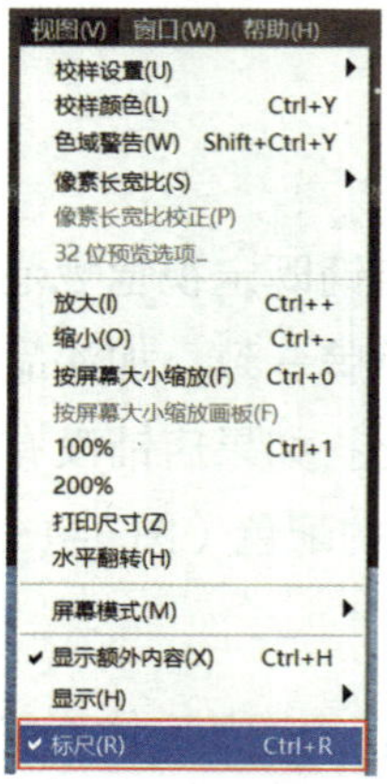

图 4–17　标尺命令

以下是切片储存的步骤：

步骤 01　打开制作好的详情页图片。

步骤 02　调出参考线，执行“视图—标尺”命令（快捷键：Ctrl+R），使用“标尺”功能，调出参考线（图 4–17）。

步骤 03　拉出参考线，将鼠标放在参考线框内，点击鼠标左键不松开往下拉，拉到详情页的第一个切割处，得到一根切割辅助线。重复以上步骤拉到其余需要切割位置得到更多辅助线（图 4–18）。

图 4–18　参考线

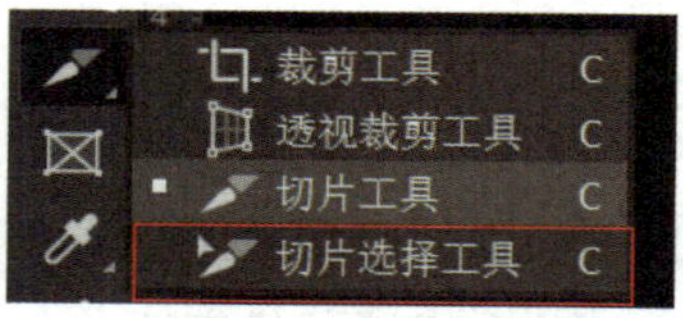

图 4–19　参考线

步骤 04　点击工具栏的“裁剪工具”，单击选项栏的“基于参考线的切片”，切片完成（图 4–19、图 4–20）。

步骤 05　执行“文件—储存为 Web 所用格式”命令，选择储存格式为“JPEG”，品质选择“80”，点击“储存—完成”。

图 4-20　基于参考线的切片

9 完成上传和发布

储存详情页切片后就要到后台进行上传，发布到店铺中去。

※ **课堂讨论**

详情页面的结构和布局有哪些？

【任务加油站】边学边练

进阶任务：宝贝详情页制作与上传。

※【训练目的】

利用所学知识完成宝贝详情页制作与上传。

※【任务背景】

小阳开设店铺后发现宝贝详情页制作需要注意的事项很多，无从下手，你能帮帮他吗？

※【任务要求】

结合详情页的设计要点，避开详情页设计常见问题，敲定所选择宝贝的详情页布局，根据详情页制作的流程，完成详情页制作与上传。

任务二　淘宝搜索优化

淘宝搜索优化是“淘宝搜索引擎”的简称，即淘宝 SEO（Searching Engine Optimization），是利用淘宝搜索排名规则，通过优化店铺宝贝标题、类目、上下架时间等把目标消费群体精准引流到店铺中，以获取更好的排名，从而获取淘宝搜索流量的一种技术。

【任务引入】

小阳已经成功地把宝贝详情页制作好并上传至店铺中，但宝贝搜索没有得到确切的优化，宝贝排名靠后，转化率没见起色，店铺成交量低，你能帮帮他吗？

1. 淘宝搜索初步优化步骤有哪些？

2. 淘宝搜索优化策略有哪些？

【知识链接】

（一）淘宝搜索初步优化

买家在淘宝搜索引擎输入关键词时淘宝的搜索机制会自动对宝贝进行筛选实现初步优化，这个筛选会考虑到以下 7 个步骤：

步骤 01 过滤不相关宝贝。比如买家搜索的是“运动鞋”，卖家的产品是“连衣裙”就会直接被过滤。

步骤 02 过滤有违规行为的宝贝。所有违规操作，都会被降权。淘宝官方有明确规定，如有违规作弊的宝贝，该宝贝不仅排名靠后或者不展示，严重的还会全店屏蔽。

步骤 03 优先筛选权重高的优质店铺。这与消费者保障服务保证金的缴纳、DSR 动态评分、宝贝主营占比、好评率、旺旺响应速度等因素息息相关。

步骤 04 优先筛选权重高的优质宝贝。这与买家在宝贝页面的停留时间、宝贝销量、转化率和宝贝收藏比等息息相关。

步骤 05 利用上下架规则，淘宝宝贝上下架周期为 7 天，宝贝在即将下架（虚拟下架）时，搜索权重越高，宝贝排名则越靠前，越容易被搜到。比如“双肩包”宝贝是周三 9 点上架的，7 天后这件宝贝会虚拟下架（立马上架）。在即将下架时会获得靠前的排名，此时获得的流量是非常大的，而且是免费流量。

步骤 06 橱窗推荐。淘宝推出了一种宝贝展示工具——橱窗推荐。买家搜索宝贝所属类别时，用了橱窗推荐工具的宝贝就会被展示出来，至于其他宝贝必须点击进入店铺浏览才会被显示，这就好比实体店的“橱窗购物”。橱窗推荐有数量限制，这项限制与卖家信誉、是否加入消费者保障服务等息息相关。

步骤 07 个性化筛选。淘宝会根据买家的特征、浏览行为、购买习惯等对宝贝进行排序。

（二）淘宝搜索优化策略

（1）优化宝贝标题。

宝贝标题需要适当搭配关键词与热搜词。如暑假的热搜词是“夏季”，连衣裙的宝贝标题可以为“夏季连衣裙”。宝贝标题修改不应该太频繁，一般 7 天修改一次，不建议一周超过两次，否则淘宝会认为此宝贝有问题，影响宝贝排名（图 4–21）。

图 4–21　优化宝贝标题

（2）手淘店铺流量转化。

手淘获取的流量越多，宝贝在移动端成交量越高，其综合排名与其他没有手淘的店铺相比会更靠前。因此卖家可在移动端推广店铺以获取更多的流量。

（3）提高 DSR 评分。

目前淘宝越来越重视店铺 DSR 评分，高 DSR 评分会更容易被淘宝判断为优质店铺，被判断为优质店铺后，宝贝的搜索排名就会“水涨船高”。因此卖家需要注重产品质量、客服态度和物流速度，着重提高宝贝描述的精准性、客服态度的专业性和物流服务的高效性（图 4–22）。

（4）参与促销和活动。

参与活动可以在一定程度上提高商品曝光度和销售量，积极参与淘宝平台的促销活动可让宝贝搜索排名靠前（图 4–23）。

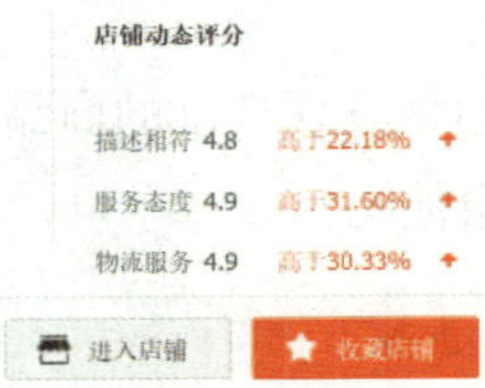

图 4–22　DSR 评分

图 4–23　淘宝平台活动

（5）确保店铺“宝贝们”都具备活跃度。

店铺的所有宝贝可赋予活跃值，活跃值相对低或没有任何活跃值的宝贝会拉低店铺权重，这无疑会影响到搜索排名。卖家应尽量让店铺所有宝贝具备一定的活跃度，调整商品架构，删除无流量无销量的宝贝。

（6）用好淘宝上下架时间。

淘宝每 7 天有一个宝贝虚拟上下架的规则，在此过程中，距离下架时间越短，宝贝搜索排名则越靠前，因此需要利好此规则获取流量。需要注意的是，宝贝上下架的时间需要避开 12 点、16 点、20 点。

（7）优化图片和视频。

提供高质量、清晰、多角度的商品图片和条理清晰的视频有助于提高宝贝的搜索排名。

【任务加油站】：边学边练

进阶任务：进行淘宝搜索优化。

※【训练目的】

了解淘宝搜索引擎优化步骤，利用合理的策略对宝贝进行淘宝搜索引擎的优化。

※【任务背景】

小阳已经成功地把宝贝详情页制作好并上传至店铺中，但宝贝搜索没有得到确切的优化，宝贝排名靠后，转化率没见起色，店铺成交量低，你能帮帮他吗？

※【任务要求】

通过所学知识，对店铺宝贝进行淘宝搜索优化，请根据实际情况，利用优化步骤和策略，罗列出你的优化内容。

任务三　宝贝标题优化

21 世纪信息化是主流，网购已成为人们消费的日常，大到房子，小到一根针都会从网上购买。目前网络市场已经进入饱和状态，如何让你的商品从众多的品牌、商品中脱颖而出，商品标题的优化非常重要。

【任务引入】

小蔡是刚毕业的中专生，他已经在淘宝开了一家网店。但他发现自己的商品在站内搜索结果中排名非常靠后，这大大影响了商品的销量。你能帮帮他吗？

1. 常见的网店宝贝有哪些类型？
2. 宝贝标题如何制作？
3. 宝贝标题优化有哪些技巧？宝贝标题优化策略有哪些？

【知识链接】

（一）网店宝贝标题的定义及作用

（1）网店宝贝标题的定义。网店宝贝标题的作用是描述商品的名称，通过标题可以让买家找到商品，快速了解宝贝的类别、属性、特点等（图 4–24）。

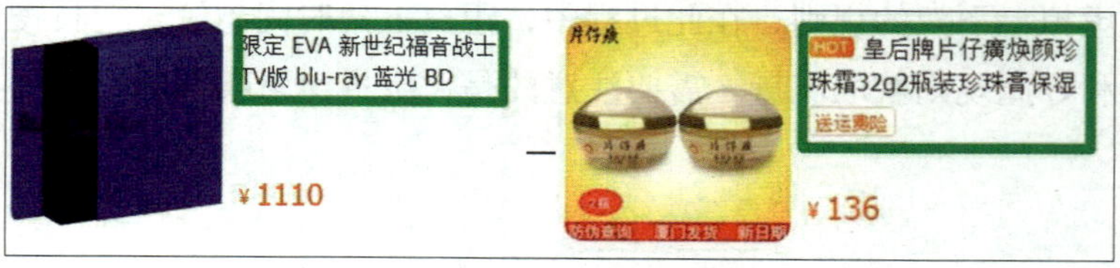

图 4–24　网店宝贝标题

※ **课堂讨论**

请同学们讨论辨别一下以上两个宝贝的类别、属性、特点等并填写在表 4–1 中。

表 4–1 宝贝的类别、属性、特点

商品名称	类别	属性	特点
BD			
珍珠膏			

（2）网店宝贝标题的构成

商品标题一般由核心词、品牌词、属性词、营销词等关键词组成。以淘宝为例，淘宝网店商品标题最多只能有 60 个字符，一个数字 / 英文或空格为一个字符，一个汉字为两个字符。网店在制作商品标题时要充分利用这 60 个字符的空间，争取标题流量最大化。

一般商品标题主要有下面几种组合方式。

① 品牌、型号 + 商品名称。

② 促销、特性、形容词 + 商品名称。

③ 地域特点 + 品牌 + 商品名称。

④ 店铺名称 + 品牌、型号 + 商品名称。

⑤ 品牌、型号 + 促销、特性、形容词 + 商品名称。

⑥ 店铺名称 + 地域特点 + 商品名称。

⑦ 品牌 + 促销、特性、形容词 + 商品名称。

⑧ 信用级别、好评率 + 店铺名称 + 促销、特性、形容词 + 商品名称。

（3）网店宝贝标题的作用

告诉买家网店卖的是什么商品；告诉搜索引擎网店卖的是什么商品；影响网店宝贝自然搜索结果排名。

※ **课堂讨论**

请同学们讨论一下一个好的网店宝贝标题应符合哪两个条件？

（二）网店宝贝标题制作

1 网店宝贝标题制作流程（图 4–25）

图 4–25 网店宝贝标题制作步骤

② 网店宝贝标题制作的技巧

网店宝贝标题的优劣关系到商品的搜索权重，影响商品的自然搜索流量、网店的活跃程度。网店宝贝标题制作技巧：

① 标题尽可能写满；

② 核心词尽可能前置；

③ 商品尽可能多地覆盖所处类目关键词；

④ 爆款商品标题慎重优化；

⑤ 符合买家的生活习惯；

⑥ 标题优化频率不应太高。

※ 课堂讨论

请同学们讨论一下网店宝贝标题制作有哪几个误区？

（三）网店宝贝标题优化的策略

通过网店宝贝标题优化，即宝贝关键词优化得到高质量的宝贝标题。高质量的宝贝标题可以提高搜索率、展示率，获得更优质的自然流量。

按照网店宝贝竞争的阶段，可分为爆款宝贝、日常销售款宝贝、新品 / 滞销宝贝，针对不同阶段的网店宝贝，应当采用不同的宝贝标题优化策略。

① 爆款宝贝标题优化策略

网店爆款宝贝标题应选择的是行业内的热词、短词，剔除与自身商品不相关的属性及品牌词，选择点击次数最多、热搜度高的关键词，组合成为曝光度最高的标题（图 4–26）。

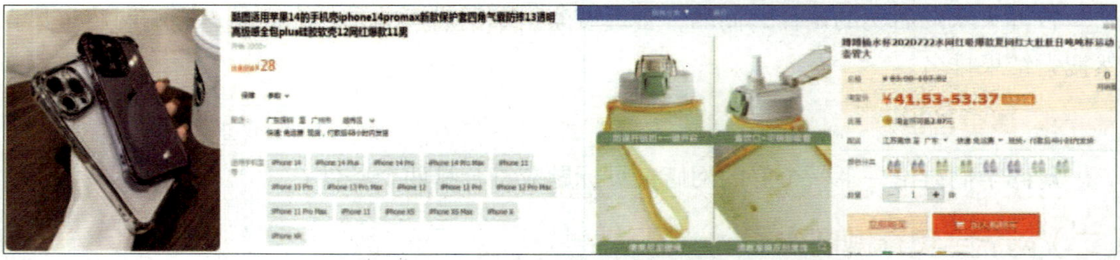

图 4–26　爆款网店宝贝标题

② 日常销售款宝贝标题优化策略

日常销售款宝贝标题选择关键词应该以商品属性词为基础进行关键词拓展，从而达到较高的转化率。可选择展现指数和点击指数较高的属性关键词。

日常销售款宝贝标题优化时，网店为了获取宝贝属性相关度高的流量，应尽可能多地包含属性相关词，但要做到属性曝光最大化。可以按照图 4–27 中的三个步骤进行优化。

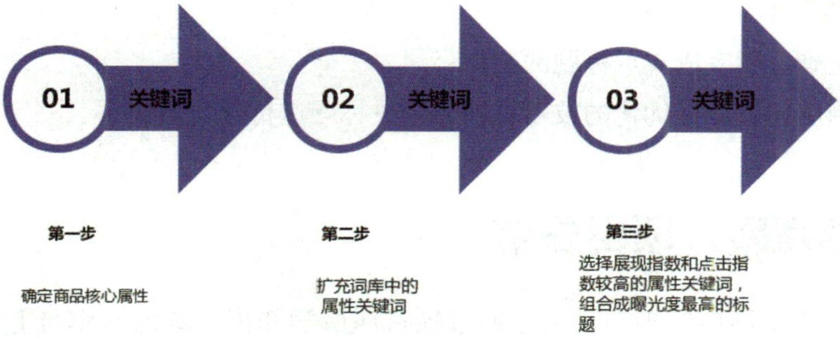

图 4–27　爆款网店宝贝标题优化步骤

③ 新品 / 滞销宝贝标题优化策略

新品 / 滞销宝贝标题优化尽可能拿到精准的搜索流量，尽量选择竞争度小但较精准的关键词放到标题中，比如优质、高效的长尾词（图 4–28）。

图 4–28　新品 / 滞销宝贝标题

※ 课堂讨论

请同学们讨论一下网店宝贝标题优化的频率。（是不是所有宝贝标题都要优化？多长时间优化？经常优化会不会犯规？宝贝流量不错还要优化吗？）

【任务加油站】边学边练

进阶任务：制作网店宝贝标题。

※【训练目的】

1. 熟悉网店宝贝标题的定义、作用、结构、优化技巧等知识；
2. 会制作网店宝贝标题。

※【任务背景】

小明是刚毕业的中专生，他自己开一家网店（销售童装）。但发现网店宝贝销量不佳，搜索排名比较靠后，但他对网店宝贝的标题优化一窍不通，你能利用所学网店宝贝标题的知识帮帮他吗？

※【任务要求】

1. 按照正确步骤完成宝贝标题的制作；

2. 利用网店宝贝标题优化的技巧对网店宝贝标题进行优化。

画龙点睛：项目总结

本项目内容是网店管理与经营。通过项目四所学知识，掌握制作与上传详情页的方法，明确淘宝搜索优化的步骤和策略，学会制作并优化宝贝标题。在此基础上，进一步深化网店从业人员应遵守的职业操守，为成为一名合格电商人打好基础。

视野拓展：案例分析

网店管理与经营案例：

不同行业宝贝详情页有什么优化技巧？

电商平台有很多，其中淘宝、天猫是阿里巴巴集团旗下具有代表性的 C2C、B2C 电商平台。不管是淘宝还是天猫，都有着各种行业加盟，不同行业的网店详情页设计制作和优化都有着鲜明的特点及技巧。

1 服装行业

服装行业的宝贝详情页要求高清图片素材，需要服装的全貌图和细节图，模特图片不可或缺，如果能上传服装对应的场景图就更是锦上添花了。

2 美妆行业

美妆行业买家更注重宝贝的使用效果，通俗来说就是“上脸效果”。美妆产品通常会通过介绍宝贝的成分、功效、真伪、赠品、包装等来刺激用户的购买欲望。美妆行业的宝贝详情图一般会使用模特特写细节图来呈现宝贝。

3 家居行业

针对家具行业的买家购买特性，我们在宝贝详情页制作的过程中应着重展示宝贝材质、宝贝细节、宝贝做工和场景图。而场景图则最能引起买家的共鸣，因此可以通过展示不同家居搭配的风格来展示多种效果。另外，必须用宝贝的尺寸、材质和质检报告等具体数据来支撑信誉。

4 数码行业

数码行业的宝贝详情图需要专业的数据和参数搭配实拍图、细节图来进行展示。另外会关联销售配件，详细介绍售后服务。

※ 案例讨论

1. 看完本案例你有什么启发？

2. 某服装产品准备主推一款具有民族特色的服装，如何对该宝贝详情图进行制作与优化？从哪些方面优化？

3. 该款民族特色服装的宝贝标题该如何撰写？从哪方面进行优化？

※ 总结

宝贝详情页制作、淘宝搜索优化与宝贝标题优化都是网店管理与经营过程中必不可少的过程，会对买家的购买行为及宝贝销量产生直接影响。通过对本项目的学习可以帮助网店运营者提高店铺的销量和转化率。

※ 辅助学习资料

更多拓展案例　　知识延伸

学以致用：巩固检测

请结合本项目所学，完成以下练习：

扫码，完成在线检测题　　扫码，核对参考答案

1. 确保宝贝详情页的整体视觉风格与宝贝主图相一致。采用相似的颜色、字体、图标和排版风格，营造统一的品牌形象，这属于哪个详情页设计要点？（　　）（单选题）

A. 市场调查，数据分析　　B. 产品定位，挖掘卖点

C. 元素收集，恰当呈现　　D. 风格统一，视觉一致

2. 买家搜索的是“运动鞋”，卖家的产品如果是“连衣裙”就会直接被过滤。这属于（　　）。（单选题）

A. 过滤不相关宝贝　　B. 过滤有违规行为的宝贝

C. 优先筛选权重高的优质店铺　　D. 优先筛选权重高的优质宝贝

3. 在针对爆款商品进行标题优化时，要更倾向于选择哪类关键词？（　　）（单选题）

A. 营销词　　B. 属性词　　C. 长尾词　　D. 热词、短词

4. 关于商品标题优化的描述不正确的是（　　）。（单选题）

A. 爆款标题应该选择的是行业内的热词、短词

B. 商品标题优化是关键词的组合优化

C. 日常销售款标题优化时应尽可能包含多的属性相关词

D. 新品和滞销品的流量获取能力低于爆款商品，在选择关键词时要尽量选择属性热词，提高展现量

5. 以下属于详情页制作与上传的流程有（　　）。（多选题）

A. 确定页面风格　　B. 收集产品和素材

C. 确定页面布局和结构　　D. 选择合适的配色方案

6. 以下属于淘宝搜索优化策略的有（　　）。（多选题）

A. 提高 DSR 评分　　B. 优化图片和视频

C. 参与促销和活动　　D. 用好淘宝上下架时间

7. 以下属于商品标题制作流程的有（　　）。（多选题）

A. 确定商品标题

B. 调整标题关键词排序

C. 从关键词词库中找出合适的关键词

D. 根据关键词数据指标筛选关键词

8. 商品标题一般由（　　）等组成。（多选题）

A. 属性词　　B. 营销词　　C. 品牌词　　D. 核心词

9. 设计宝贝详情页之前，不需要进行系统的市场调查，可随心所欲。（判断题）

A. 对　　B. 错

10. 宝贝的搜索排序与淘宝上下架机制无关。（判断题）

A. 对　　B. 错

11. 对日常销售款标题优化，应该以商品的核心词为基础进行关键词拓展。（判断题）

A. 对　　B. 错

12. 淘宝搜索初步优化有____________、过滤有违规行为的宝贝、____________、____________、____________、____________、个性化筛选七个步骤。（填空题）

13. 网店宝贝标题一般由____________、品牌词、____________、营销词等关键词组成。（填空题）

匠心精研：实操演练

项目四综合实训

项目四 综合实训　网店管理与经营

实训要求：

请打开活页实训任务指导书，完成项目四综合实训。

序号	实训项目	实训要求
1	实训 4-1　宝贝详情页的制作与上传	根据实训步骤，了解详情页的设计要点和布局，设计出有吸引力的行李箱详情页并上传。
2	实训 4-2　淘宝搜索优化	掌握淘宝搜索优化的策略，成功运用淘宝搜索优化策略并进行优化。
3	实训 4-3　宝贝标题优化	通过分析宝贝标题，了解宝贝标题的作用、构成，掌握宝贝标题制作的步骤、技巧及优化策略。

评价与反馈：淬炼思政

请结合项目四的学习表现及收获，填写下表，完成学习评价：

项目	学习任务	学习目标	学习评价			总评
			自评 30%	小组评 20%	教师评 50%	
店铺开设	任务一　宝贝详情页制作与上传 任务二　淘宝搜索优化 任务三　宝贝标题优化	【知识目标】： 1. 能说出宝贝详情页的设计要点和布局； 2. 能罗列出淘宝搜索初步优化步骤； 3. 能复述宝贝标题的构成、优化技巧、策略。				
		【技能目标】： 1. 能制作与上传宝贝详情页； 2. 能结合实际运用淘宝搜索优化策略进行优化； 3. 能制作并优化宝贝标题。				
		【素质目标】： 1. 培养学生网店运营的互联网营销思维； 2. 培养学生自觉遵守网店从业者的职业操守的劳动意识。				
学习综合评分						
学习收获						

项目五　订单管理

项目概览图

项目	学习任务	学习目标
项目五 订单管理 微课：订单管理	任务一　千牛卖家工作台介绍及常用设置 任务二　千牛旺旺聊天模式常用设置 任务三　订单操作流程 任务四　物流优化	【知识目标】： 1. 能说出什么是千牛； 2. 能熟记并说出千牛工作台各常用功能。 【技能目标】： 1. 能使用千牛与客户进行沟通； 2. 能熟练使用千牛各项操作； 3. 能完成订单操作流程，顺利发货。 【素质目标】： 1. 提高学生学习专业课的信心和兴趣； 2. 培养学生动手能力，牢固树立学生的专业思想。

项目背景

对于淘宝新手卖家来说，店铺管理是一件十分复杂的事情，商品上架、沟通洽谈、订单处理、交易维护等都需要卖家专门盯着处理。为了简化商家的操作过程，淘宝推出了千牛卖家工作台的功能，可以协助卖家运营店铺。

自 2013 年 1 月千牛上线以来，千牛从早期提供基础开店服务，再到后来的内容咨询、资金融通和货源对接，整个 B 端生态系统日益完善，帮助淘宝卖家解决供应链、营销、客服、资金等一系列问题，使其随时随地都能经营，提升经营效率，目前已发展成为日均活跃用户超过 800 万的全球最大商家社团。

勤学善思

众所周知，阿里电商的模式是淘宝搭台、商家唱戏，淘宝不直接提供商品，因此服务好商家尤其重要。买家进了店铺，拍下了宝贝，付了款，卖家客服就要对这个订单进行处理，做好订单的管理一般要兼顾淘宝订单的快递问题、相关仓储问题、订单的解答服务问题。千牛作为对接商家各种需求的排头兵，定位于电子化手段帮助商家提升效率的工具和平台，践行阿里“让天下没有难做的生意”的价值观，请下载登录千牛，思考以下问题：

1. 千牛和阿里旺旺有什么区别？
2. 作为淘宝卖家，是否必须使用千牛？
3. 千牛工作台有哪些主要功能？

任务一　千牛卖家工作台介绍及常用设置

千牛卖家一站式工作平台，是由阿里集团官方出品，包含千牛移动版和千牛 PC 版。除了具有阿里旺旺的沟通功能，还具有处理订单、管理商品、查看实时数据等功能。淘宝集市卖家和天猫卖家均可使用千牛，目前买家也可以登录使用千牛了。

【任务引入】

小阳是刚毕业的中专生，毕业后在淘宝上开了一家网店，但如何运用千牛与客户进行沟通，千牛的使用方法和具体操作，这些千牛的基础知识和操作他都不了解。你能帮帮他吗？

1. 怎么下载和安装千牛？
2. 千牛卖家工作台主要有哪些功能模块？

【知识链接】

（一）千牛卖家工作台介绍

1 下载与安装千牛

千牛是淘宝为卖家提供的一款工具，使用前必须先下载安装（图 5–1）。

图 5–1　千牛官网 PC 页

步骤 01　在浏览器中搜索千牛，进入千牛官网页面，根据需要选择下载相应版本，点击下载。

（千牛官网：https://alimarket.taobao.com/markets/qnww/pc）

步骤 02 下载完成后，双击图标，按照提示安装（图 5–2、图 5–3）。

图 5–2 千牛安装界面

图 5–3 千牛登录界面

② 千牛工作台界面介绍

千牛工作台包括两种模式，即工作台模式和旺旺模式，这两种模式可以自由切换（图 5–4）。

步骤 01 把鼠标移到页面最左边的竖着排列的导航栏上，可以看到网址的导航、一些已经添加的千牛插件、应用中心等。卖家就是利用这些插件工具对店铺进行管理和维护的（图 5–5）。

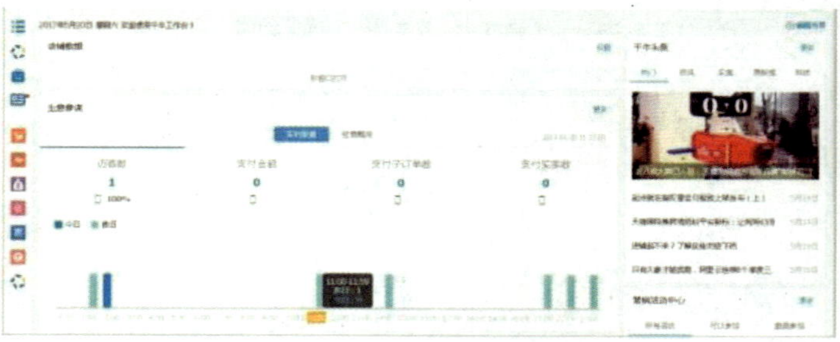

图 5–4 千牛工作台

图 5–5 千牛网址导航

步骤 02 在页面右上角有一个旺旺的头像图标和系统消息图标（图 5–6）。

图 5–6 千牛图标

步骤 03 点击一下旺旺图标，跳出旺旺聊天界面。卖家可以在这个界面跟客户沟通，也可以点击界面左下角的一些快捷按钮直接进入“我的店铺”“卖家中心”等网页（图 5–7）。

步骤 04 可以使用千牛的浮动小窗口来自由切换工作台模式和旺旺模式（图 5–8）。

图 5–7 千牛聊天界面

图 5–8 千牛浮动小窗口

（二）千牛工作台模式常用设置

1 插件模块

千牛本身功能免费，但里面的一些插件模块（如交易管理、商品管理）由第三方服务商提供。是否收费取决于服务商，但目前常见的一些功能，如改价、扫描发货、消息通知等保持免费。

卖家可以运用这些插件更好地管理和运营店铺。

步骤 01 点击千牛工作台首页左下角的“应用中心”，右边界面上会出现很多插件，如图 5–9 所示。

图 5–9 千牛应用中心

步骤 02 把鼠标移到要添加的插件上，右上角会出现一个钉子一样的按钮，点击一下，该插件就添加到页面左侧的导航栏上了。添加成功后，钉子的颜色由透明变成黄色，如图 5-10 所示。

图 5-10 钉子由透明变黄

② 数据模块

淘宝卖家可以在千牛查看店铺的实时数据、经营数据等（如图 5-11、图 5-12 所示），通过对数据的监控和分析，从而更好地运营店铺。

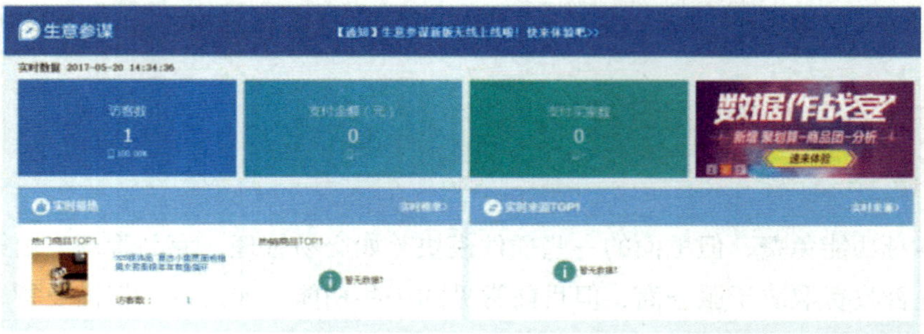

图 5-11 实时数据

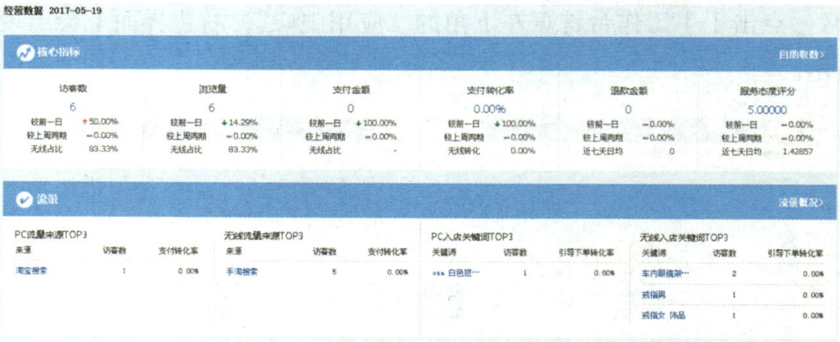

图 5-12 经营数据

【任务加油站】边学边练

进阶任务：下载安装千牛软件并完成常用模块设置。

※【训练目的】

1. 利用所学知识，下载千牛软件并安装。

2. 随意切换千牛的两个工作模式：工作台模式和旺旺模式。

3. 千牛工作台常用模块设置：插件模块和数据模块。

※【任务背景】

小阳是刚毕业的中专生，他希望自己能开一家网店。但选择什么电商平台，在开店前需要准备什么材料，开网店的具体操作步骤有哪些，这些开网店的基础知识他都不了解。你能帮帮他吗？

※【任务要求】

1. 下载并安装千牛软件，填写淘宝账户名和密码完成登录；

2. 进入千牛工作台，分别切换至工作台模式和旺旺模式；

3. 设置千牛工作台的插件模块和数据模块。

任务二　千牛旺旺聊天模式常用设置

千牛平台是由卖家旺旺升级而来，千牛旺旺除了提供即时聊天功能，还具有很多其他的妙用。

【任务引入】

小阳通过学习，已经下载了千牛软件，并成功登录，能够正常与客户进行沟通洽谈。但是除了会使用即时聊天功能，对聊天模式其他功能不太了解。你能帮帮他吗？

1. 千牛旺旺聊天模式有哪些常用功能模块？

2. 在千牛旺旺聊天模式中如何打开和设置常用功能模块？

【知识链接】

（一）添加好友与分组

将前来咨询、请求售后或潜在买家添加为好友，并将其分组，是收集客户资源的一大手段。

步骤 01　在聊天窗口上方单击“加为我的好友”（图 5–13）。

步骤 02　在跳出的“添加好友成功”的对话框里设置显示名与分组（图 5–14）。

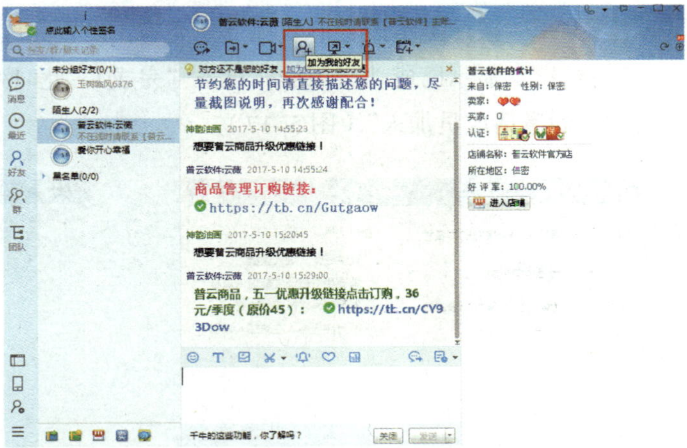

图 5–13　“加为我的好友”界面

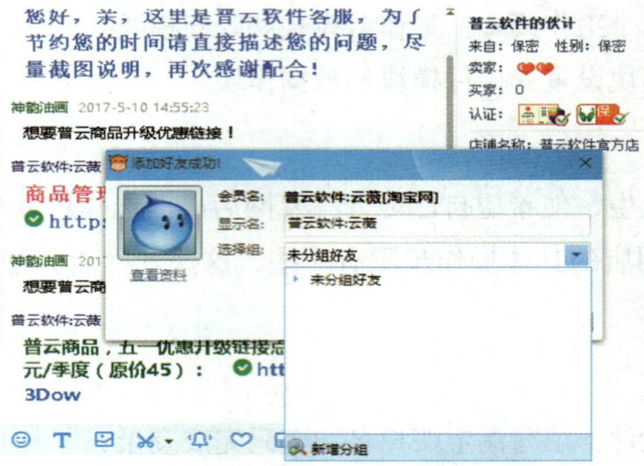

图 5–14 设置显示名与分组

（二）建立千牛群

步骤 01 点击页面最左边的“群”，双击“立即双击启用群”（图 5–15）。

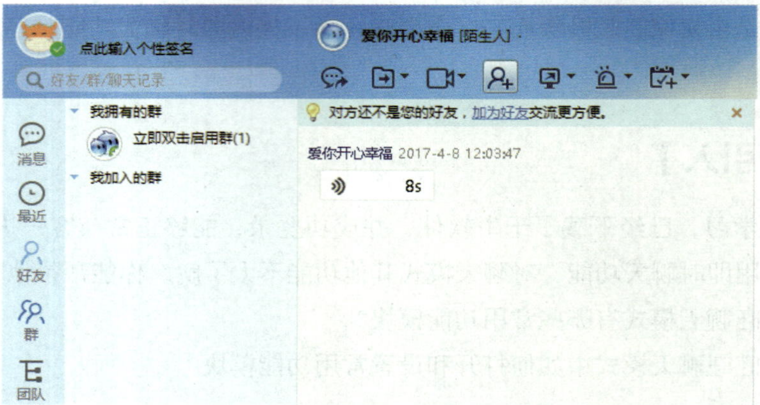

图 5–15 启用千牛群

步骤 02 按照提示设置群名称、分类等，设置完成后，点击“提交”（图 5–16）。

步骤 03 显示已成功启用群，点击“完成”，此时列表中即显示了拥有的群。也可以点击“立即邀请成员加入”（图 5–17）。

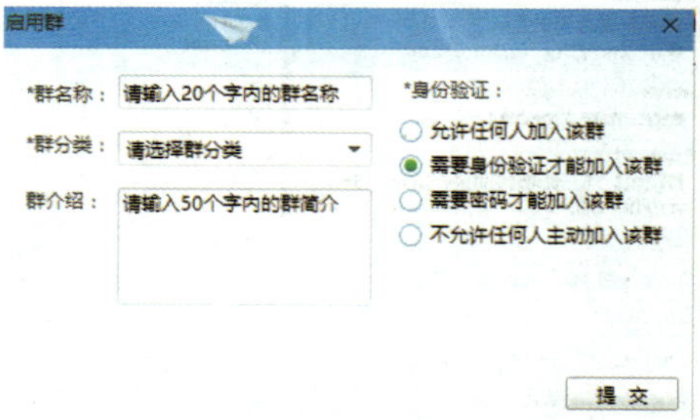

图 5–16 千牛群设置并提交

图 5–17 立即邀请成员加入

（三）设置自动回复

启用自动回复功能可以在忙碌、无暇回复的情况下自动回复客户的问题。

步骤 01　在千牛工作台模式的右上角或旺旺模式的左下角点击“系统设置”按钮图标（图 5–18）。

步骤 02　进入设置界面，点击“客服设置”（图 5–19）。

图 5–18　系统设置

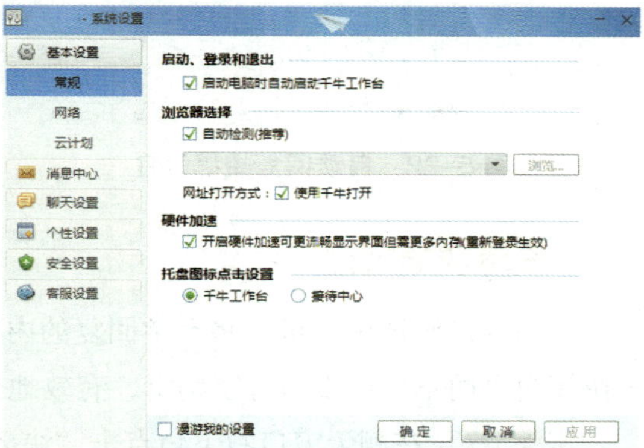

图 5–19　客服设置

步骤 03　点击“客服设置”下的“自动回复设置”（图 5–20）。

步骤 04　点击“新增”按钮，在跳转的对话框中编辑自动回复短语，内容设置后点击“保存”，如图 5–21 所示。

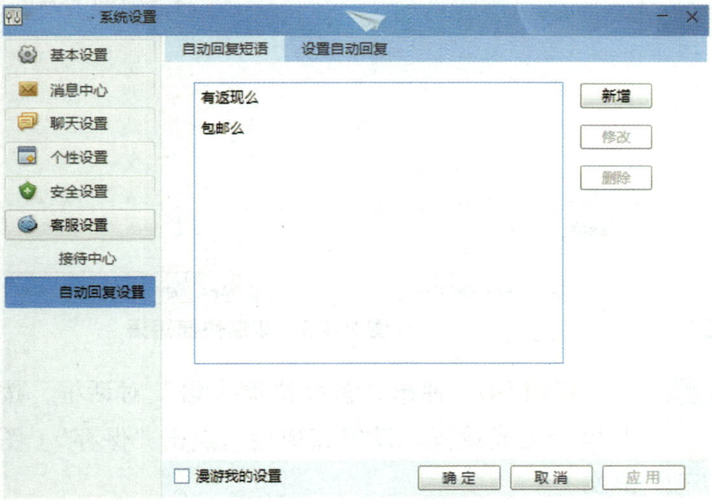

图 5–20　客服回复设置

图 5–21　回复保存

步骤 05　在自动回复短语框里显示了刚设置好的内容，可以用同样的方法继续新增其他的自动回复短语（图 5–22）。

步骤 06　切换到“自动回复设置”界面，按店铺实际需要勾选并设置个人自动回复，如图 5–23 所示。设置完成后点击“确定”，自动回复设置完成。

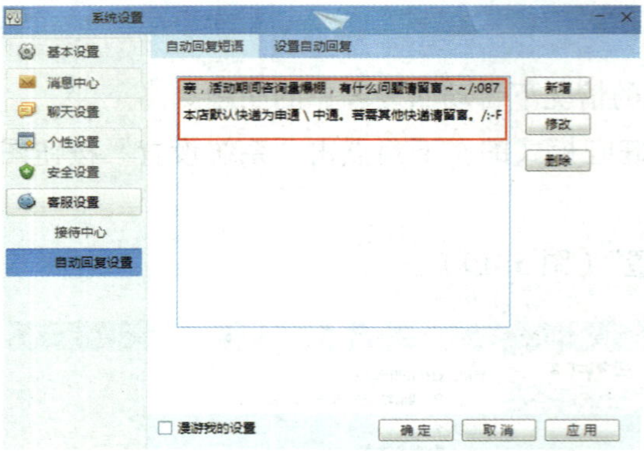

图 5-22　自动回复短语设置

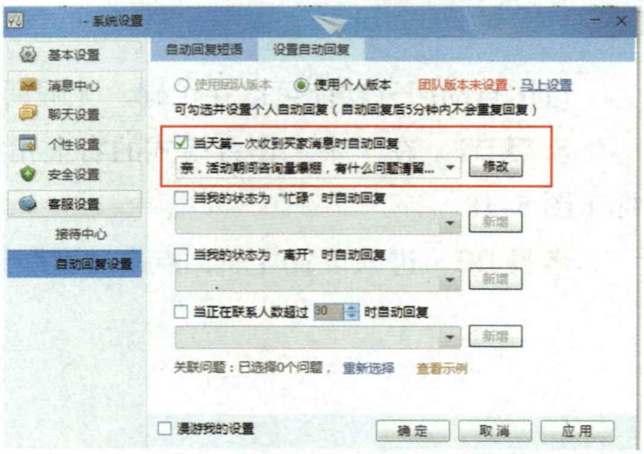

图 5-23　个人回复设置

（四）设置快捷短语

在与客户沟通中，可以将经常回复的内容进行编辑保存，在下次回复时，可以直接发送快捷短语而不需要重新打字编辑，有效地提高了工作效率。

步骤 01　在聊天窗口右下角点击“快捷短语”图标，如图 5-24 所示。

步骤 02　页面右侧会出现快捷短信内容列表，点击页面底部的“新建”按钮（图 5-25）。

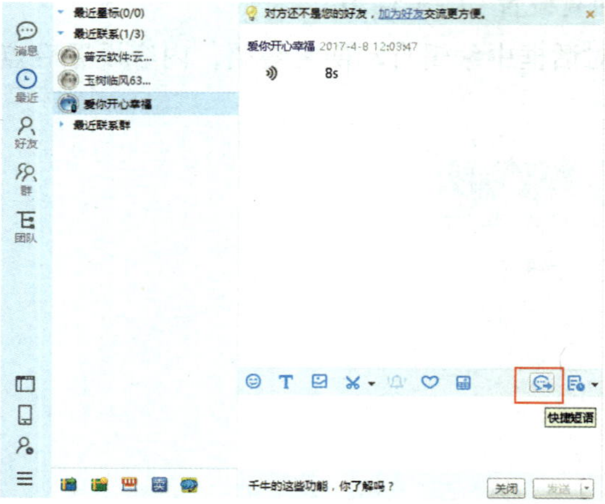

图 2-24　点击“快捷短语”

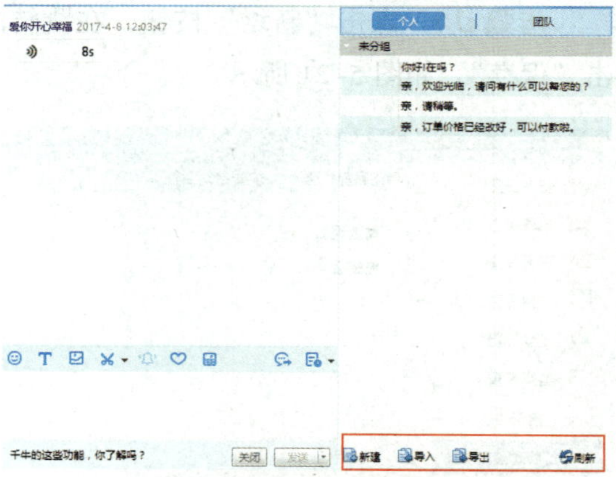

图 2-25　新建快捷短语

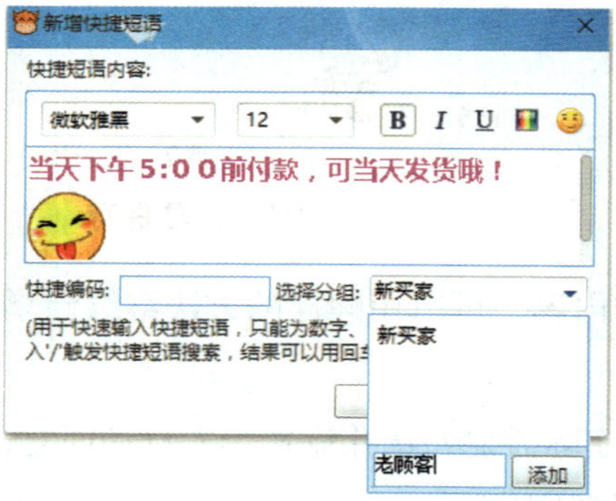

图 5-26　新增快捷短语对话框

步骤 03　弹出“新增快捷短语”对话框，按照提示完成设置。设置完成后，点击“保存”（图 5-26）。

步骤 04　快捷短语设置完成后，会在聊天界面的右侧显示设置好的快捷短语，需要发送给买家的时候，直接选择并单击就可以了（图 5-27）。

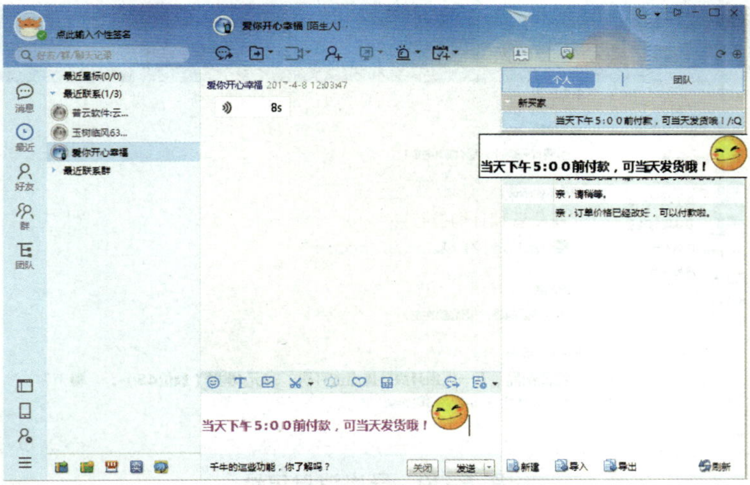

图 5-27　发送快捷短语

（五）保存消息记录

聊天记录无论对于卖家还是买家都很重要，建立客户档案、总结交流经验、查找口头承诺过的协议及发生纠纷时取证，这些都离不开聊天记录。

步骤 01　点击旺旺模式界面左下角的“消息管理器”（图 5–28）。

步骤 02　进入“消息管理器”界面，选择需要保存聊天记录的买家的聊天界面（图 5–29）。

图 5–28　消息管理器

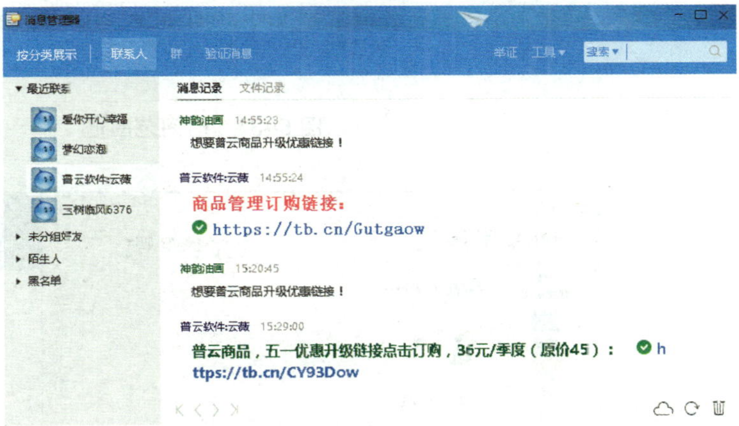

图 5–29　保存聊天记录

步骤 03　把鼠标移到买家昵称上，鼠标右击，点击“导出消息记录”（图 5–30）。

步骤 04　弹出选择要保存的聊天记录的时间范围框，设置好时间范围后点击“确定”（图 5–31）。

步骤 05　设置聊天记录导出的位置、文件名及保存类型并点击“保存”（图 5–32）。

提示：这里的保存类型有两种，Txt File 类型可以在导出后直接打开查看，但不支持导入；Imd File 类型可以重新导入聊天记录中，但不方便在电脑中直接查看。

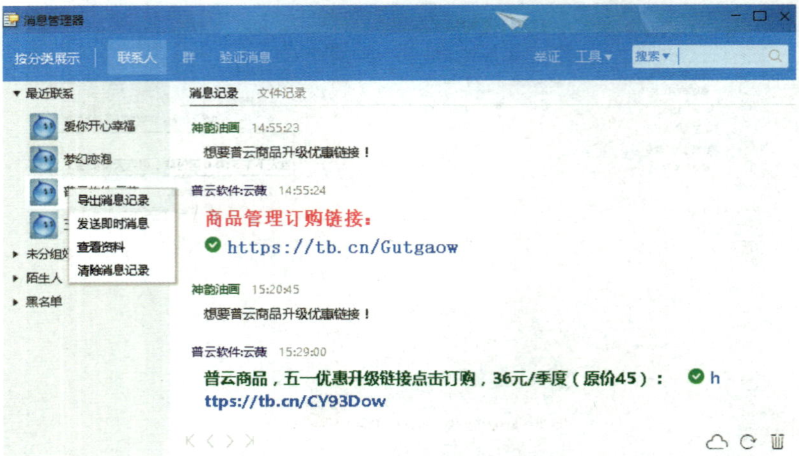

图 5-30 导出消息记录

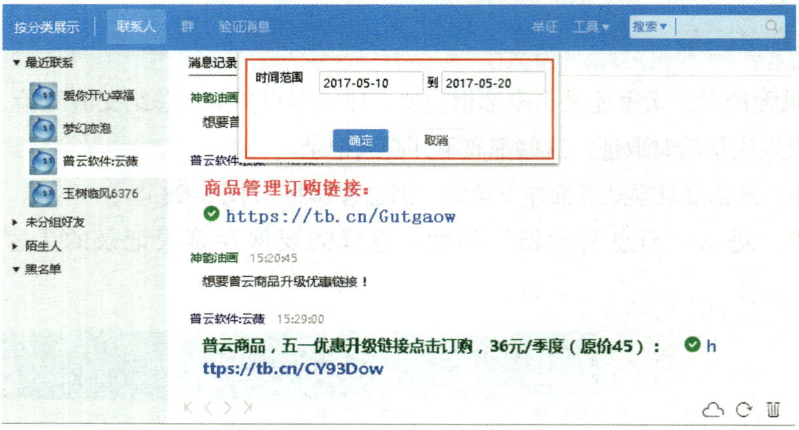

图 5-31 时间范围框

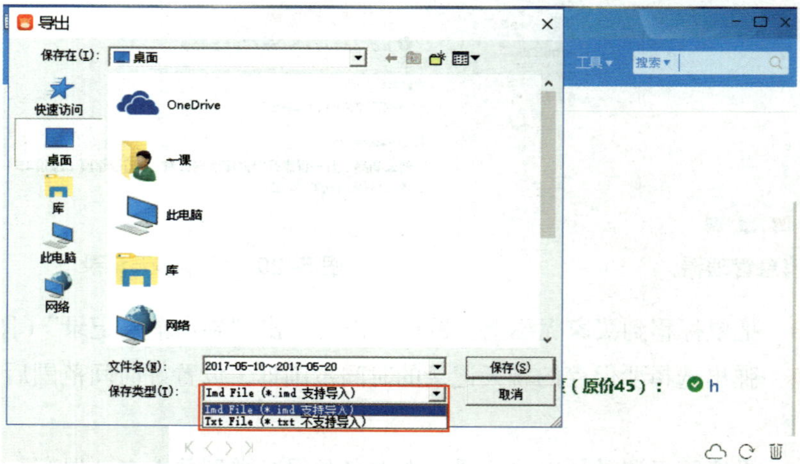

图 5-32 保存消息记录

步骤 06 显示已经完成导出，点击“确定”，聊天记录就保存到本地电脑上了（图 5-33）。

除了消息记录导出保存外，还可以使用截图功能直接将消息记录保存为图片格式。

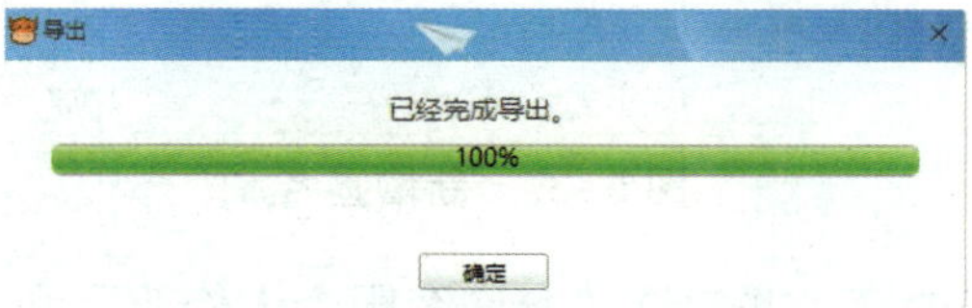

图 5–33　导出消息记录完成

（六）过滤骚扰信息

过滤广告信息和陌生人的骚扰是工作中非常实用的一步。

步骤 01　点击旺旺模式界面左下角的“系统设置”（图 5–34）。

步骤 02　点击“安全设置”下的“防骚扰”并勾选页面右侧的选项。然后点击“确定”（图 5–35）。

图 5–34　系统设置

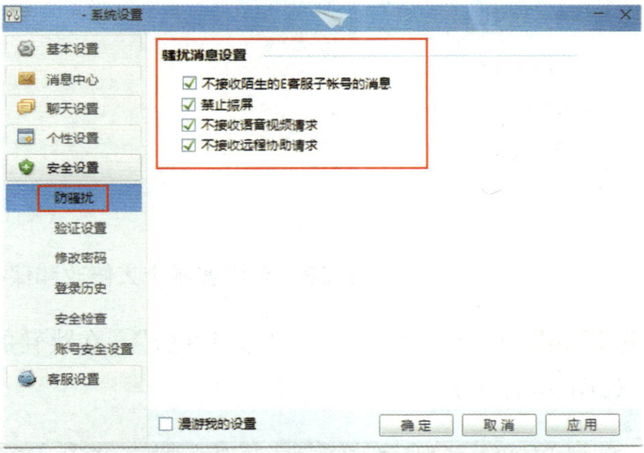

图 5–35　防骚扰设置

（七）团队设置

团队是由多个客服组成的，团队内的成员可以共用签名、自动回复或快捷短语等。

步骤 01　设置团队签名。点击“系统设置”下的“个性设置—个性签名”。页面右侧显示“团队版本未设置，马上设置”（图 5–36）。

步骤 02　在跳转的页面中，点击“新增签名”（图 5–37）。

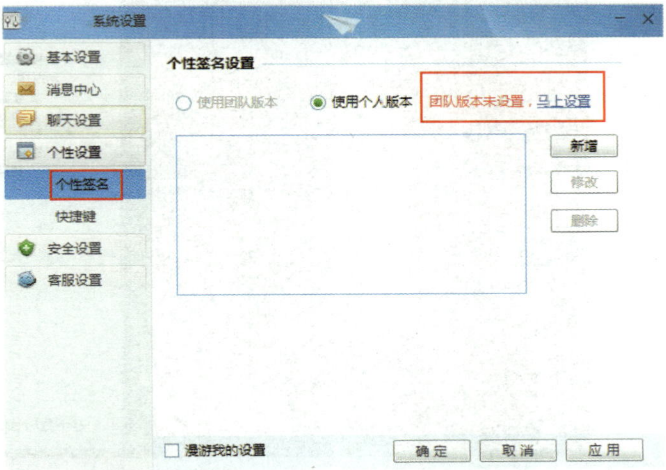

图 5–36　设置团队签名

图 5–37　新增签名

步骤 03　设置签名内容，并勾选“允许客服个人修改”和“保存时立即生效”，如图 5–38 所示。

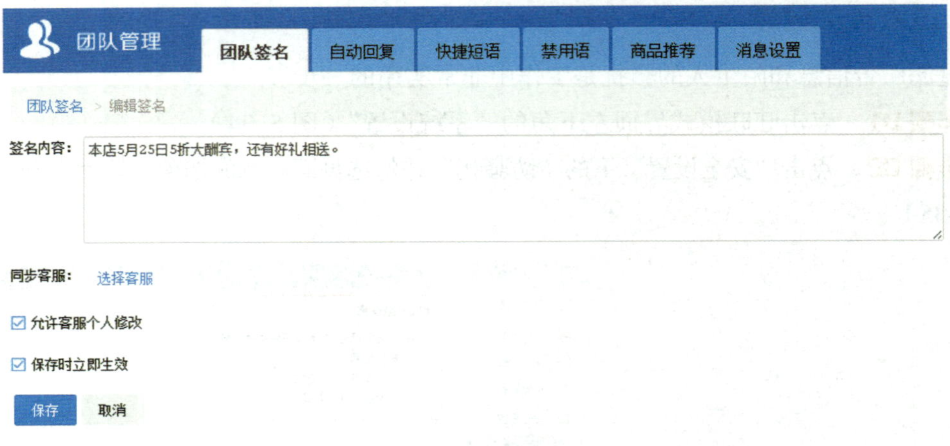

图 5–38　允许客服个人修改和保存时立即生效

步骤 04　同步客服。点击“选择客服”，在跳转的对话框中选择客服，然后点击“确定”，如图 5–39 所示。

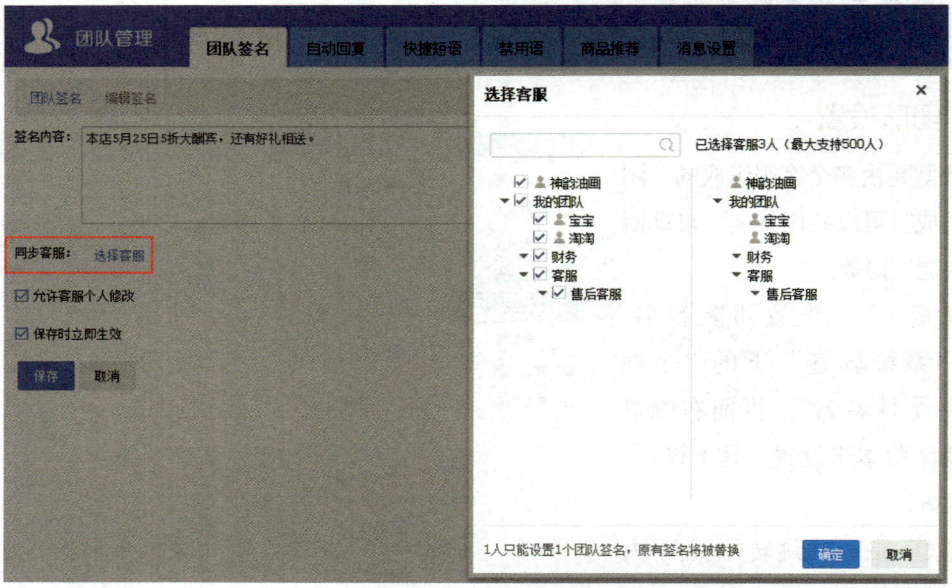

图 5–39　选择客服

步骤 05 全部设置完成后点击“保存”，团队签名设置完成（图 5-40）。

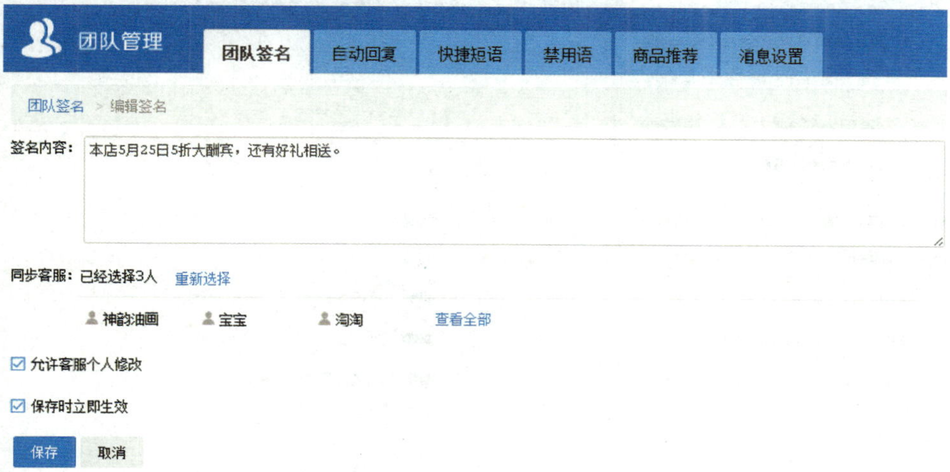

图 5-40 团队签名设置保存

步骤 06 签名生效后，还可以对签名进行关闭、修改和删除等操作（图 5-41）。

图 5-41 关闭、修改和删除操作

步骤 07 可以新增多个签名。但是仅显示一个生效的签名，若多个签名选择了相同的客服，则只会在生效的签名中显示生效客服，如图 5-42 所示。

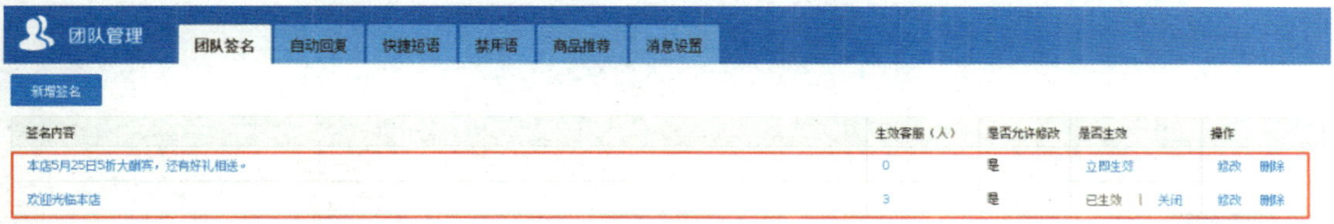

图 5-42 新增多个签名设置

步骤 08 团队自动回复设置。点击“自动回复—新增模板”（图 5-43）。

图 5-43 自动回复设置

步骤 09 按照页面提示，填写设置回复内容。全部设置完成后点击“保存”。团队自动回复设置完成（图 5-44）。

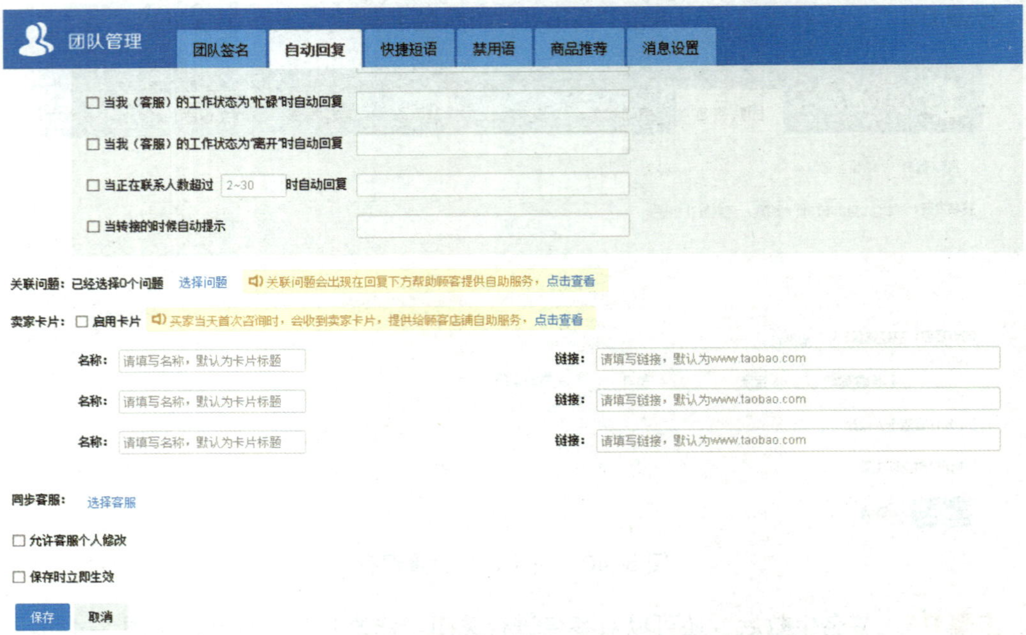

图 5–44　设置自动回复内容

步骤 10　禁用语设置。点击“禁用语”，在出现的文本框中输入短语，或点击“使用官方禁语”，然后点击“保存”，如图 5–45 所示。

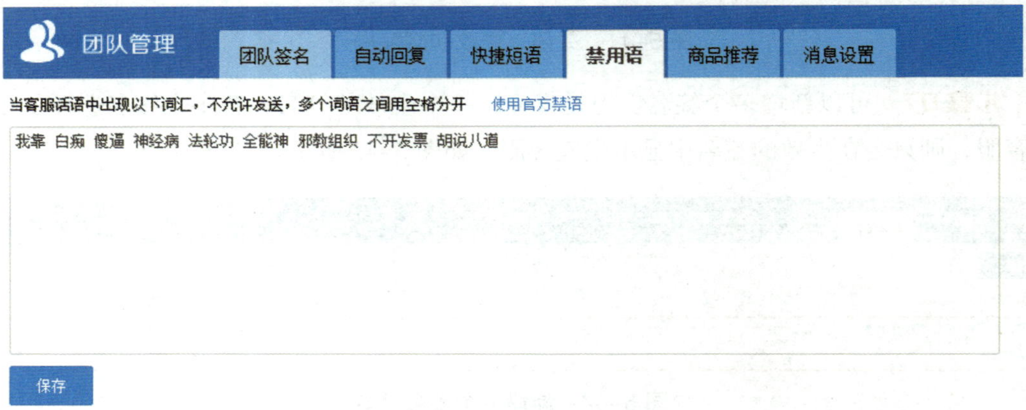

图 5–45　禁用语设置

（八）智能机器人设置

智能机器人是千牛中的一款插件，可以对买家的一些常见问题进行智能回复。

1 半自动回复

半自动回复是指当消费者咨询问题的时候，系统一旦匹配到相同的问题，机器人就会自动地做出回复。

步骤 01　打开旺旺聊天界面，点击页面右上角的“+”图标，如图 5–46 所示。

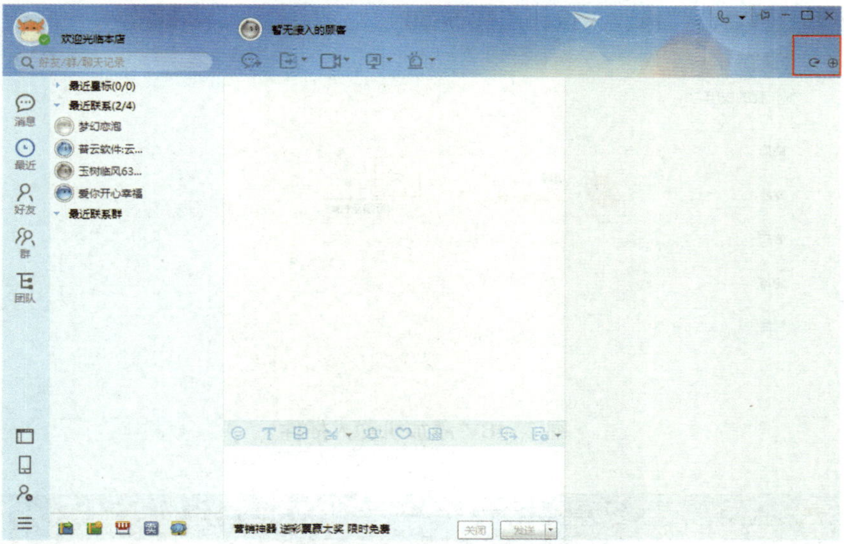

图 5–46　点击“+”图标

步骤 02　点击弹出的旺旺插件中心页面左侧的“机器人”按钮（图 5–47）。

图 5–47　客服机器人

步骤 03　点击机器人右上角的钉子图标，钉子变成黄色，把机器人插件添加到旺旺聊天界面的右侧（图 5–48）。

步骤 04　机器人插件添加成功后，任意打开一个聊天界面，在页面右侧可见机器人界面，并设置显示问题的答案，如果希望机器人解决更多问题，点击“配置回复”，如图 5–49 所示。

步骤 05　进入淘宝智能机器人配置界面，在页面左侧选择需要设置的回复选项，在右侧自动回复列表中选择客服自动回复内容并勾选“是”则完成了自动回复的设置，若需要再修改一下，可点击“修改”按钮（图 5-50）。

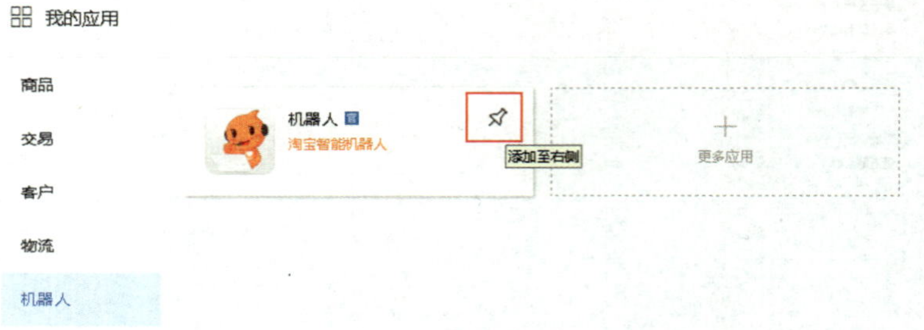

图 5-48　添加机器人插件

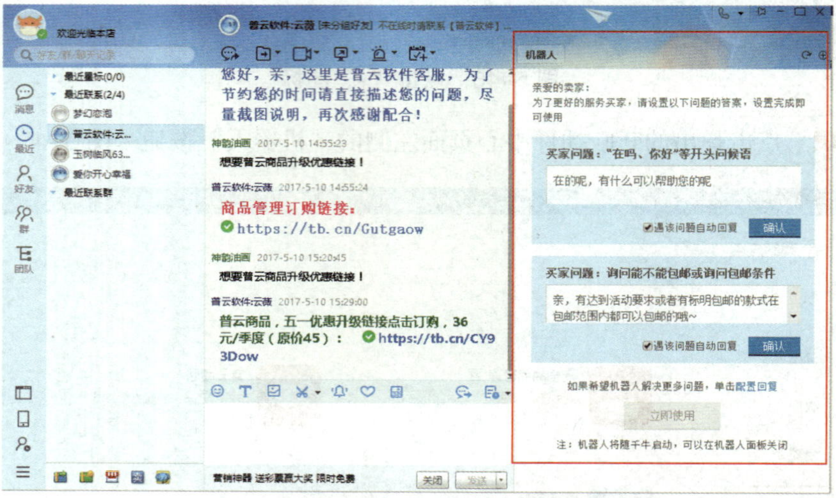

图 5-49　机器人的配置回复位置

图 5-50　机器人的配置回复界面

步骤 06 也可以点击页面右上角的“添加自定义问题”按钮（图 5–51）。

图 5–51　机器人配置回复添加自定义问题

步骤 07 添加问题，输入文字内容，并点击“检测问题并设置答案”，如图 5–52 所示。

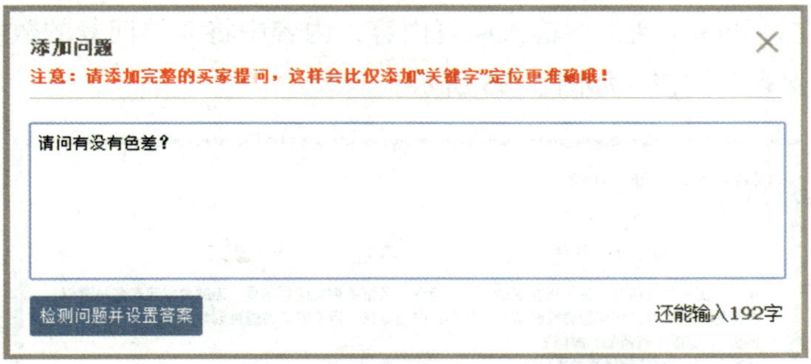

图 5–52　检测问题并设置答案

步骤 08 设置问题的答案，完成后点击“保存”，则自定义问题设置完成（图 5–53）。

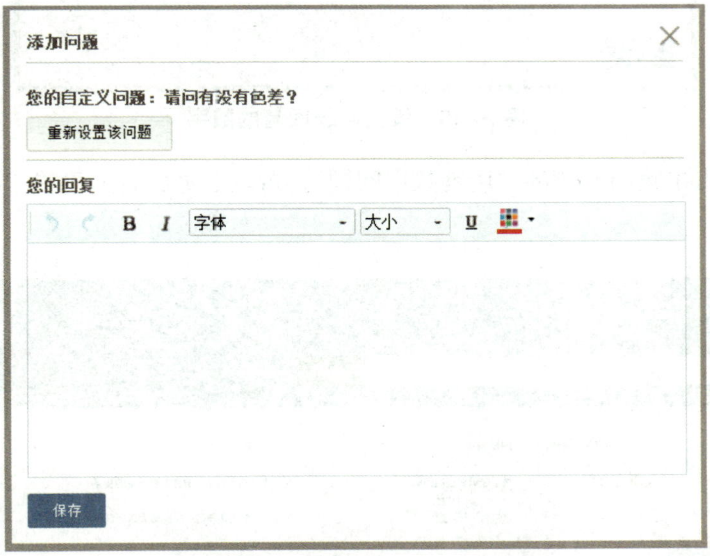

图 5–53　保存设置

② 数字回复

数字回复是指卖家设置问题导航，以数字的形式取代问题，通过回复数字，引导买家自动购物，提升买家自主解决问题的能力，是缓解客服压力和及时响应买家的最好办法。当然，在问题无法解决的时候，机器人会将问题流转给合适的客服，提升买家体验，不丢一单。

步骤 01 点击“开始问候语”，选中其中的“开始问候语”复选框后点击“修改”按钮（图 5–54）。

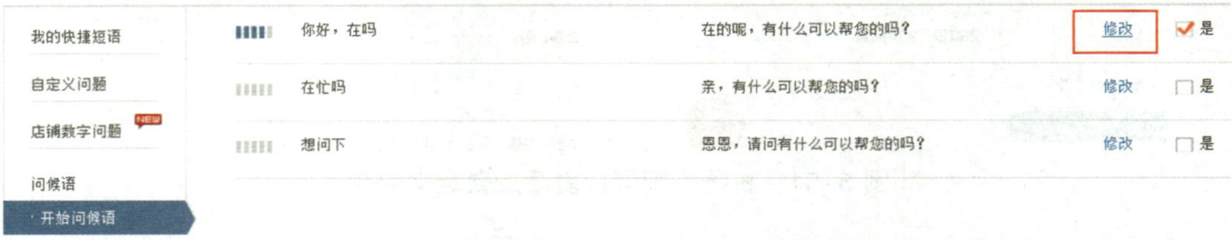

图 5–54 选择一个开始问候语

步骤 02 在打开的对话框中输入回复内容，内容中将需要回复的数字用红色重点标出，然后点击“保存”按钮，如图 5–55 所示。

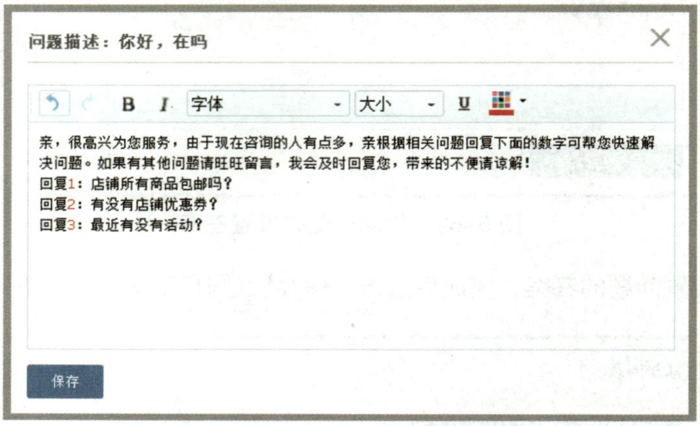

图 5–55 设置问题回复的数字

步骤 03 点击页面左侧的“店铺数字问题”，再点击页面右上角的“添加数字问题”，如图 5–56 所示。

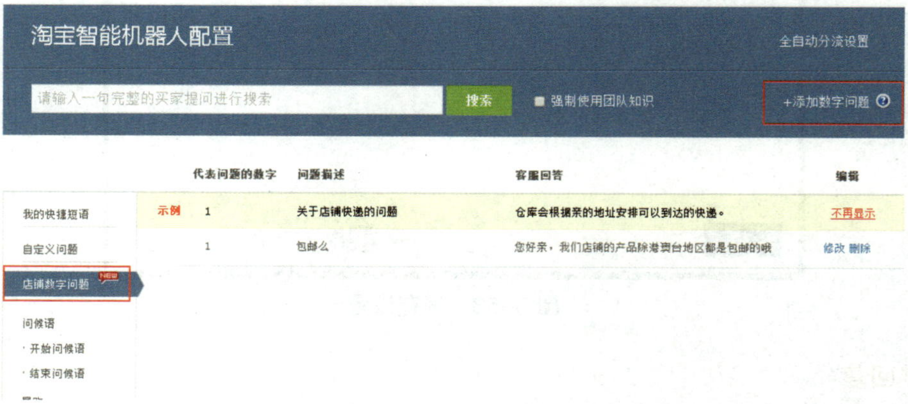

图 5–56 设置问题回复的数字

步骤 04 在页面中按照提示添加内容，编辑完成后点击“确认”，数字问题设置完成，如图 5–57 所示。并用同样的方法自定义设置其他问题及答案。

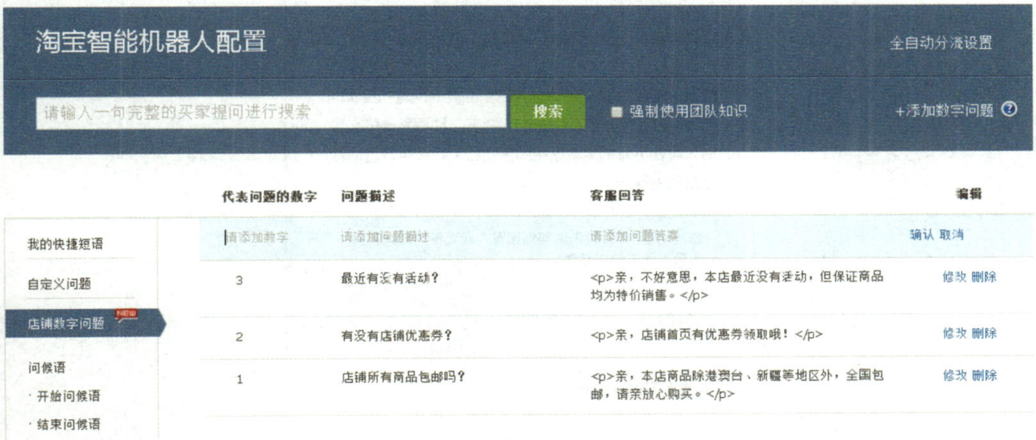

图 5–57 确认设置

步骤 05 设置完成后，在买家咨询时如果输入数字机器人就会对问题进行自动回复，如图 5–58 所示。

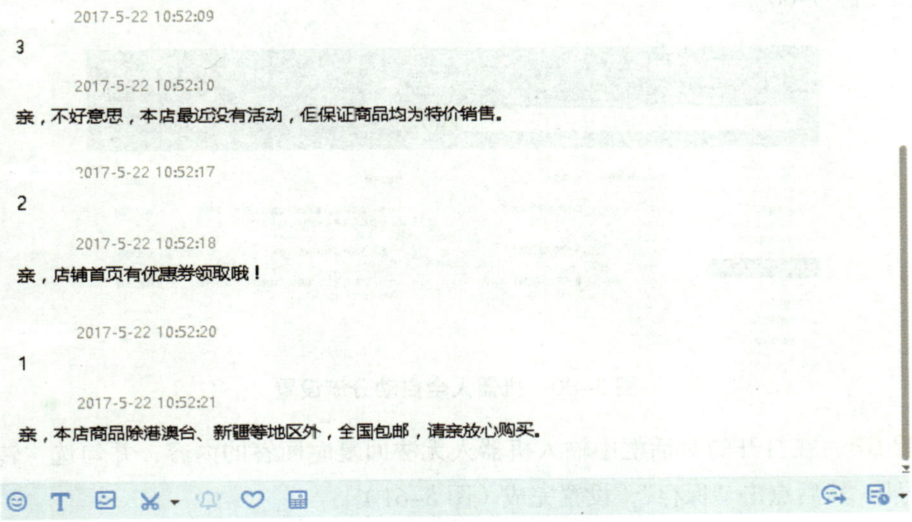

图 5–58 机器人自动回复界面

③ 全自动回复与分流设置

全自动回复是指机器人会自动回复已经设置好的问题，若买家询问的问题不在设置的范围内，机器人再转给任意一位在线客服。

步骤 01 在聊天窗口中展开机器人界面，点击“全自动”，并在文本框中输入转接自动回复的内容并设置转接规则，然后点击“本账号开启全自动”，如图 5–59 所示。

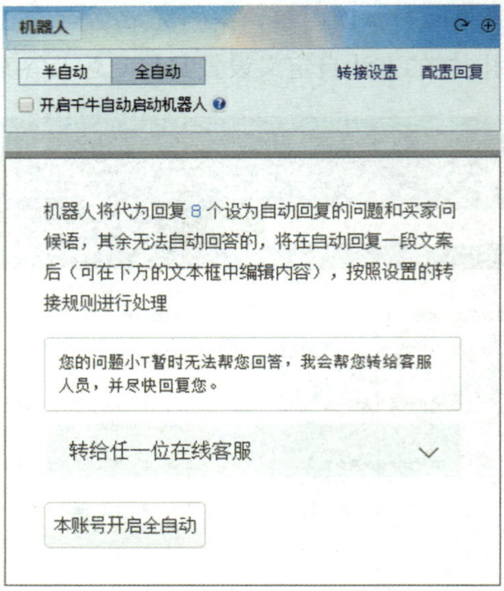

图 5-59　机器人全自动回复设置

步骤 02　在淘宝智能机器人配置页面，点击右上角的“全自动分流设置”按钮。全自动分流是指在全自动机器人开启的状态下，机器人无法回答的问题会自动分流给其他在线的客服（图 5-60）。

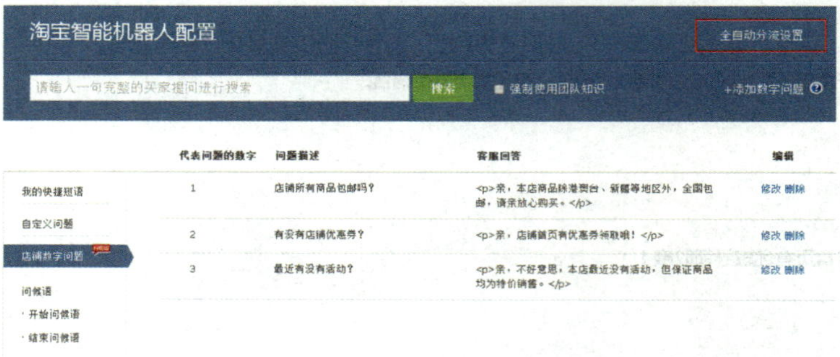

图 5-60　机器人全自动分流设置

步骤 03　在打开的对话框中输入机器人无法回复时回答的内容，并勾选“转给任一在线账号”，然后点击“保存”，设置完成（图 5-61）。

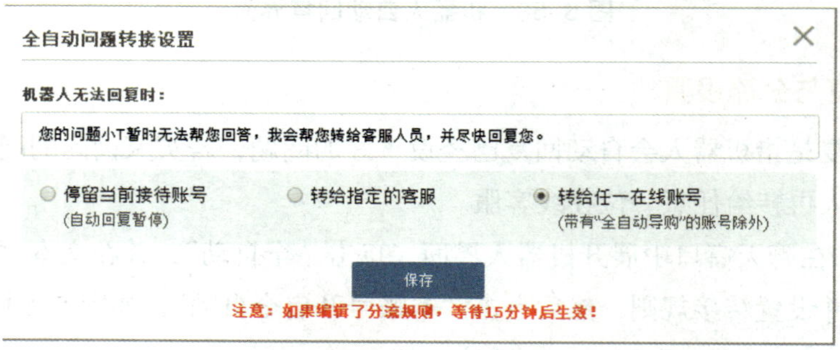

图 5-61　转给任一在线账号

【任务加油站】边学边练

进阶任务：千牛旺旺聊天模式个性化设置。

※【训练目的】

1. 能够使用千牛旺旺聊天模式中各项常用功能。
2. 根据淘宝网店需要，对千牛旺旺聊天模式中各个常用功能进行个性化设置。

※【任务背景】

小阳通过学习，已经下载了千牛软件，并成功登录，能够正常与客户进行沟通洽谈。但是除了会使用即时聊天功能，对聊天模式其他功能不太了解。你能帮帮他吗？

※【任务要求】

1. 结合所学知识，随意进入千牛旺旺聊天模式中的“添加好友与分组”“建立千牛群”“设置自动回复”“设置快捷短语”“保存消息记录”“过滤骚扰信息”“团队设置”“智能机器人设置”等常用功能模块；
2. 进入上述千牛旺旺聊天模式中的功能模块后进行个性化设置。

任务三　订单操作流程

订单操作流程包括从买家拍下宝贝付款到评价的整个过程。整个订单操作流程均在淘宝卖家中心进行，除此之外，也可以选择在千牛工作台中进行。

【任务引入】

小阳已经熟悉和设置好千牛旺旺聊天模式的各个常用功能，并与一客户洽谈成功，卖出了商品，接下来，小阳需要利用淘宝卖家中心和千牛工作台完成这张订单的操作。你能帮帮他吗？

1. 订单操作包括哪些流程？
2. 如何在千牛工作台中顺利完成订单操作？

【知识链接】

宝贝被拍下，与买家沟通：

宝贝被买家拍下，但还没有完成付款，在这个时候就要主动联系买家，了解买家不付款的原因，询问地址和联系方式是否正确等，等待买家回复，从而抓住每个有意购买又犹豫不决的顾客。

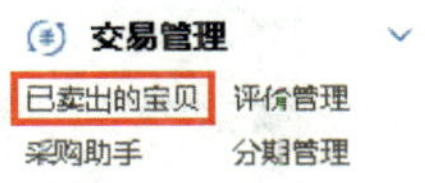

图 5-62　卖家中心交易管理界面

步骤 01　登录淘宝，进入卖家中心，点击“交易管理—已卖出的宝贝”（图 5-62）。

步骤 02 进入已卖出宝贝界面，点击“详情”，查看买家的收货和物流信息（图 5–63、图 5–64）。

图 5–63 买家的收货信息界面

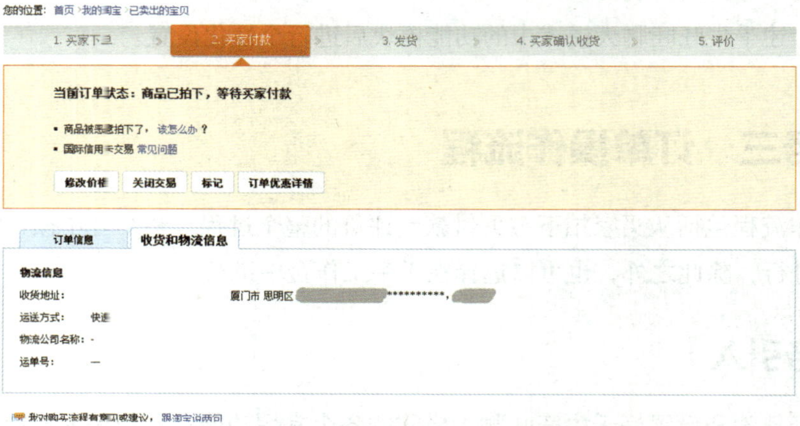

图 5–64 卖出商品的物流信息界面

步骤 03 点击“和我联系”图标，与买家进行联系，提醒买家及时付款，尽力让有意向买家达成订单（图 5–65）。

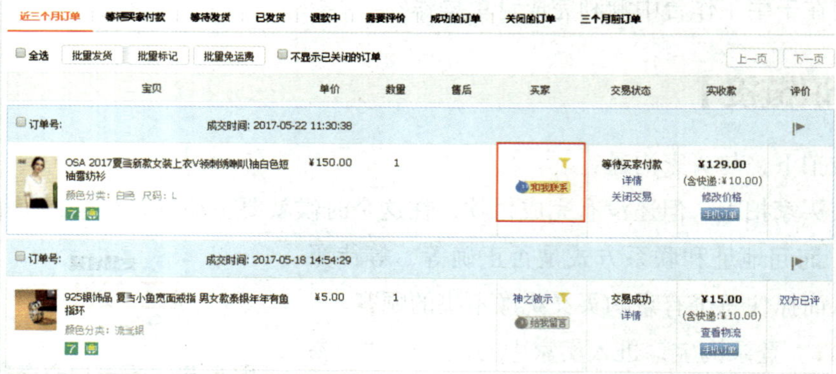

图 5–65 与买家联系

（一）修改成交价格

若买家购买的宝贝数量多，或者是新客、回头客等，当询问是否有优惠时，如果觉得这个优惠是在可接受范围内，则可以对订单价格进行修改。

步骤 01 在买家还未付款的宝贝订单后面点击“修改价格”按钮，如图 5–66 所示。

图 5–66 修改订单价格

步骤 02 在打开的页面中修改价格，然后点击“确定”就可以了。提示：修改订单价格并不是订单操作流程的必要步骤，若不需要修改价格则可以直接跳到下一环节（图 5–67）。

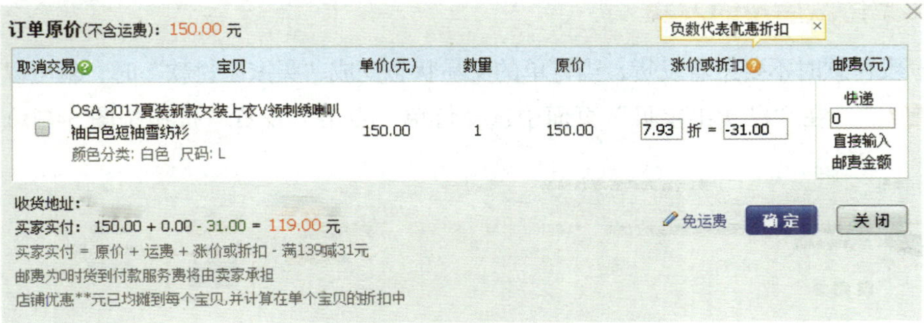

图 5–67 确定修改订单价格

（二）促成付款，完成订单

若发现买家长时间没有付款，可以联系买家，以各种促销活动吸引买家，如“赠品有限，先到先得”“当天付款当天即可发货”或者“优惠仅此一天”等，促成买家付款。也可以直接使用提醒功能提醒买家付款。

步骤 01 在“已卖出的宝贝”页面，选择订单，点击“详情”，查看订单详情（图 5–68）。

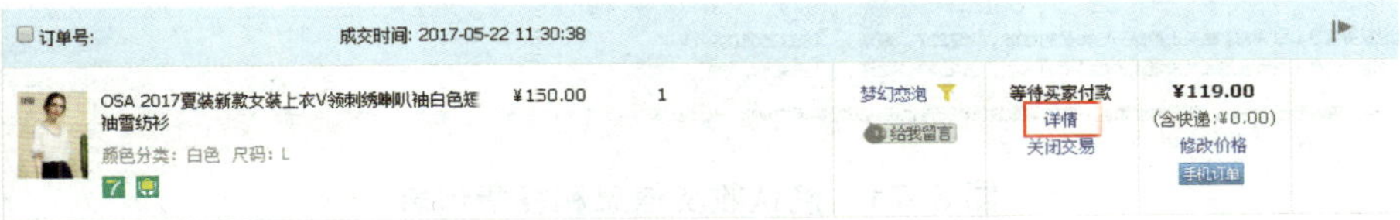

图 5–68 订单详情

步骤 02 进入交易详情页面，点击“订单信息—提醒买家付款”，会出现“提醒发送成功”的提示（图 5–69）。

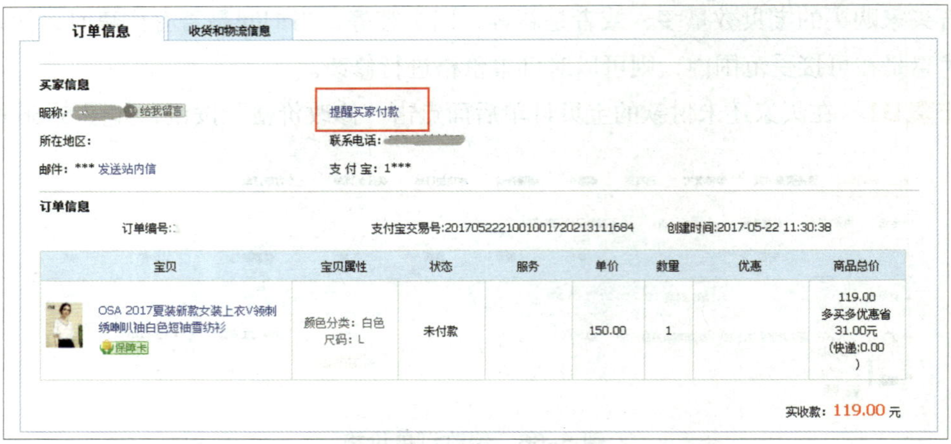

图 5–69　提醒买家付款

※ 课堂讨论

除了上述所讲的让利方法可以促成交易，同学们还能够想到什么方法可以促成交易？

（三）买家付款后及时发货

买家没付款时不要急着发货，当订单的交易状态变成“买家已付款”时，就可以发货了。

步骤 01　在“已卖出宝贝”页面中选择订单，点击“发货”按钮（图 5–70）。

图 5–70　发货

步骤 02　进入发货页面，确认收货信息和发货信息（图 5–71）。

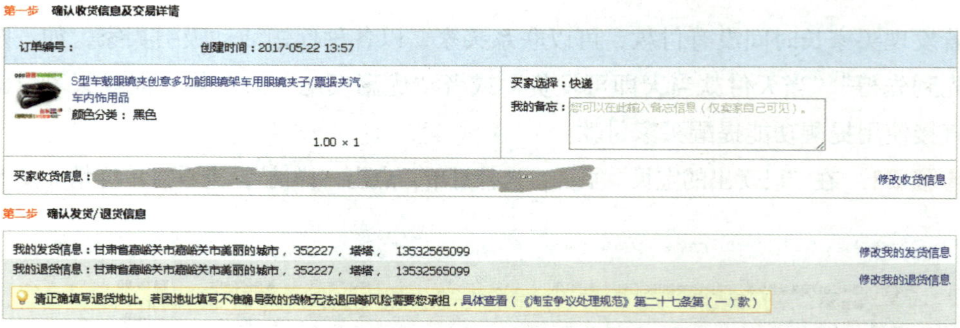

图 5–71　确认收货信息和发货信息

步骤 03　选择物流服务。可以选择在线下单或电话联系上门取件，也可以自己联系物流。也有虚拟商品是不需要物流的。按照商品的情况以及自己的方便程度选择物流。一般卖家都会有自己长期合作的快递公司和快递员（图 5-72）。

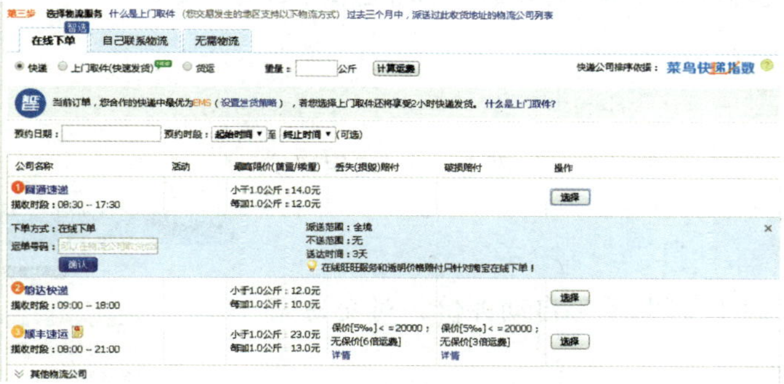

图 5-72　物流服务界面

步骤 04　操作完成后，已卖出宝贝页面的订单状态就会显示“卖家已发货”（图 5-73）。

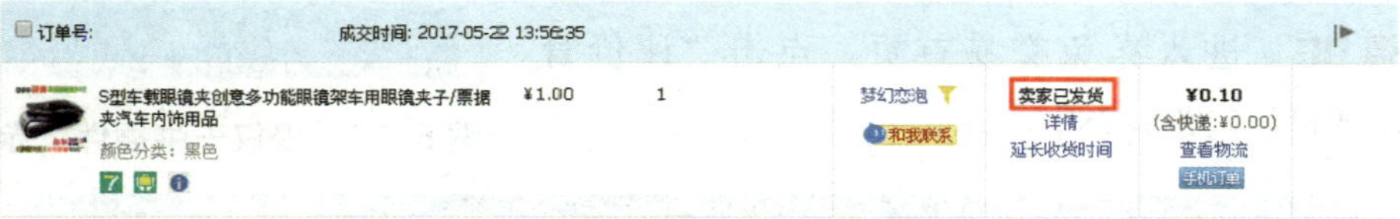

图 5-73　卖家已发货

（四）手动或自动评价订单

当买家收到宝贝并确认收货后，卖家就可以对订单进行评价了，分为手动评价订单和千牛自动评价订单。

1 手动评价订单

步骤 01　打开已卖出宝贝页面，选择需要评价的订单，点击“评价”按钮（图 5-74）。

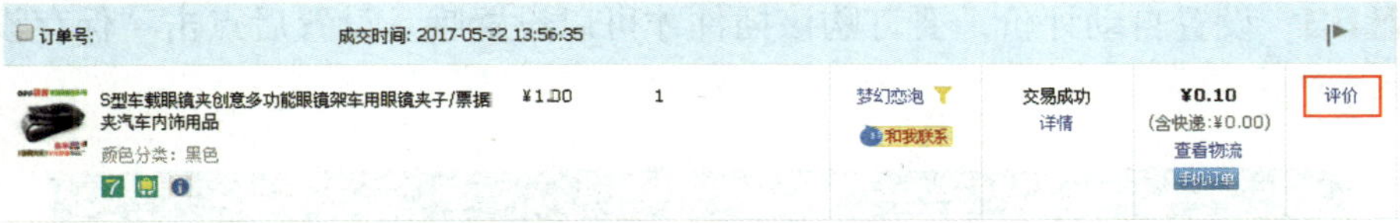

图 5-74　订单评价

步骤 02　在跳转的页面中，勾选“好评 / 中评 / 差评”，也可以写评语。编辑完成后点击“发表评论”（图 5-75）。

步骤 03　页面显示“信用评价成功 1 个！评价内容在买卖双方互评完成后才会在商品页面展示！”的提示，评价完成（图 5-76）。

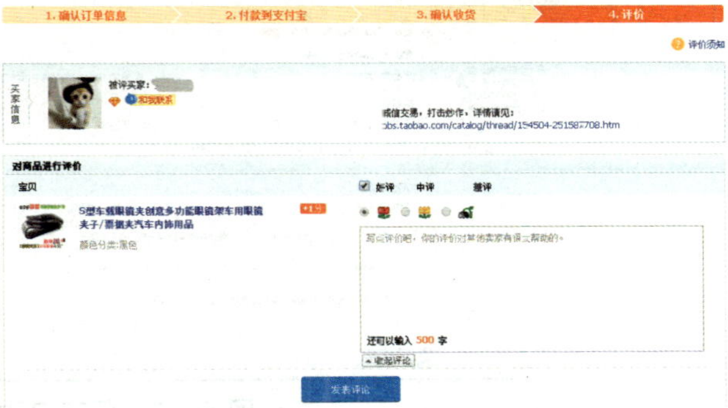

图 5-75　发表评论界面

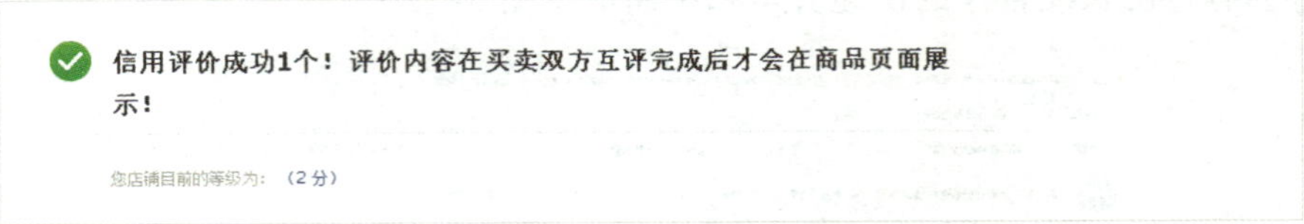

图 5-76 信用评价

② 千牛自动评价

生意繁忙时，可以订购千牛自动评价，对交易完成的订单自动评价。

步骤 01 登录千牛工作台，点击页面左侧的千牛插件“赤兔交易”，并在弹出的页面上点击“立即授权”（图 5-77）。

步骤 02 进入赤兔交易首页。点击“评价管理—自动评价”（图 5-78）。

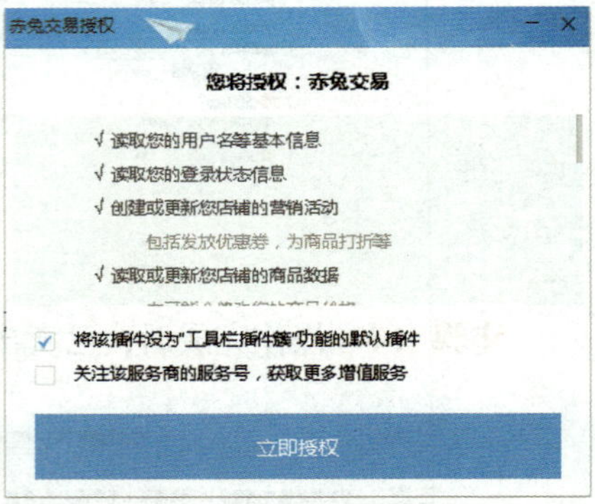

图 5-77 授权千牛插件“赤兔交易”

图 5-78 赤兔交易首页

步骤 03 设置自动评价，要订购该插件才可以设置哦。设置后点击“保存设置”即可（图 5-79）。

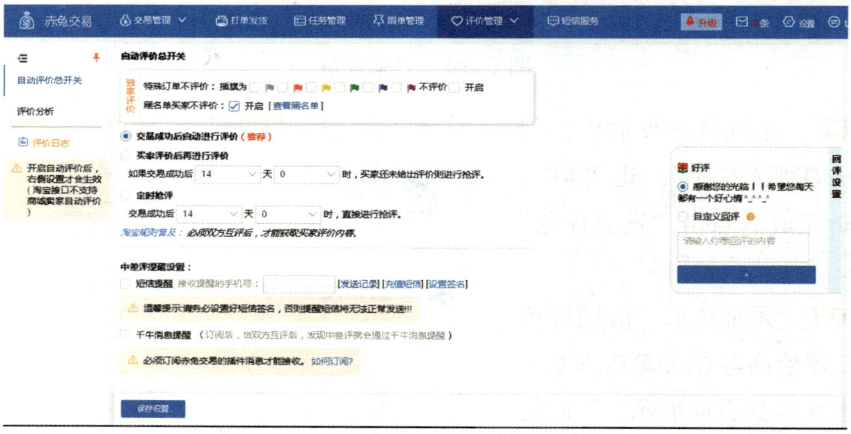

图 5-79 保存自动评价设置

【任务加油站】边学边练

进阶任务：在淘宝卖家中心和千牛工作台中完成订单操作。

※【训练目的】

1. 掌握订单操作的具体流程。
2. 结合订单实际情况，对订单进行相关操作，促成交易。

※【任务背景】

小阳已经熟悉和设置好千牛旺旺聊天模式的各个常用功能，并成功与一客户洽谈成功卖出商品，接下来，小阳需要利用淘宝卖家中心和千牛工作台完成这张订单的操作。你能帮帮他吗？

※【任务要求】

1. 宝贝被拍下后，将接下来淘宝卖家处理订单的相关流程记录下来。
2. 在淘宝卖家中心和千牛工作台中完成订单常规操作，如宝贝被拍下但未付款，需与买家沟通、修改成交价格、促成付款并完成订单，买家付款后及时发货，手动或自动评价订单等。

任务四　物流优化

物流不仅仅是将商品发送出去，合适的快递、好的包装也决定了买家对本次购物的满意程度。

【任务引入】

淘宝卖家宝贝发货时间是影响成交率的一个重要的因素，发货时间快，自然买家体验也会好一些，对此，为了更加重视客户体验，如何优化物流、提高客户满意度就成为小阳接下来需要解决的问题。你能帮帮他吗？

1. 商品发货应该选择哪种快递？
2. 如何跟踪商品的物流信息，为客户解决物流问题？

【知识链接】

（一）选择合适的物流

物流是网店经营中一个非常重要的环节，即将产品从生产地运送到最终消费者手中，确保商品实时、准确、安全地送达买家。邮费、覆盖面、速度都是买卖双方关心的问题，物流对于成功经营网店至关重要，良好的物流服务能够提高客户的满意度，因此物流的选择十分关键。

1 平邮

定位是指确定某一事物在一定环境中的位置，如产品在市场中的定位、人物在组织中的定位、物品在某一地理位置的定位等。

平邮是邮政中一项寄送信与包裹业务的总称。在网络销售中，经常会涉及发票的邮寄，这时可以选择平邮的方式。

（1）优点：收费低、覆盖面广，可以到达小乡镇。对于偏远地区的订单，可以选择平邮的方式。

（2）缺点：寄送时间较慢，一般非偏远地区订单不建议选择平邮。

2 EMS

邮局的一项特快专递服务，速度比邮政其他包裹稍快，范围广，只要有邮局的地方就能送达。收费相比其他快递贵很多。

3 快递公司

快递公司凭借其速度快、运费低等优势，已经成为网店首选的物流方式，其缺点是部分地区不能到达。

可供选择的普通快递公司有数十家，最常用的有顺丰、申通、圆通、中通、韵达、天天等。

（二）商品包装技巧

网上交易，商品需要经过快递公司才能到达买家的手中，如何保证宝贝的完好无损，给买家专业的印象，商品的包装是关键。

为了防止运输过程中的磨损，经常需要多层包装。

1 外包装

外包装指的是商品的最外面的一层包装，一般快递公司都会提供相应大小的包装袋，除此之外常见的还有纸箱和编织袋等。

（1）纸箱

这是使用比较普遍的一种包装，其优点是安全性强，可以有效地保护物品，可填充一些报纸或纸屑来缓冲外界冲撞，缺点是大大增加了重量，运费也就相应地增加了（图 5-80）。

（2）布袋或编织袋

常用材料有棉布和尼龙，最好能够防水。袋装的优点一是成本低，二是重量轻，可以节省一点运费；缺点是对物品的保护性较差，只能用来包装质地柔软且耐压耐摔的商品（图 5-81）。

2 中层包装

中层包装指的是产品和外包装之间空隙的填充材料。常见的有气泡膜、珍珠棉、海绵和泡沫块等，这些是比较正规的填充物，

图 5-80　纸箱

图 5-81　编织袋 / 布袋

有时候为了简易、方便，也可以使用一些废旧报纸作为填充物。

（1）泡泡袋 / 气泡膜：其优点除了价格相对较低、重量轻，还可以较好地防止挤压，对物品的保护性相对较强（图 5–82）。

（2）珍珠棉 / 海绵：可以防刮、防潮、防震，它的作用类似于泡沫块（图 5–83）。

（3）其他填充物：还有一些比较廉价的填充物，主要通过占据空隙起到防滑、防震的作用，如泡沫块和报纸等。

3 内包装

内包装是指接近商品本身的那层包装材料，一般的商品厂家都会提供内包装，若没有内包装，可选择 OPP 或 PE 材料的自封袋，虽然材料不同，但作用是一样的，主要是保持商品整洁，避免灰尘、杂物影响商品的美观。

（1）OPP 自封袋

OPP 自封袋，原材料是聚丙烯，外观非常透明，手感比较脆滑（图 5–84）。

（2）PE 自封袋

PE 自封袋，原材料是聚乙烯，一般在开口处有一条相当于拉链的凹凸带，外观半透明，手感比较软、韧（图 5–85）。

图 5–82　泡泡袋

图 5–83　珍珠棉

图 5–84　OPP 自封袋

图 5–85　PE 自封袋

（三）查询快递收送范围

每种快递的收送范围及服务网点都不同，为了使快递顺利送达买家手中，可以在发货前，查询收货范围或服务网点，查看选择的快递是否能送达，下面以顺丰速运为例，讲解查询收送范围的操作。

步骤 01　百度搜索顺丰速运，进入官网（http://www.sf-express.com/cn/sc/），把鼠标移到首页导航栏的物流按钮上，点击页面右侧的“收寄范围查询”（图 5–86）。

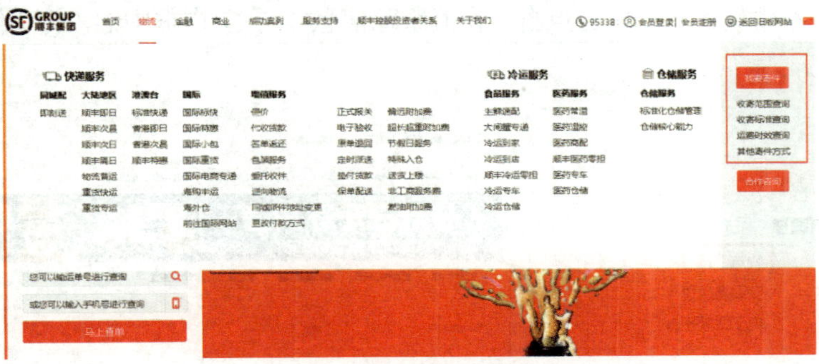

图 5–86　收寄范围查询

步骤 02　在跳转的页面中选择收寄件区域（图 5-87）。

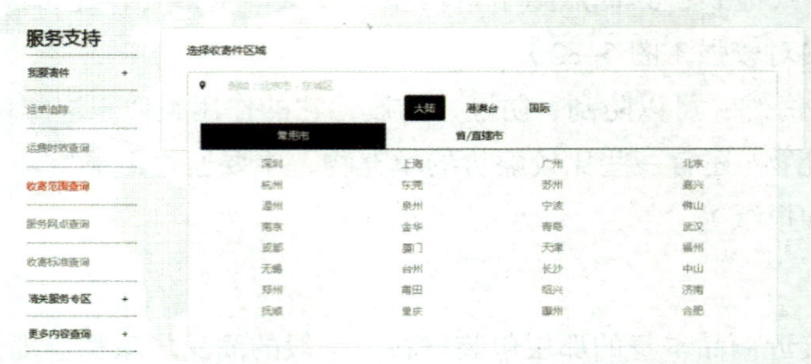

图 5-87　寄件区域

步骤 03　我们以深圳—南山区为例，查询结果如图 5-88 所示。

图 5-88　以深圳—南山区为例

（四）淘宝物流

在淘宝上可以直接预约快递，也可以跟踪物流信息，还可以分析店铺的物流信息，以此为准来优化物流。

1 物流跟踪

步骤 01　登录淘宝，进入卖家中心，点击“物流管理—物流工具”（图 5-89）。

步骤 02　在跳转的页面中，点击“物流跟踪信息”。在空白框中输入订单编号，即可搜索（图 5-90）。

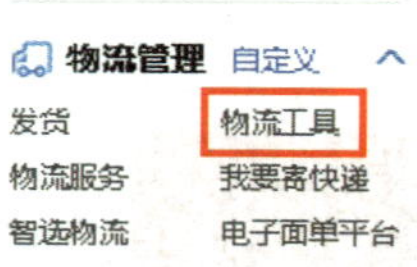

图 5-89　物流管理—物流工具

图 5-90　物流跟踪信息查询

2 预约寄件

步骤 01 进入卖家中心，点击“物流管理—我要寄快递”（图 5–91）。

步骤 02 在跳转的页面中根据提示填写相关信息，然后点击“下一步”（图 5–92）。

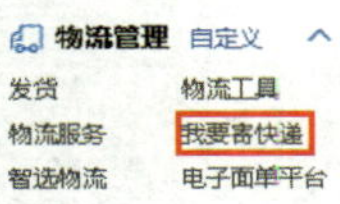

图 5–91 物流管理—我要寄快递

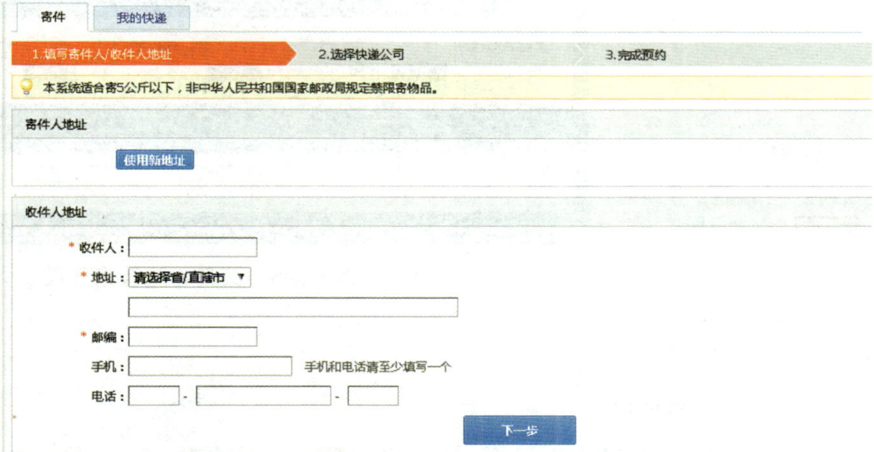

图 5–92 寄件界面—填写寄件人 / 收件人地址

步骤 03 确认信息，并选择快递公司及填写相关信息，然后点击“确认预约”，等待快递员上门取件（图 5–93）。

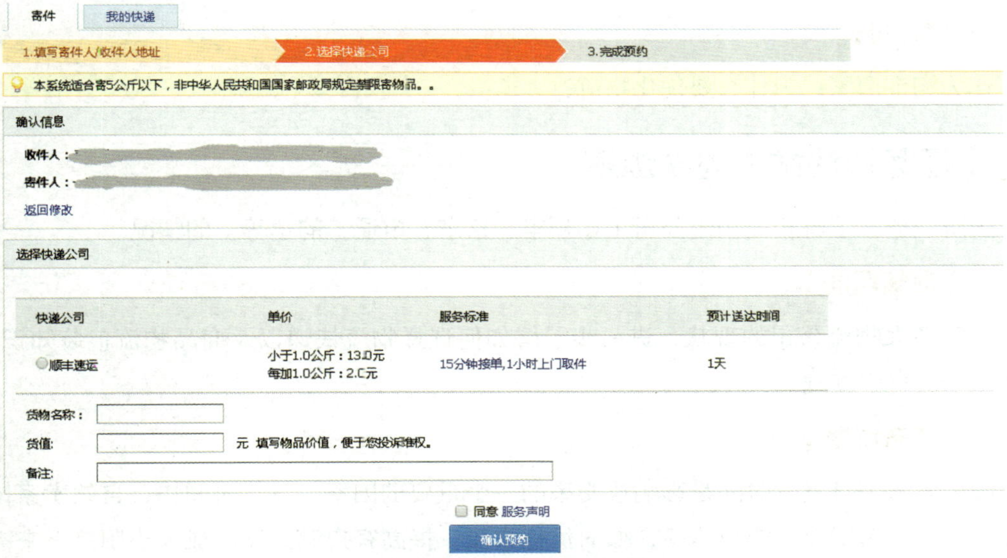

图 5–93 寄件界面—选择快递公司

3 物流分析

进入卖家中心，点击“物流管理—智选物流”，进入菜鸟物流管家页面，可以查看关于物流的一些数据，如图 5–94~图 5–96 所示。

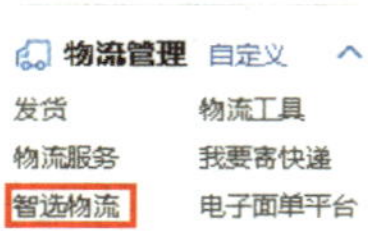

图 5–94　物流管理—智选物流

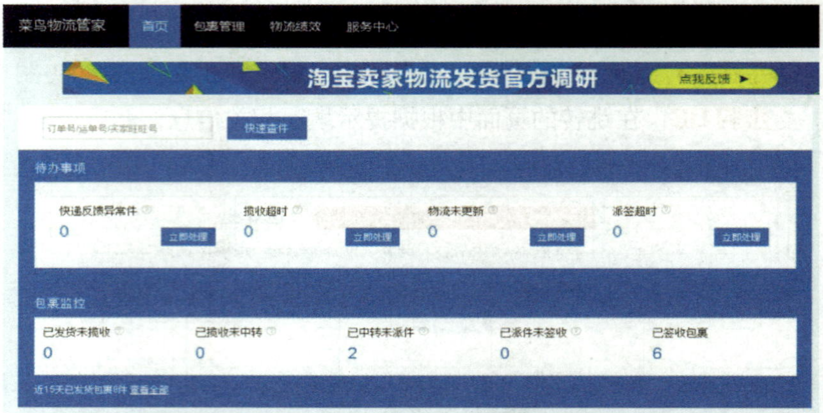

图 5–95　菜鸟物流管家界面

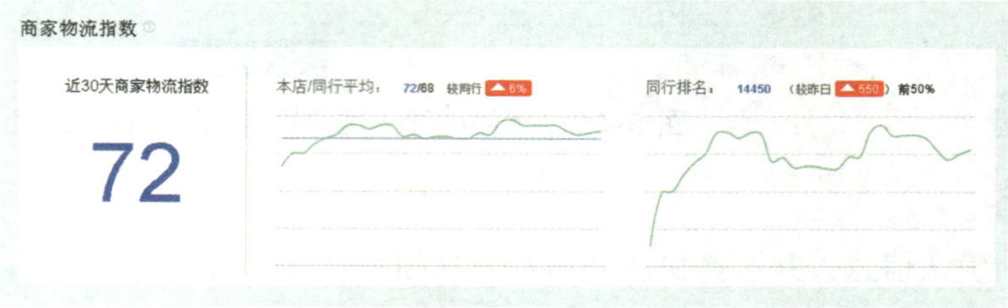

图 5–96　物流数据

※ 课堂讨论

作为淘宝商家，为什么要优化物流？

【任务加油站】边学边练

进阶任务：了解相关物流公司（如顺丰、京东、申通、韵达等）的情况。

※【训练目的】

了解各大物流公司的现状，进一步了解如何选择物流快递以及商品物流包装知识等，为优化物流奠定基础。

※【任务背景】

淘宝卖家宝贝发货时间是影响成交率的一个重要的因素，发货时间快，自然卖家体验也会好一些。为了提升客户体验，如何优化物流、提高客户满意度就成为小阳接下来需要解决的问题。你能帮帮他吗？

※【任务要求】

通过网络搜索各大物流公司的基本情况，根据小阳网店现状和物流公司的信息，选择一家适合的物流公司，并说明理由。

画龙点睛：项目总结

本项目内容是网店运营的重要一环，网店运营不仅仅是卖家和买家打交道完成买卖行为，更重要的是针对这个买卖行为，网店运营者如何才能让店铺完美运转。通过项目五的学习，掌握千牛工作台的各常用功能设置和运用，有效保障订单及时处理，提高发货和配货效率，推动经济效益和客户满意度的提升。

视野拓展：案例分析

发货时间优化案例：

淘宝卖家的发货时间也是影响成交率的一个重要的因素，发货快，自然买家体验也会好一些，淘宝发货时间也支持卖家手写输入。

对此，早在 2014 年就在发货时间上做了调整，具体变化如下：

1 时间选项更细了

原来的发货时间选项：12 小时、1 天、2 天、3 天、5 天、7 天、15 天、30 天、45 天

现在的发货时间选项：4 小时、8 小时、12 小时、16 小时、20 小时、1 天、2 天、3 天、5 天、7 天、8 天、10 天、12 天、15 天、17 天、20 天、25 天、30 天、35 天、45 天。

2 时间选项支持模糊输入匹配

原来：需要手动选择时间项。

现在：可以模糊输入数字，如输入 5，将匹配“5 天”！

3 目前发货时间设置情况

全网一半左右的订单都来源于设置了发货时间的商品！

设置发货时间的商品平均成交件数要比未设置的商品高 30% 哦！

无论是预售商品还是定制商品，都可以通过事先设定商品的发货时间提前告知买家，避免售后纠纷和投诉。发货能力强的卖家可以通过设定较快的发货时间来增加买家的购物信心；发货时间受限的卖家可以通过设定合适的发货时间来减少售后发货纠纷。同时设置发货时间可以降低卖家回复买家咨询的成本！

4 设置商品发货时间后如何避免被投诉处罚

① 按照商品设置的发货时间发货，并按照商品揽件情况，及时更新订单的交易状态。

② 未能及时发货的商品，应通知买家，并告知更新的发货时间并做确认，保留凭证(旺旺聊天截图等)。

③ 卖家未能及时发货，且买家发起了投诉时，卖家及时处理投诉并按约定赔付，可免除扣分处罚。

5 全网发货规则

承诺的背后是责任，卖家在承诺服务的同时需要承担违约的责任。

“发货时间”交易约定规范同“延迟发货”规范：使用交易约定发货时间承诺服务的会员均应遵守《淘宝服务协议》和《淘宝规则》等，此外还须遵守以下行为规范：

行为规范：需在买家付款后按照约定的时间发货。

违规处理：依照《淘宝规则》违背承诺的规定，需向买家支付该商品实际成交金额的5% 作为违约金，且金额最低不少于 1 元，最高不超过 30 元；买家发起投诉后未在淘宝网人工介入且判定投诉成立前主动支付该违约金的，除须赔偿违约金外，每次扣三分。

卖家的发货时间，以快递公司系统内揽件记录的时间为准。

如，卖家设置宝贝 A 的发货时间是 48 小时内发货。买家是在 10 月 3 日 15 点拍下并付款，卖家交付快递并点击线上发货时快递揽件记录的时间是 10 月 4 日 17 点，淘宝交易记录中直到 10 月 6 日 8 点才显示物流跟踪信息物。则该卖家没有违背发货时间承诺。因为卖家的发货时间是快递揽件记录的时间 10 月 4 日 17 点，距买家付款的时间 10 月 3 日 15 点是 26 个小时，属于 48 小时内。

6 如何设置发货时间

① 进入“卖家中心—物流工具—运费模板”，点击“修改”或“新建”运费模板。

② 按照店铺仓储能力，如实设置运费模板中的发货时间，并保存。

③ 针对店铺内商品，编辑商品并点击“买家承担运费—使用运费模板—运费模板”，选择卖家承担运费即可！

※ 案例讨论

阅读本案例，设置商品发货时间后，如何避免被投诉处罚？

按照全网发货时间的相关规定，如何优化商品的发货时间？

※ 总结

运营好一家淘宝店相当不容易，因为需要掌握的技能实在是太多了，如果没有一个好的工具搭配，那么运营起来会相当吃力，淘宝网店可以利用千牛对店铺的日常操作进行统一的管理，这样大家在管理自己店铺的时候不会这么吃力，借此提升卖家的经营效率，促进彼此间的合作共赢。

※ 辅助学习资料

更多拓展案例　　知识延伸

学以致用：巩固检测

请结合本项目所学，完成以下练习：

扫码，完成
在线检测题

扫码，核对
参考答案

1. 千牛卖家一站式工作平台，是由（　　）官方出品，包含千牛移动版和千牛 PC 版。（单选题）

A. 阿里　　B. 网易　　C. 腾讯

2.（　　）是邮政中一项寄送信与包裹业务的总称。（单选题）

A. 平邮　　B. 快递公司　　C. EMS

3.（　　）凭借其速度快、运费低等优势，已经成为网上首选的物流方式，其缺点为部分地区不能到达。（单选题）

A. 快递公司　　B. 平邮　　C. EMS

4.（　　）是使用比较普遍的一种包装，其优点是安全性强，可以有效地保护物品，可以填充一些报纸或纸屑来缓冲外界冲撞，缺点是大大增加了重量，运费也就相应地增加了。（单选题）

A. 布袋　　B. 编织袋　　C. 纸箱

5. 常见的中层包装有（　　）。（单选题）

A. 气泡膜　　B. OPP 自封袋　　C. 编织袋

6.（　　）一般在开口处有一条相当于拉链的凹凸带，材质柔软，韧性较好，不易破损，可以反复使用。（单选题）

A. PE 自封袋　　B. 泡泡袋　　C. 珍珠棉

7. 千牛是淘宝为（　　）提供的一款工具，使用前必须先下载安装。（单选题）

A. 买家　　B. 卖家　　C. 淘宝小二

8. 淘宝卖家可以在千牛中查看店铺的实时数据、经营数据等，通过对数据的监控和分析，更好地运营店铺。（判断题）

○ 对　　○ 错

9. 做好订单的管理一般要兼顾淘宝订单的快递问题、相关仓储问题、订单的解答服务问题。（判断题）

○ 对　　○ 错

10. 千牛工作台除了具有阿里旺旺的沟通功能，还具有处理订单、管理商品、查看实

时数据等功能。（判断题）

○ 对　　　　　○ 错

11. 只有淘宝卖家可以使用千牛工作平台，其他人都绝对不可以使用。（判断题）

○ 对　　　　　○ 错

12. 千牛旺旺只能提供即时聊天功能。（判断题）

○ 对　　　　　○ 错

13. 聊天记录无论对于卖家还是买家都很重要，建立客户档案、总结交流经验、查找口头承诺过的协议及发生纠纷时取证，这些都离不开聊天记录，因此聊天记录的保存十分重要。（判断题）

○ 对　　　　　○ 错

14. 千牛工作台包括两种模式，即____________和旺旺模式，这两种模式可以自由切换。（填空题）

15. 启用____________可以在忙碌、无暇回复的情况下自动回复客户的问题。（填空题）

16. 团队是以多个____________组成的，团队内的成员可以共用签名、自动回复或快捷短语等。（填空题）

17.____________是千牛中的一款插件，可以对买家的一些常见问题进行智能回复。（填空题）

18. 订单操作流程包括从买家拍下宝贝付款到____________的整个过程。（填空题）

19. 请简述平邮的优缺点。（简单题）

20. 请简述外包装的定义。（简单题）

匠心精研：实操演练

项目五综合实训

项目五综合实训　订单管理

实训要求：

请打开活页实训任务指导书，完成项目五综合实训。

序号	实训项目	实训要求
1	实训 1　订单管理	在买家拍下商品后，小阳为了庆祝新店开业，给予客户一定优惠，根据实训步骤，完成修改价格并提示买家付款，然后开始对店铺的第一个订单进行操作。

评价与反馈：淬炼思政

请结合项目五的学习表现及收获，填写下表，完成学习评价：

<table>
<tr><th rowspan="2">项目</th><th rowspan="2">学习任务</th><th rowspan="2">学习目标</th><th colspan="3">学习评价</th><th rowspan="2">总评</th></tr>
<tr><th>自评
30%</th><th>小组评
20%</th><th>教师评
50%</th></tr>
<tr><td rowspan="3">店铺开设</td><td rowspan="3">任务一　千牛卖家工作台介绍及常用设置

任务二　千牛旺旺聊天模式常用设置

任务三　订单操作流程

任务四　物流优化</td><td>【知识目标】：
1. 能说出什么是千牛；
2. 能熟记并说出千牛工作台各常用功能。</td><td></td><td></td><td></td><td></td></tr>
<tr><td>【技能目标】：
1. 能使用千牛与客户进行沟通；
2. 能熟练使用千牛各项操作；
3. 能完成订单操作流程，顺利发货。</td><td></td><td></td><td></td><td></td></tr>
<tr><td>【素质目标】：
1. 提高学生学习专业课的信心和兴趣；
2. 培养学生动手能力，牢固树立学生的专业思想。</td><td></td><td></td><td></td><td></td></tr>
<tr><td colspan="2">学习综合评分</td><td colspan="5"></td></tr>
<tr><td colspan="2">学习收获</td><td colspan="5"></td></tr>
</table>

项目六　营销活动

项目概览图

项目	学习任务	学习目标
项目六 营销活动 微课：聚划算知多少？	任务一　店铺活动 任务二　淘宝站内活动	【知识目标】： 1. 能说出店铺活动的目的； 2. 能说出店铺活动的注意事项； 3. 能罗列店铺活动的常用方法； 4. 能说出淘宝店铺活动的方式。 【技能目标】： 1. 能撰写店铺活动策划方案； 2. 能按步骤报名参加淘宝店铺活动； 3. 能选择合适的淘宝网促销活动。 【素质目标】： 1. 培养网店运营的互联网营销思维； 2. 培养自觉遵守网店从业者的职业操守的劳动意识。

项目背景

淘宝平台或其他电商平台上的店铺数量极其庞大，每天都有大量的店铺在开业和关闭。此外，网上店铺的经营状况也会受到众多因素的影响，包括商品品质、价格竞争、市场需求等。在各电商平台上，消费者可以通过查看店铺的信用评级、销售记录、用户评价等，了解该店铺的经营状况和口碑。各电商平台会提供一系列的运营工具和推广方式，帮助商家提升店铺的曝光度和销售额。同时，各平台上的店铺活动也是层出不穷，形式多样。

勤学善思

2022 年的“双 11”与往年相比，天猫、京东等平台选择“隐藏”“双 11”GMV 数据，仅表示“交易规模与去年持平”。但根据已公布的数据和第三方数据，2022 年“双 11”总交易额为 5571 亿元（截至 11 日上午 8 点），较 2021 年（天猫“双 11”总交易额 5403 亿元）同比增长 8.45%，增速放缓。2022 年的京东“双 11”开场仅 1 分钟，苹果成交额破 10 亿元。在百亿补贴的口号下，拼多多也加强了 2022 年“双 11”的宣传力度。但加入大促四年来，其声量还不如淘宝、京东等平台。第二波销售期 (10 日晚 8 点至 11 日早 8 点)，全网交易额突破 2230 亿元，包裹量达到 9.07 亿件。直播交付方面，2022 年的“双 11”，从 11 月 1 日 0 点到 11 月 11 日 8 点，以点淘、阿 auto 快消、Tik Tok 为首的直播电商交易额达到 1612.44 亿元。另外，京东在家用电器、洋酒、清洁用品上占有绝对份额；天猫在休闲零食、速食、美容护肤、香水彩妆、宠物食品上占优；而粮油、调味、饮料品类，两大主流平台则正在竞争。请登录互联网检索过去几年的互联网大促活动回答以下问题：

1. 2022 年“双 11”，天猫平台开展了哪些活动？
2. 互联网店铺促销常见的方式有哪些？
3. 面对越来越理性的消费者，你认为商家将会推出什么花式营销？

任务一　店铺活动

对店铺而言，一年 365 天不可能天天都是旺销，总有淡旺季之分。旺季自然都是忙业务，那么淡季呢？很多店铺由于业务的减少而面临关张的危机，该怎么办呢？毫无疑问，促销是一个必要的手段。如何合理运用促销策略是每个店铺、每个经销商都要面临的问题。

【任务引入】

莉莉开设年轻女性服装网店已经接近一年了，但是网店的销售额一直上不去，客户重复购买率低，但是又没有找到原因，她应该怎么办呢，有哪些技巧呢？她想参加店铺活动提升销售额，但是对于网店的运营还是不够了解，也不知道如何参加各种店铺活动，你能帮帮她吗？

1. 参加店铺活动有什么作用？
2. 常见的店铺活动有哪些，参加这些店铺活动需要注意什么？
3. 根据莉莉的需求，请你帮她设计一份店铺活动方案。

【知识链接】

（一）店铺活动的目的

店铺活动的目的可以有多种，主要有以下作用：

1 提升品牌知名度

通过店铺活动，可以增加品牌曝光度，吸引更多的潜在用户关注和认可品牌，提高品牌知名度。

2 增加销售量

店铺活动可以吸引更多的用户访问，购买产品或服务，提高销售量。通过打折促销、满减活动、限时特价等方式，刺激用户购买欲望，增加销售额。

3 促进用户互动和参与

店铺活动可以与用户进行互动，通过抽奖、评论、分享等方式，增加用户的参与度和忠诚度。

4 推广新产品或服务

店铺活动可以用于推广新上线的产品或服务，通过活动宣传和促销手段，吸引用户尝试新产品或服务，并获得用户反馈和口碑。

5 培养用户信任和满意度

店铺活动可以通过优惠、赠品或特殊服务等方式，增强用户对品牌的信任和满意度，提升用户的购物体验和忠诚度。

总之，店铺活动的目的是吸引更多用户的关注和参与，增加销售量，提升品牌价值和用户满意度。

※ **课堂讨论**

结合莉莉开设的年轻女性服装网店运营情况，你会给她什么建议，为什么？

（二）店铺活动常用的方法

促销的实质是信息沟通，商家为了促进销售，把信息传递的一般原理运用于店铺的促销活动中，在商家和消费者之间建立起稳定有效的信息联系，实现有效的信息沟通，促进顾客最终购买。另外，店铺的销售额是由客单价和顾客数（客流量）所决定的，因此要尽可能多地吸引进店客流，增加顾客交易次数以及提高客单价。常用的店铺活动有很多，不同的店铺可以根据自身情况选择合适的活动方式。

1 积分活动

设置积分兑换机制，消费者通过购买商品、评价等行为获得积分，可用于抵扣商品价格或获取会员特权。

2 优惠券和代金券

提供优惠券和代金券，可以通过线上渠道领取和使用，促进消费者购买。

3 秒杀活动

设置限时抢购，以极为优惠的价格销售产品，吸引消费者迅速下单购买（图 6–1）。

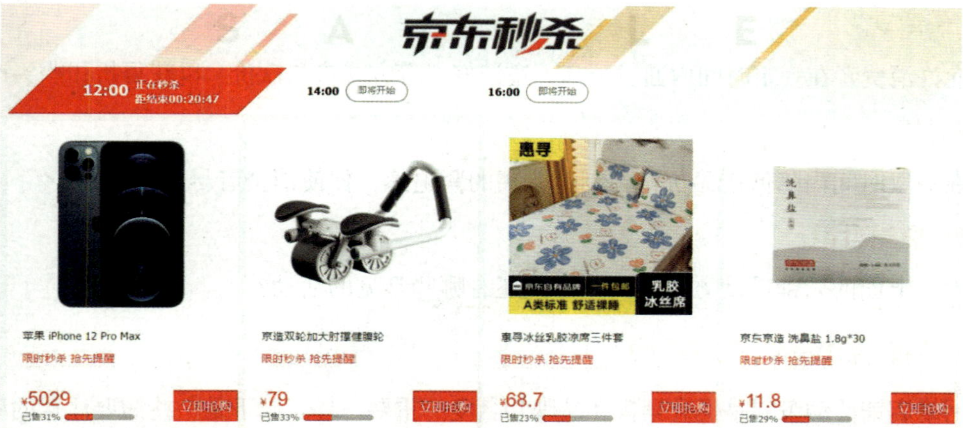

图 6–1　京东秒杀

4 满减活动

设置满减门槛，让消费者在运到一定购买金额时享受折扣，鼓励消费者增加购买量（图 6–2）。

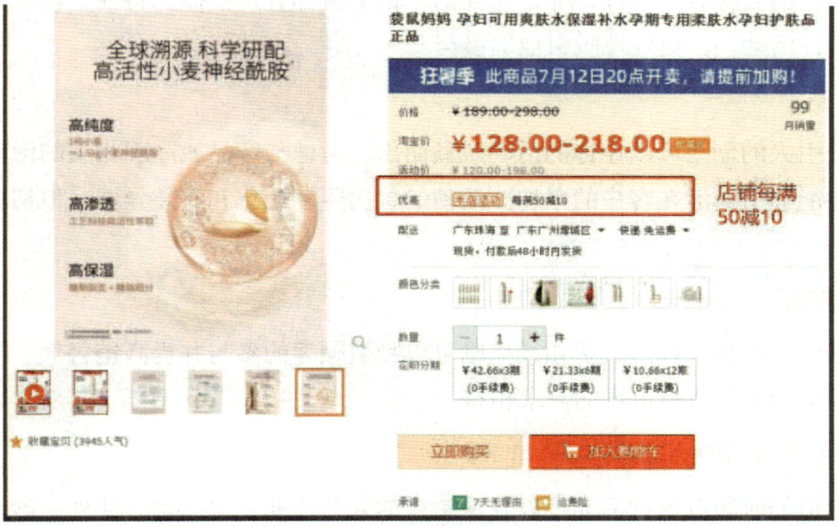

图 6–2　满减活动

5 礼品赠送

在消费者购买一定金额或指定产品时，赠送一些小礼品，增加购买的价值感。

6 团购活动

通过邀请好友或集结一定数量的购买力，以更低的价格购买产品，增强与消费者的互动（图 6–3）。

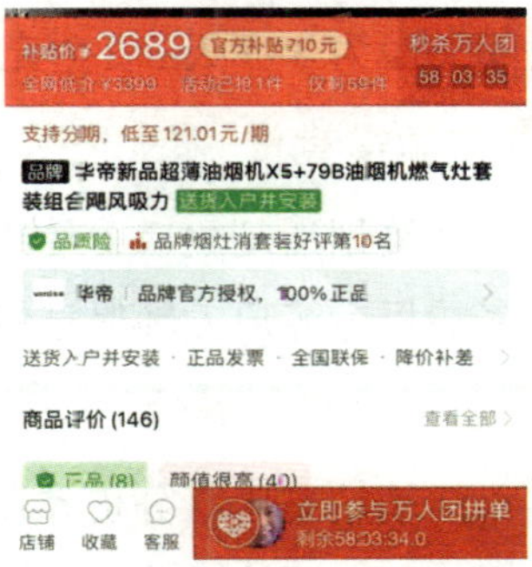

图 6–3　拼多多万人团拼单活动

7 砍价活动

允许消费者在一定时间内通过分享、邀请好友等方式参与砍价，以获得折扣购买产品。

8 限时折扣

在一段时间内降低产品价格，制造购买的紧迫感，促使消费者尽快下单。

※ **课堂讨论**

除了上面的店铺活动方式，请你说说还有哪些常见的活动？

（三）店铺活动策划注意事项

网络店铺活动策划是提升销售和品牌知名度的重要一环。以下是一些需要注意的事项：

1 确定目标

在策划活动之前，需要明确活动的目标是什么。是增加销售量，拓展客户群，增强品牌形象还是其他？确定目标有助于确定策略和度量活动成功与否。

2 定义目标群体

了解自己的目标客户群体是非常重要的。根据目标客户群体的特征，针对他们的兴趣和需求来设计活动，以更好地吸引他们参与。

3 活动创意

一个吸引人的创意可以让你的活动脱颖而出。考虑与产品或品牌相关的活动主题，并确保该创意能够引起潜在客户的兴趣。活动的层次要多元化和有差异性，但切忌活动层次太多。

4 优惠和奖励

在活动中提供特别优惠、折扣或奖励可以吸引顾客的参与并提高销售额。应确保这些优惠具有吸引力并与目标市场的需求相符。

5 活动时间和持续时间

选择合适的时间点进行活动，以确保更多的人参与和了解活动。此外，确定活动的持续时间，以便给顾客足够的参与时间。店铺活动不限定时间，就弱化了活动的效果；活动时间一般为 3~5 天，资金充足的情况下可以适当延长时间，最好不超过一周。

6 多渠道宣传

在策划活动之后，使用多种渠道进行宣传，如社交媒体、电子邮件、博客等，以吸引更多的目标客户。确保宣传内容清晰明了，能够准确传达活动信息。

7 数据分析和评估

活动结束后，分析和评估活动的效果。通过了解活动的转化率、点击率、销售增长等指标，可以评估活动的效果，并根据数据调整下一次的活动策略。

总之，网络店铺活动的策划需要综合考虑目标、目标客户群体、创意、优惠、时间、渠道和数据分析等因素，以确保活动能够达到预期效果并帮助提升业绩。

（四）店铺活动策划方案

“双 11”是指每年的 11 月 11 日，也称为“光棍节”或“购物狂欢节”。它源于中国大陆的大学生群体，最初是用来庆祝单身生活，并举办各种单身派对和活动。随着时间的推移，“双 11”逐渐演变成了中国最大的网络购物狂欢活动。“双 11”购物狂欢节在中国电商巨头阿里巴巴旗下的淘宝网首次推出，后来其他电商平台也纷纷跟进。在这一天，许多商家会推出大幅度的折扣和促销活动，吸引消费者前来购物，以达到销售额的最高峰。消费者可以通过在线下单购买各类商品，从服装、家电到食品，等等。“双 11”活动通常开始于零点，持续 24 小时。在这期间，消费者可以享受各种特价和限时优惠。为了应对庞大的订单量，电商平台通常都提前做好准备工作，包括增加仓储和物流资源，以确保订单能够及时送达。很多商家都将“双 11”作为年度销售的重要节点，通过优惠价格和宣传活动来增加销量和品牌知名度。总的来说，“双 11”已经成为中国消费者热衷的购物节日，为人们提供了一个购买心仪商品的机会，并推动了电商行业的发展和创新。

1 店铺“双 11 全民疯抢”主题促销活动策划方案

（1）活动目的

利用店铺“双 11 全民疯抢”主题活动大流量进行店铺促销，吸引流量，维护老客户，提升品牌知名度，达成销售目标。

（2）活动时间

活动时间：11 月 11 日 0 点 0 分到 11 月 11 日 23 点 59 分 59 秒

（3）促销方法

“双 11”前的预热：做好宣传海报、banner 图等在后期宣传中使用。优化活动首页，使活动首页的主题表达清楚，文字说明详细清晰，配色合理有吸引力。对详情页进行优化，设置主推宝贝详情页关联性，展现宝贝的优势。进行站内推广，打造一款商品参加聚划算活动，吸引流量；活动前 3 天利用淘宝网首页的钻石展位，吸引关注；微淘提前预热，发布活动内容，与卖家进行互动；完善店铺内容，修改店铺首页以及宝贝详情页、宝贝标题等，营造促销氛围。做好站外推广，向老客户发送促销短信，通知活动内容；通过站外宣传，在 QQ、微博、论坛等平台发布活动信息，向外推介店铺活动入口。还要进行客服培训，在活动前期对客服进行相应的培训，完善阿里旺旺快捷短语。在 11 月 1 日至 10 日 23 点 59 分推出收藏店铺领 5 元红包、加三个产品到购物车抽奖一次，以及每日 10 点、15 点 1 元秒杀 50 元的优惠券和老客户福利签到得 2 倍积分活动。

店铺全场全天的优惠：满就送活动（满 119 减 10 元、满 299 元减 20 元、满 499 元减 40 元；全场满 100 元送彩虹球、购物袋）。

“双 11”当天 00:00–00:05：全场满减升级 UP（满 299 元减 50 元，满 499 元减 70 元）。

"双 11"当天 00:00–00:05: 全场折后第二件 0 元。

"双 11"当天 00:00–20:00: 人气商品买就送指定商品。

（4）促销前的工作

选款：选择有成交记录、价格稍高、收藏量大、性价比适中、库存充足的五款宝贝参加优惠活动。

货源问题：选好促销商品，准备充足的货源，以免活动期间断货。

（5）促销过程中的工作

实时更新库存、补充货源，以免断货情况发生。加强各部门之间的协调性，保证信息及时有效沟通。跟进促销情况，调整促销页面内容。

（6）活动后的工作

做好售后及时跟进工作和活动总结，分析此次活动数据，为接下来的店铺活动提供数据支持。

【任务加油站】边学边练

进阶任务：店铺活动策划。

※【训练目的】

1. 利用所学知识进行店铺活动策划。
2. 按照店铺活动策划元素完成方案撰写。

※【任务背景】

莉莉开设的女性服装网店运营正常，现为了提升网店的销售额和品牌影响力，计划在开学季（8 月 15 日至 8 月 31 日）进行一系列的活动。请你帮帮她。

※【任务要求】

1. 活动策划方案应包含活动主题、活动目的、活动时间安排、活动规则、活动过程中的工作、活动后的工作等。
2. 活动的主题应醒目有吸引力，吸引顾客进入你的网店并参与活动。
3. 活动为打折优惠、礼品赠送等促销方法的组合。
4. 小组合作学习，共同讨论完成方案撰写。

任务二　淘宝站内活动

淘宝是中国最大的在线购物平台，经常会举办各种站内活动来吸引用户参与，促进交易，淘宝站内活动多种多样，常见的有聚划算、天天特卖、百亿补贴、淘金币、免费试用、先用后付等营销活动（图 6–4）。

图 6–4 淘宝站内活动

【任务引入】

莉莉通过学习千牛卖家平台的“营销工具”，已经可以开展店铺的活动，经营情况有所好转。但她还想参加淘宝平台站内的活动，但不知道有哪些活动和如何报名参加。请你帮帮她。

1. 淘宝站内活动有哪些？
2. 如何进行淘宝站内活动报名？

【知识链接】

（一）聚划算

聚划算是淘宝网推出的一种促销活动。在聚划算中，商家参加聚划算会将自己店铺的商品进行打包销售或提供优惠价格，以吸引消费者购买，快速打造热卖商品，为店铺引流，提高销量。通常，在聚划算活动期间，优惠的商品会以限时限量的方式出售，因此需要及时下单购买。参与聚划算活动，不仅可以享受到较低的价格和更多的折扣，还可以发现更多优质商品和品牌。对于商家来说，聚划算可以提高商品的曝光度和销售量，同时也增强了消费者对店铺和品牌的关注度（图 6–5）。

图 6–5 聚划算首页

聚划算是淘宝网为促进商家销售和提供更多实惠商品而推出的一项促销活动，让消费者能够以较低的价格购买到心仪的商品，同时也给商家带来了更多的机会和曝光度。

※ **课堂讨论**

了解与学习聚划算后，你会通过它购买商品吗？请你谈谈淘宝与聚划算的关系是怎样的？

1 适合参加聚划算的商家类型

聚划算对商品的折扣有硬性要求。在淘宝中，商品折扣和销量、利润之间存在反比关系，其中的平衡点要靠商家根据自己的运营经验来把握。虽说参加聚划算也有亏损的风险，但能在短期内产生大量的成交量获得众多新客户，新客户一开始往往是被折扣所吸引，最终能否留住客户就取决于店铺的产品和服务了。

（1）有库存压力，需要尽快出货回笼资金

此类商家参加聚划算可以快速清货，“以库存换新客户”。当然前提是一定要保证商品的质量，否则卖得越多，投诉也越多，后患无穷。

（2）希望推广品牌，快速打造爆款

参加聚划算可以快速提高商品销量，还能带动店铺的关联销售，其中品牌团还能曝光品牌，带动多款商品的成交。参加的前提是商家具有成熟的运营模式，至少发货要有保障，否则会无法消化到店流量，或者物流消化不良。

（3）为新品上市策划主题营销活动

此类商家以传统知名品牌和领先的淘品牌为主，多在新品上市期间参加活动。商家在谋划主题营销活动时，为了让消费者更深入宣传品牌和新品，会整合不少营销玩法，例如试用、签到、话题互动等，活动的后期往往会把销量落地到聚划算，把前期聚集的人气和流量在聚划算上引爆，达成销售奇迹和话题传播。

2 参加聚划算的注意事项

（1）商品的选择

虽然聚划算能够帮商家清库存，但是聚划算中的消费者可不是为了买库存商品而来的，他们对商品的要求是品质高、款式新、有质感、服务有保障，而不是为了抢旧货、淘便宜。

如果商家仅仅抱着清库存的心态做聚划算，路只会越走越窄，因此建议商家挑选应季有优势的商品参加聚划算。可以根据之前的销量数据选出评价好、收藏多、转化率高的目标商品。

（2）库存的准备

要保证货品库存充足，关键时候不掉链子。以服装商品为例，一般可以先备货3000~5000件，同时注意观察聚划算页面上款式或价格相近的商品的销量，尽量做到流量不浪费且库存不积压。

（3）商品图与关联营销

商品图片的常规设计原则是“图片优于文字，细节优于虚拍”，在图片色彩、文案撰写上可以参考在聚划算上销量好的商品，切忌文字过多和图片“山寨”。另外，在商品详情页中要做好店铺其他热销 / 高性价比商品的推荐展示，但不宜过多堆砌关联商品，关联商品区所占面积一般以两屏为宜。在聚划算推广当天，店铺要规划好促销活动，比如满 58 元可包邮、购 3 件商品有赠品等，以此提升消费者访问深度，最大限度消化到店流量。

（4）客服与物流

提前安排好人员和分工，事先准备好客服人员快捷回复短语和“Q&A”（顾客会提到的问题及回复方案），以接受买家的咨询和答疑。而物流方面要有充足的人手，同时将一部分活动商品提前打包，活动当天直接贴单发走，避免把时间浪费在打包上。另外，电子设备也要提前做好备份，尤其是找好备用打印机，避免临时出毛病。

（5）客户通知与资料收集

聚划算开始前，要做好老客户的短信通知，同时别忘记做活动前预热，可以在店铺首页提前发布聚划算开团消息，也可采用签到、抽奖、提前送优惠券等方式吸引人气。聚划算结束后，注意收集新用户的数据，以备后期做效果分析和潜力深挖。

3 聚划算的参聚类型

（1）单品团

聚划算的单品团是指在聚划算平台上以单品为单位组成的购物团。在单品团中，商家会将某款商品单独设置一个团购活动，给用户提供更加优惠的价格。与传统的多人团购不同，单品团购更注重单品的特殊价值和独特性，为消费者提供具有竞争力的价格和购物体验。

（2）品牌团

聚划算的品牌团是基于品牌限时折扣的营销模式。品牌团的核心特点是聚集了一批知名品牌商家，通过团购的方式来实现更低的价格。消费者可以在聚划算品牌团购买到正品保证的商品，享受较大的优惠折扣。

（3）主题团

聚划算的主题团是淘宝推出的一种促销活动形式，通过特定的主题分类，将相关商品进行集中展示和销售，如家装特权定金 3 天主题团。这种团购方式可以帮助消费者获得更多的折扣和优惠，同时也能够提高商家的销售量（图 6–6）。

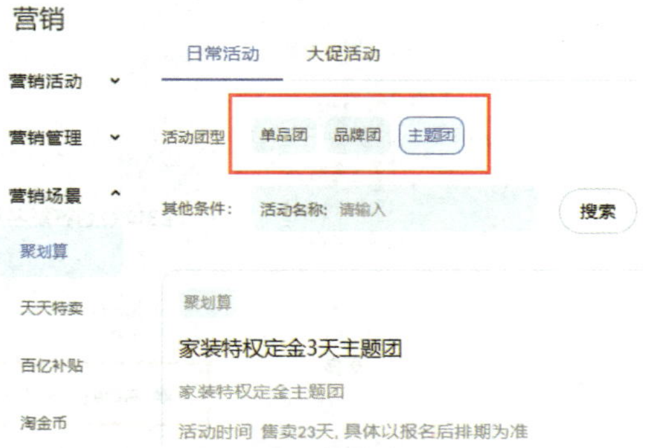

图 6–6 参聚类型

4 聚划算活动报名流程

步骤 01 登录淘宝，进入“千牛卖家中心”，点击左侧栏目的“营销”，再点击“聚划算”，如图 6–7、图 6–8 所示。

步骤 02 点击“日常活动”或者“大促活动”，可以查看有哪些活动是店铺符合参加条件的。若是不符合，活动框的右下角会直接显示“不可报”，如图 6–9 所示。

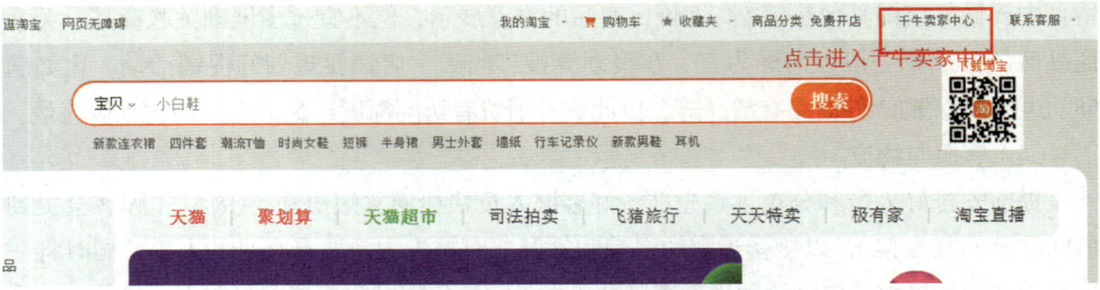

图 6–7　进入千牛卖家中心

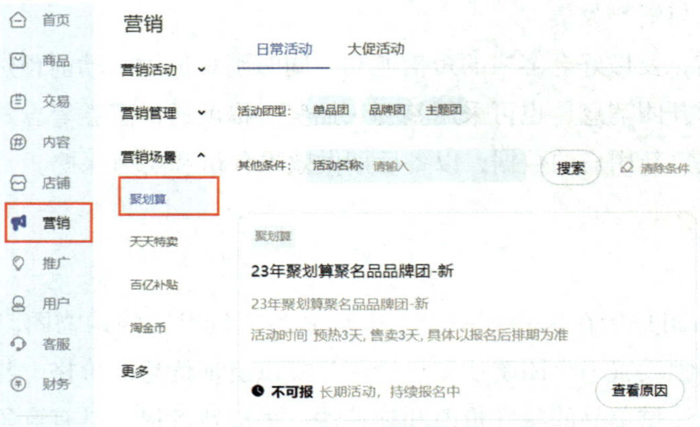

图 6–8　进入聚划算

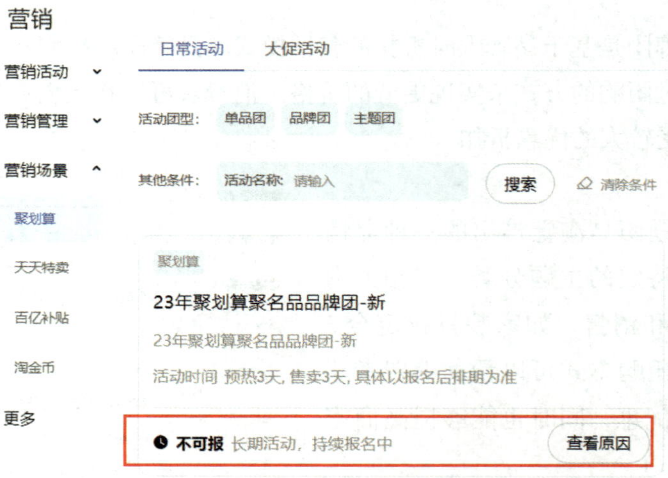

图 6–9　活动报名查看

步骤 03　点击“查看原因”。可以很清晰地了解到该活动的报名要求以及我们自己的店铺资质，如图 6–10 所示。

步骤 04　完善店铺资质，找到符合我们店铺参加的活动，按照“了解详情—协议签署—填写基本信息—商品信息设置—商品素材设置—完成报名”进行报名即可，如

图 6–11 所示。最后选择商品，在符合条件的商品后点击“提交”，根据提示填写商品详情后则完成报名。

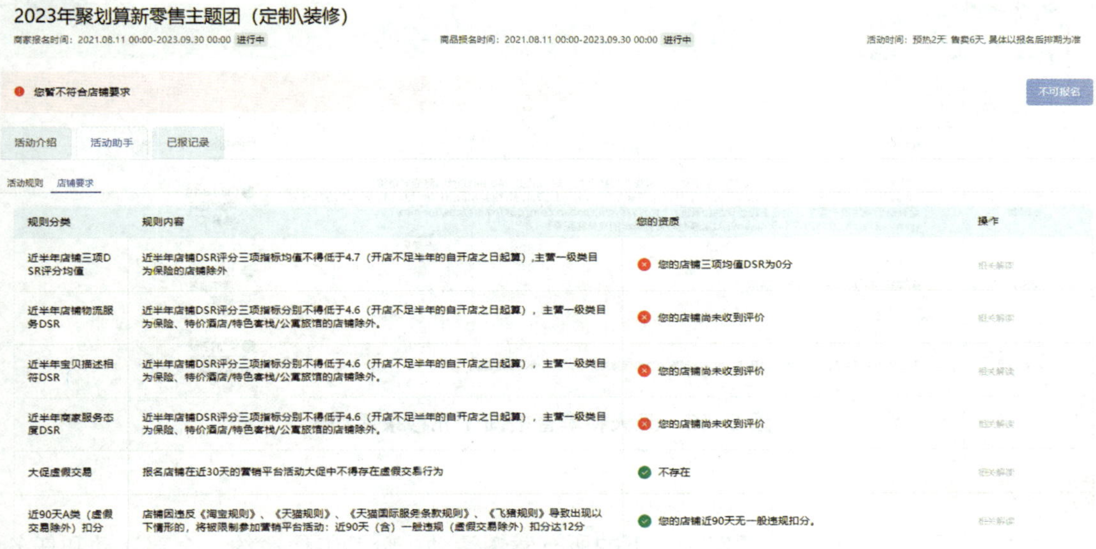

图 6–10　资质查看

图 6–11　活动报名流程

（二）天天特卖

天天特卖是淘宝网推出的每日促销活动，旨在为用户提供更多的优惠购物机会，主营性价比较高的商品，致力于为消费者提供更具性价比的商品和更便捷安心的购买体验，适合产业带商家和拥有此类商品的商家报名参与。在每天的特卖中，淘宝会为用户推荐一些热门商品或品牌以折扣价进行销售。商品范围非常广泛，涵盖了各类商品，如服装、鞋包、数码产品、家居用品、美妆护肤等。用户可以根据自己的兴趣和需求，在特卖页面浏览并选择心仪的商品进行购买（图 6–12）。

图 6–12　天天特卖首页

1 活动规则与店铺要求

参加天天特卖营销活动一定要认真查阅活动的介绍、活动规则和店铺要求。“活动介绍”栏通常都会说明活动时间、报名时间、包邮说明、活动玩法、活动介绍等详细信息。通过“活动助手”栏查看活动规则和店铺要求，了解服务规则、商品规则、店铺的要求等信息（图 6–13）。

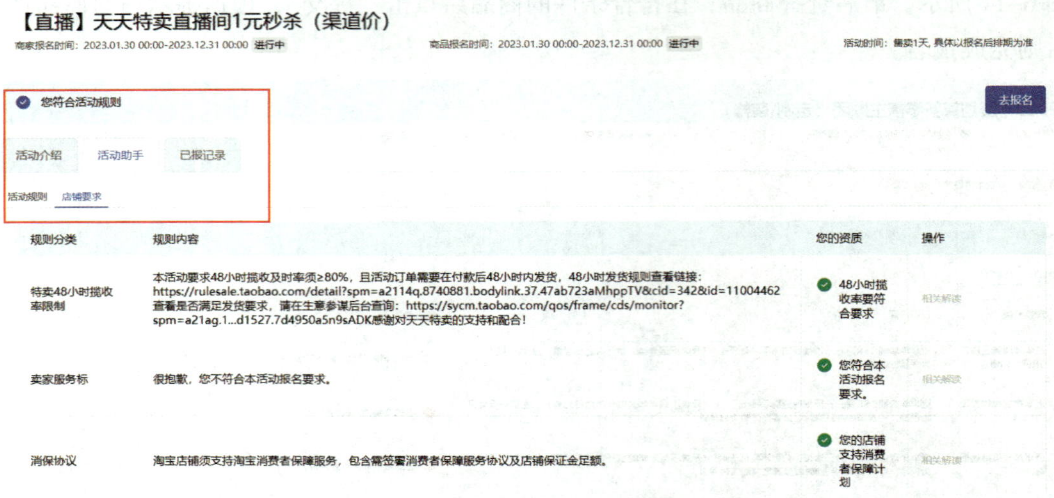

图 6–13　天天特卖直播间 1 元秒杀活动

2 天天特卖分类

淘宝天天特卖活动当前营销场景下的所有营销活动，分为专属邀约、全部活动和任务三类。“专属邀约”是平台依据店铺各类经营指标和综合经营情况，在当前营销场景下向商家发出适合其参与的营销活动。“全部活动”是当前营销场景下所有处于报名阶段的活动。“任务”是各营销场景下与该店铺相关的待完成任务，主要包括活动盘货任务、表格收集任务等。

3 天天特卖活动报名流程

步骤 01　登录淘宝，进入“千牛卖家中心”，点击左侧栏目的“营销”，再点击“营销场景—天天特卖”，如图 6–14、图 6–15 所示。

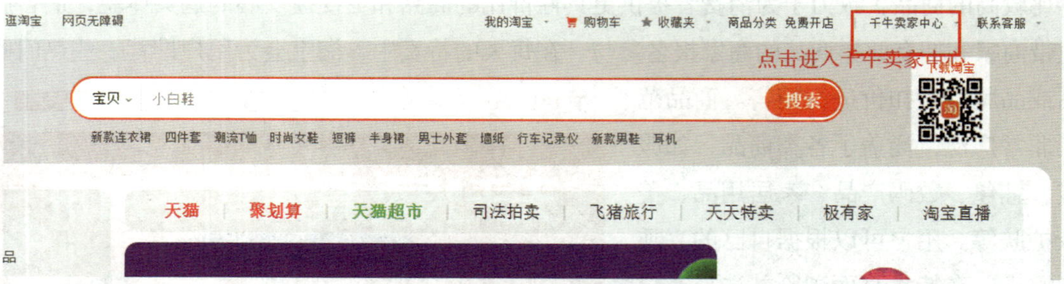

图 6–14　进入千牛卖家中心

步骤 02　点击“专属邀约”“全部活动”或“任务”，查看符合店铺参加的活动。点击“立即报名”进入报名界面后，点击“活动介绍”和“活动助手”了解该活动的规则和店铺的要求，若要参加该活动则继续点击“去报名”，如图 6–16 所示。

步骤 03　点击“去报名”后，按照步骤流程“协议签署—填写基本信息—商品信息设置—商品素材设置—完成报名”进行即可，如图 6–17 所示。

图 6–15　进入天天特卖

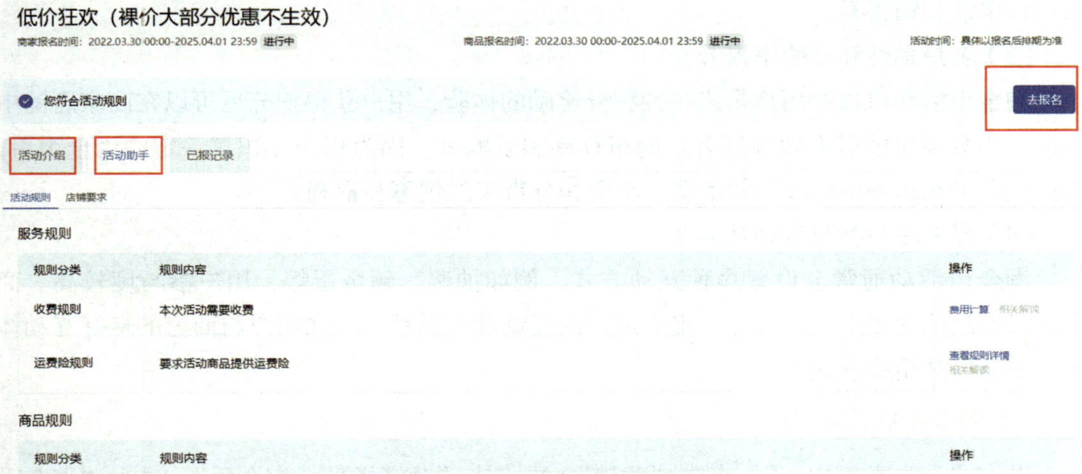

图 6–16　活动规则与店铺要求查看

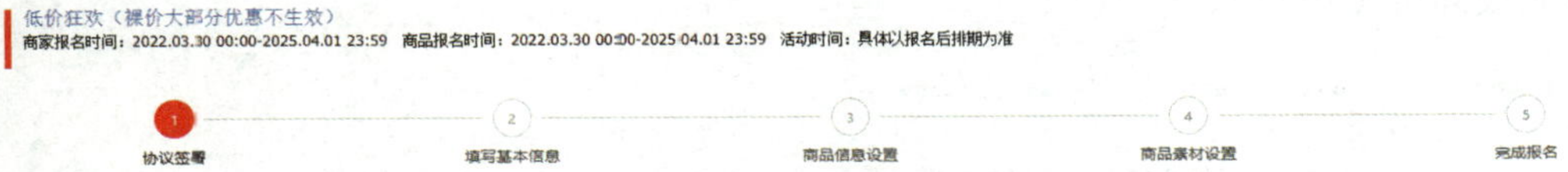

图 6–17　活动报名流程

（三）淘金币营销

淘金币，作为淘宝官方的一种营销工具，旨在鼓励用户在购物过程中积极参与活动并获取金币奖励。参与淘金币活动，用户可以通过商品购买、签到任务、分享活动等多个途径获得金币奖励，这些金币可以抵扣购物金额或者兑换平台其他福利，于买家及卖家而言都有好处。对于买家来说，淘金币相当于一张优惠券，或者可以进行重复消费的折扣卡；对于卖家而言，淘金币是一种营销手段，可以用从买家手中赚来的淘金币进行店铺收藏和宝贝抵钱等活动。

❶ 淘金币的营销价值

淘宝淘金币营销活动对商家而言，有利于增加曝光度和流量，提高购买意愿和转化率，提升客户黏性和复购率，增强用户参与度和互动性。这些优势有助于商家在淘宝平台上扩大业务规模，提高销售额和品牌价值。

（1）增加曝光度和流量

淘金币活动能够吸引大量用户参与，通过优惠券、抽奖等方式，有效增加商家店铺的曝光度和流量。参与淘金币活动的用户通常会在活动期间频繁浏览商家的商品和页面，提高了商家的知名度和品牌信任度。

（2）提高购买意愿和转化率

淘金币作为一种虚拟货币，在淘宝平台上具有一定的购买力。商家可以通过淘金币活动给用户提供优惠券、返现等奖励，促使用户更有购买意愿。这样可以提高用户转化率，增加订单量和销售额。

（3）客户黏性和复购率提升

淘金币活动可以给用户带来一种积分奖励的体验，用户获得积分后可以在商家店铺中使用。积分系统能够有效提高客户的留存率和复购率，因为用户在积累一定的淘金币后，会更倾向于在店铺中继续购物消费，享受积分带来的优惠和福利。

（4）提高用户参与度和互动性

淘金币活动通常会设置多种互动方式，例如抽奖、砸金蛋等，用户参与度较高。商家可以通过活动吸引用户参与，提高用户的互动性和黏性，增加用户与商家的良好互动体验，进而提升品牌忠诚度。

❷ 开通淘金币账户的步骤

进入“千牛卖家中心”，点击“营销”，再点击“营销场景—淘金币”，进入“淘金币卖家服务中心”，点击“立即开通”即可进入开通淘金币账户界面，只要满足开通条件则按步骤完成即可（图 6–18）。

图 6–18　开通淘金币账户

❸ 淘金币工具

淘金币的工具总体分为六类，分别是淘金币全店抵扣工具、淘金币频道基础推广、超级抵钱频道推广、淘金币店铺粉丝运营、直播间亲密度兑淘金币、淘金币流量保障。

（1）淘金币全店抵扣工具

全店金币抵扣工具是指，在买家下单购买店铺支持抵扣的商品时，可使用淘金币抵扣一定比例的商品金额，即 100 淘金币抵扣 1 元（100 淘金币 =1 元）。工具开启后，店铺可获得相应的金币（买家抵扣的淘金币的 70% 到您淘金币账户，30% 回收到淘金币平台）。举例：店铺 A 商品淘金币抵扣比例 3%，活动价 100 元，当用户淘会币足够时，购买商品实际支付金额：97 元 +300 淘金币；则店铺可获得 300 × 70%=210 淘金币。当用户确认收货时，淘金币即可转到卖家淘金币账户。

全店抵扣比例修改，可直接点击抵扣比例，实时生效。不抵扣商品的设置修改务必注意每次添加或者删除不抵扣商品时，均需要将当下所有不抵扣的商品全部重新复制粘贴进去，进行调整，调整完成后一般 3 小时内生效。

（2）淘金币频道基础推广

淘金币频道推广工具是算法个性化推荐，系统自动识别转化效率较高的推广类型，并按用户点击率消耗商家淘金币，全方位、综合性地提升展示效率，助力商家淘金币频道成交转化。商品展示不收取淘金币，买家点击商品时收取淘金币。淘金币频道推广工具的开通需先开通“抵扣工具”（图 6–19）。

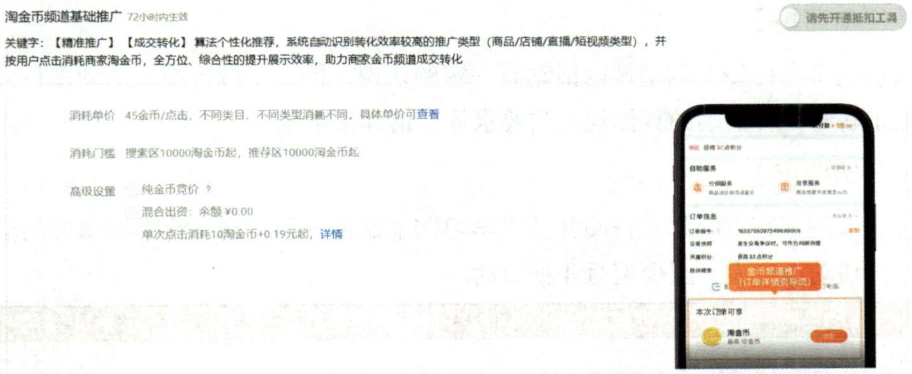

图 6–19　淘金币频道推广工具的开通界面

（3）超级抵钱频道推广

淘金币超级抵钱对在线活动商品进行精准推广和成交转化，是算法个性化推荐，并按用户点击率消耗商家淘金币，全方位、综合性地提升展示效率，助力商家淘金币频道成交转化（图 6–20）。

（4）淘金币店铺粉丝运营

淘金币店铺粉丝运营工具是指卖家在淘金币频道内好店任务专区，按每日浏览店铺任务完成人数、关注店铺人数、点击活动商品人数，观看直播人数、支付“淘金币”或“淘金币 + 现金”给淘金币官方账户的方式进行店铺粉丝运营的工具，淘金币帮助商家新增粉丝，提升优质的商品点击率和增加直播内容观看人数，建立粉丝和商家的日常密切联系，大幅提升粉丝活跃度，为店铺长期引流（图 6-21）。

（5）直播间亲密度兑淘金币

开通该工具需先开通“抵扣工具”。商家通过发放淘金币奖励，引导粉丝更多参与直播间内互动和购买，使直播间获得更高的流量加权。

（6）淘金币流量保障

淘金币流量保障工具分为店铺保量和直播间保量两种形式。通过保量计划，商家可以根据自己的需求，自由选择进店或进直播间的确定性展示机会，为店铺或者直播间引流吸粉。

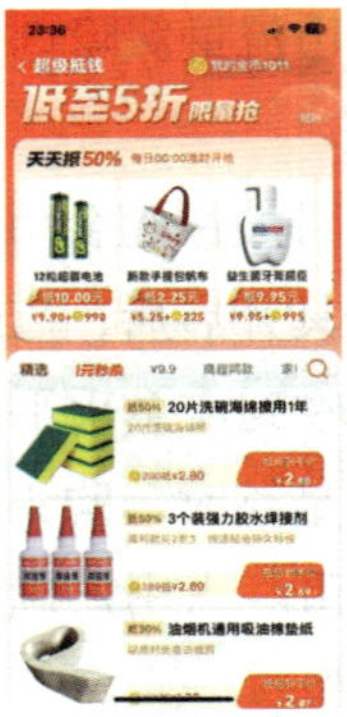

图 6-20　超级抵钱推广

图 6-21　店铺粉丝运营

【任务加油站】边学边练

进阶任务：编制淘宝站内活动信息表。

※【训练目的】

明确淘宝站内活动的内容信息，扩大店铺运营的知识储备。

※【任务背景】

莉莉通过学习已经对淘宝站内活动有一定的认识，但由于淘宝站内活动多种多样，她需要清楚了解每一种活动的具体规则与要求等。请你帮帮她。

※【任务要求】

通过登录淘宝官方网站，查阅并认真学习淘宝站内各种活动，将学习掌握的信息编制成淘宝站内活动信息表，至少填写 4 种活动。

序号	活动名称	规则与要求	应注意事项	活动作用
1				
2				
3				
4				

画龙点睛：项目总结

本项目所学习的营销活动是网店运营增益的重要途径。通过项目六所学，认识了网络店铺常用的营销方式，了解淘宝网活动推广的传播方式，掌握淘宝网活动促销的方式方法，能够根据店铺情况选择合适的营销活动为网店运营增益。在此基础上，进一步强化网店从业人员应具备的职业技能，为成为一名合格电商人奠定理论与技能基础。

视野拓展：案例分析

店铺营销分析：

淡季营销之如何让店铺销量不“淡”？

市场淡季时企业才最需要用心经营，那么在行业市场步入淡季时，如何经营，才能使企业淡季不淡，依然有丰厚的收益，至少可以让企业顺利地度过淡季的严冬呢？

各个类目淡旺季时间都不一样。以女装为例，每年 1 月份前半月为前一年年底的旺季销售，交易指数还是比较可观的，后半月受到过年的影响，呈现下滑趋势，而往往 2 月份是全年的销售低谷，3 月到 5 月都是处于一个增长期，6 月份则是淘宝的年中大促，是交易指数爆发的时间段，7 月份开始步入淡季，一直到 9 月份，10 月份开始进入销售旺季，“双 11”“双 12”更是一年的销售最高峰。那么我们所要做的淡季营销，就集中在每年的 7 月、8 月、9 月了。

很多店铺的产品销量到了销售淡季就一落千丈，这时并不是店铺的产品销售不出去，而是许多店铺存在淡季营销思想。所谓淡季营销思想就是到了销售淡季，店铺认为目标客户暂时不再购买产品，店铺无论怎么努力，产品的销量也不大，所以促销活动不做了，市场开发力度降低了，客户维护暂停了，经营策略趋向僵化。这些活动的结果直接导致销售业绩越来越低，而店铺却将其归结为销售淡季的原因，结果是每一个淡季销售人员都不努力，使店铺陷入一个淡季销量下降的怪圈之中。

在销售淡季，我们需要明白客户此时的需求为何减少，找准消费者对产品的需求点，然后抓住需求，创造需求，引导消费，提升销售业绩。可从以下几点出发：

① 价格优惠刺激顾客购买

我国绝大多数消费者对商品的价格很敏感。淡季商品由于其供求关系的不平衡决定了其价格低廉，相对旺季产品居高不下的价格，越来越多的消费者青睐于换季购买，求得价格实惠。例如许多大商场里出现的羽绒服热销现象就是价格起主导作用，许多知名品牌羽绒服在夏季的销售量往往超过了冬季。分析其原因，在冬季售价 400 多元的羽绒服，在夏季仅售 200 多元，巨大的价格反差直接刺激了消费者的购买，对消费者来说，淡季购买会得到更多的实惠。所以商家可以从价格入手，在淡季，多做一些反季促销、清仓等活动，通过低价来刺激消费者购买。

② 精准投放提高转化率

我国地域辽阔，四季分明。季节的变化导致气候的变化，也使成许多产品出现了淡旺季的现象。服装业对气候的反应强烈，气温的上升或下降都影响着服装的销售，人们对不合季节的产品需求少，但是准确预测气温的变化，判断消费者的季节需求，将极大地影响淡季销售业绩。同样由于地域缘故，在干旱少雨的西北卖不动的雨伞到了多雨的江南就会旺销；在北方 9 月后杀虫剂等农药就没有市场，但是在南方却四季畅销；北方哈尔滨冬天雪花飘飘，而海南却温暖如春。地理位置的不同造就不同的消费需求，此地的淡季恰是彼处的旺季。在淘宝里，有着各种活动可以进行精准的人群投放，不管是直通车还是钻展或其他活动方式，商家都需要针对产品进行市场调研，进行更加精准的售卖，而不是一味地进行投放与展示，导致花钱引进了流量却没有多少成交，拉低了产品的转化率。

3 内容化运营改变目标群体观念

有很多产品出现销售淡季仅仅是人们的消费观念造成的。如冷饮、糖果、啤酒等消费品，人们对这些产品的需求在一定时期不太强烈，造成销售淡季。但是消费观念只是消费者心中的一种看法，消费者的消费观念是可以改变的。消费观念的改变使这部分消费者成为淡季销售的一个重要目标群体。 淘宝店铺线上营运如何改变目标群体的观念呢？通过内容化运营，在店铺内多做一些内容化营销，可以通过拍摄短视频或场景代入，强化消费者的购买欲。例如，啤酒销售淡季是冬季，商家在店铺内拍摄一个短视频是一群人围着火锅酣畅淋漓地吃着肉，喝着啤酒，表达出大口喝酒的爽快感，让消费者产生也想试试的想法，从而促进成交。

※ 案例讨论

1. 本案例在店铺营销活动方面做了哪些工作？你怎么看待这些做法？
2. 假如你是女性服装店店主，你会为店铺的淡旺季做哪些努力？

※ 总结

淡季销售的好坏决定旺季回头客的多少。销售永远不能被动防守，只有主动出击，做好网店的营销活动策划，做好店铺粉丝的运营，店铺才能蒸蒸日上。

※ 辅助学习资料

更多拓展案例

知识延伸

学以致用：巩固检测

请结合本项目所学，完成以下练习：

扫码，完成在线检测题

扫码，核对参考答案

1. 提高客单价的常用工具有（　　）。(单选题)

A. 好评返现　　B. 淘宝卡券　　C. 包邮

2. 活动要有时效性：活动不限定时间，就弱化了活动的效果；活动时间一般为（　　）天，资金充足的情况下可以适当延长时间，最好不超过一周 (单选题)

A. 3~5　　B. 4~6　　C. 5~7

3. “淘宝双十一”指每年（　　），“光棍节”之所在。(单选题)

A. 10 月 10 月　　B. 11 月 11 月　　C. 12 月 12 月

4. 以下优惠券金额设置较为合理的一项是（　　）。(单选题)

A. 1 元满 100 元可用　　B. 20 元满 100 元可用　　C. 90 元满 100 元可用

5. 天天特卖活动时间为：(　　) (单选题)

A. 当前一个星期　　B. 当天 0 点到 24 点　　C. 当天 8 点到 20 点

6. 淘金币抵扣一定比例的商品金额，即 100 金币抵扣（　　）元。(单选题)

A. 1　　B. 2　　C. 10

7. 基于品牌限时折扣的营销模式属于哪一类型的聚划算活动？（　　）(单选题)

A. 单品团　　B. 品牌团　　C. 主题团

8. 活动层次要多元化和有差异性，活动层次越多越好。(判断题)

○ 对　　○ 错

9. 天天特价是全场不免邮的，所以需要买家自行承担邮费。(判断题)

○ 对　　○ 错

10. 对于店铺来说，一年 365 天可以天天都是旺销。(判断题)

○ 对　　○ 错

11. 在淘宝中，商品折扣和销量、利润之间存在正比关系，其中的平衡点要靠商家根据自己的运营经验来把握。(判断题)

○ 对　　○ 错

12. 参加聚划算一定能获利，没有亏损的风险。(判断题)

○ 对　　○ 错

13. 淘金币频道推广工具的开通需先开通“抵扣工具”。(判断题)

○ 对　　○ 错

14. 门店的销售额是由客单价和______________所决定的。(填空题)

15. 对于买家来说，淘金币相当于一张______________，或者可以进行重复消费的折扣卡。(填空题)

匠心精研：实操演练

项目六实训

项目六综合实训　营销活动

实训要求：

请打开活页实训任务指导书，完成项目六综合实训。

序号	实训项目	实训要求
1	实训 1　店铺活动策划及“免费试用”活动报名	（1）按营销活动要求，为莉莉门店撰写营销活动策划方案，要素包含活动目的、活动时间、促销方法、促销前工作、促销中工作、活动后工作等。 （2）了解平台营销活动的种类，掌握平台“免费试用”报名程序，并根据实训步骤，完成“免费试用”活动报名，摸索其他营销活动的规则与要求并尝试报名。

评价与反馈：淬炼思政

请结合项目六的学习表现及收获，填写下表，完成学习评价：

项目	学习任务	学习目标	学习评价			总评
			自评 30%	小组评 20%	教师评 50%	
营销活动	任务一　店铺活动 任务二　淘宝站内活动	【知识目标】： 1. 能说出店铺活动的目的； 2. 能说出店铺活动的注意事项； 3. 能罗列店铺活动的常用方法； 4. 能说出淘宝店铺活动的方式。				
		【技能目标】： 1. 能撰写店铺活动策划方案； 2. 能按步骤报名参加淘宝店铺活动； 3. 能选择合适的淘宝网促销活动。				
		【素质目标】： 1. 培养网店运营的互联网营销思维； 2. 培养自觉遵守网店从业者的职业操守的劳动意识。				
学习综合评分						
学习收获						

项目七　引流与数据分析

项目概览图

项目	学习任务	学习目标
项目七 引流与数据分析 微课：直通车推广	任务一　站内引流 任务二　站外引流 任务三　生意参谋	【知识目标】： 1. 能说出淘宝网活动推广的传播方式； 2. 能说出站外活动推广的传播方式和操作技巧； 3. 能说出生意参谋的各个功能模块。 【技能目标】： 1. 能使用淘宝网站内推广传播的方式方法进行推广； 2. 能使用淘宝网站外推广传播的方式方法进行推广； 3. 能使用生意参谋进行淘宝数据分析； 4. 能根据数据分析结果并做出相应决策。 【素质目标】： 1. 培养学生信息管理意识，初步培养学生分析问题、解决问题的能力，以及勇于克服困难的精神； 2. 培养学生乐于钻研的精神和勇于挑战自我的竞争意识，提取有用信息的能力。

项目背景

店铺有了规划并且策划好了活动方案，但淘宝上卖家店铺众多，如何引导买家进入我们的店铺呢？这就需要引流。作为新店铺，零信誉零销量，通过搜索带来的流量非常少，对于资金有限的新手卖家，还需要通过其他的免费引流推广活动来提高店铺流量。

网店的运营，从选择行业、开始进货到货物上架、设定价格，再到爆款的打造、库存的管理等，都离不开相应的数据分析。

勤学善思

蒙牛于2015年9月推出天猫专供进口奶品牌“鲜语牧场”，与阿里进行独家合作，作为集团“国际化”和“数据化”战略试点，通过阿里大数据贴近消费者的需求，在天猫上为消费者提供新鲜优质的进口奶。

鲜语牧场旗舰店于9月底上线，希望在“双11”打造品牌影响力，实现销量快速提升。然而与所有进口新品牌一样，鲜语牧场在新市场的品牌建设和提升消费者好感方面面临挑战，如何带动店内流量和会员的积淀成为重要课题，加之进口奶消费者面临众多的品牌选择，能否在众多品牌中脱颖而出是鲜语牧场亟待解决的问题。

“双11”期间，鲜语牧场通过御膳房的大数据营实现了骄人业绩，进口奶品类秒杀销量冠军，行业买家数第一，真正让新鲜的进口牛奶变得唾手可得。

结合案例，思考以下问题：

1. 店铺流量低，怎样提高访问量？
2. 淘宝网站内，站外推广传播的方式方法有哪些？
3. 如何利用生意参谋做好店铺数据分析，提升店铺经营效益？

任务一　站内引流

淘宝店铺搭建之后，面临的首要任务就是提升流量，没有流量就没有成交。怎么做店铺推广、店铺引流？一般而言，对于淘宝首当其冲的就是店铺流量问题，没流量、流量少，谈何成交？那么究竟应该作哪些工作呢？

【任务引入】

东东的网店已经在淘宝网开设成功，店铺装修和产品上架都已经完成，满怀期待地等待着顾客光顾店铺，浏览产品。但由于新开店铺客流量低，东东也不知道有什么好的办法和途径将店铺和产品推广给顾客，一时之间很着急。你能帮帮他吗？

淘宝网站内有供卖家引流推广的工具吗？有哪些？它们之间有什么不同？适合哪些卖家使用？

根据东东的情况，你会给他推荐哪些方式方法来帮他做好店铺推广？为什么？

【知识链接】

（一）直通车

淘宝直通车是一款帮助卖家推广商品或店铺的营销工具。通过对买家搜索的关键词的展现位置出价，从而将宝贝展现在高流量的直通车展位上，也可自行选择在哪些买家跟前展现，让宝贝在众多商品中脱颖而出。

1 进入直通车

步骤 01　登录淘宝，进入“千牛卖家中心”页面，在左侧导航条里找到并单击“推广”（图 7–1）。

步骤 02 在右侧找到并单击“直通车”按钮。若未订购直通车则直接跳转到订购页面，若已订购则进入直通车操作平台首页（图 7–2）。

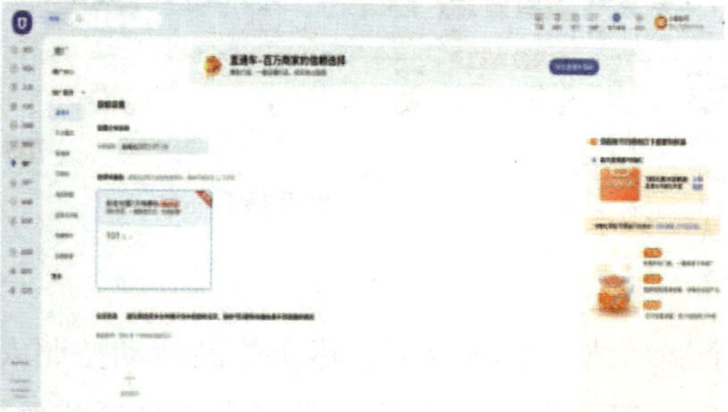

图 7–1 千牛卖家中心页面

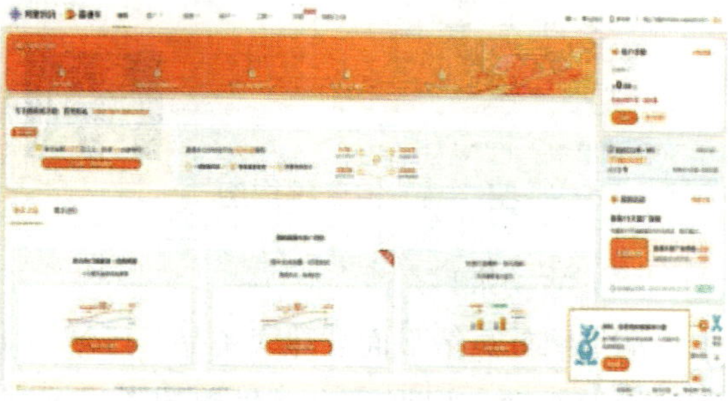

图 7–2 直通车操作平台

注意：

目前申请加入直通车，店铺需要同时满足以下条件：

① 信用等级大于等于 2 星，店铺动态评分各项大于等于 4.4 分。

② 店铺主营商品所属的类目需要先加入消保，并缴纳保证金（图 7–3）。

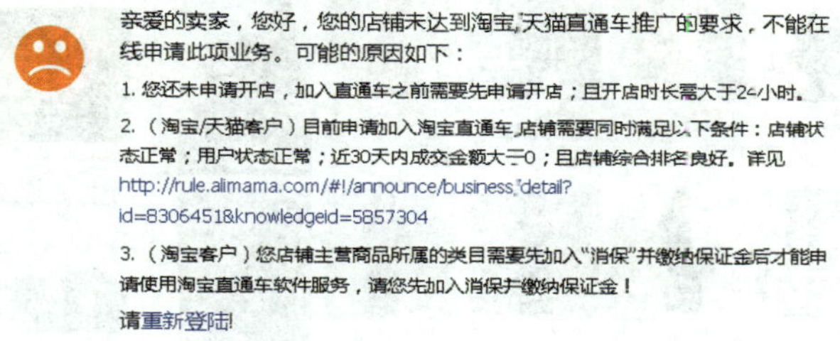

图 7–3 不能申请原因

2 直通车推广方式及宝贝展示位置

被直通车推广的宝贝在淘宝网多处位置显示广告，流量巨大，可以大大提高宝贝的曝光率，为卖家带来更多潜在客户。

（1）搜索推广

搜索营销的原则是按词推广，精准匹配。通过关键词搜索，在搜索结果页面右侧有 12 个竖着的“掌柜热卖”展示位，页面底部有横着的 5 个“掌柜热卖”展示位。例如，搜索“女装”，搜索结果如图 7–4、图 7–5 所示，搜索页面可一页一页往后翻，展示位以此类推。类目搜索结果页面的展示位置同样如此。

（2）店铺推广

店铺推广是基于搜索营销推出的一种新的通用推广方式，可以向具有较模糊购买意向的买家推广店铺中的多个商品，店铺推广的展示位有站内和站外两种。其中第一种是淘宝关键词搜索页面右侧“掌柜热卖”下方的“店家精选”区域的 3 个展示位，如图 7–6 所示。

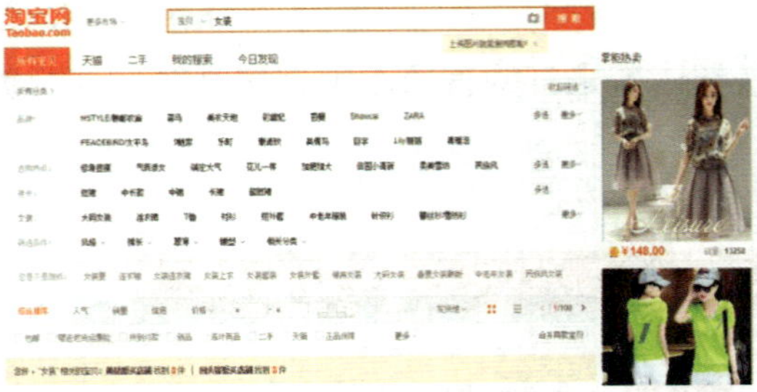

图 7–4　搜索推广图

图 7–5　搜索推广

（3）活动推广

淘宝网首页最下面“热卖单品”区域有 12 个展示位，如图所示。热卖单品活动按照人群定投的原理，根据买家感兴趣的类目展现宝贝，展现概率与出价以及点击率高低相关。同时，所有报名成功的宝贝，会匹配相关性较高的宝贝展现至其他活动展位（图 7–7）。

图 7–6　店铺推广

图 7–7　活动推广

（4）定向推广

定向推广是一种人群定向，从细分类目中抓取那些特征与买家兴趣点匹配的推广宝贝，展现在目标客户浏览的网页上，帮助锁定潜在买家，实现精准营销。

定向推广的展示位主要分布在旺旺买家版每日焦点的“热卖”部分、我的淘宝“已买到的宝贝”页面下方的“热卖单品”区域、物流详情页的“热卖单品”区域、收藏列表页的“热卖单品”等。图 7–8 为我的淘宝“已买到的宝贝”页面下方的“热卖单品”区域。

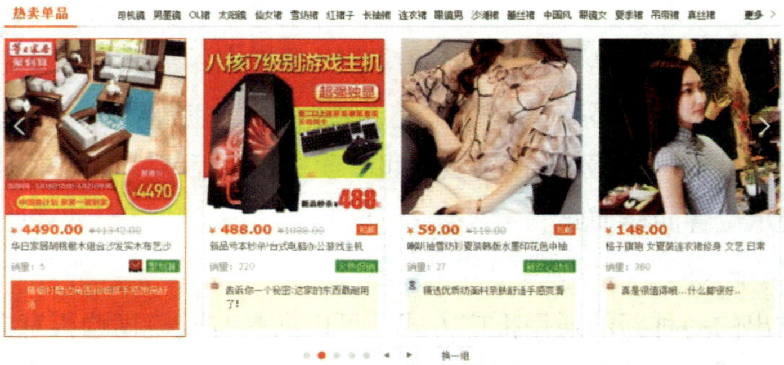

图 7–8　定向推广

（5）明星店铺

当你已经拥有较为成熟的品牌或较高的店铺营销能力，希望能进一步做好品牌营销，可以考虑申请明星店铺功能。

天猫和淘宝集市都有明星店铺，买家搜索不同关键词时，会显示对应的店铺。同时请掌柜们明确两家店铺的搜索关键词是不同的。明星店铺对天猫旗舰店用户的最新要求是，天猫旗舰店用户的品牌词须与对应店铺名称完全一致。搜索关键词即店铺名称。

明星店铺在淘宝集市目前仅对获得字号保护的店铺开放，搜索关键词即对应的字号。

举例说明：我有两家店铺："淘小宝旗舰店"（天猫）和"淘小宝小店"（淘宝网，字号是"淘小宝"），则："淘小宝旗舰店"对应的搜索关键词是"淘小宝旗舰店"，"淘小宝小店"对应的搜索关键词是"淘小宝"。

开通了明星店铺的卖家，可以对其推广信息设置关键词和出价。当买家在淘宝网搜索相关关键词时，在搜索结果正下方的位置就会展现明星店铺的创意，包括店铺 Loco，店铺名称，进入店铺的文字链，品牌创意 banner，店铺宝贝图片等，点击可以直接进入店铺（图 7–9，图 7–10）。

图 7–9　明星店铺（一）

图 7–10　明星店铺（二）

（6）站外投放

直通车外投就是把你推广的商品投放在淘宝以外的网站上，以 banner、文字链、搜索栏等形式展现，并根据系统对数据的分析，锁定人群，匹配相应的宝贝，从而将外部消费者吸引到专门展现直通车宝贝的页面。

可以在直通车客户操作系统后台设置投放平台，打开"网站列表"查看到部分合作网站，如图 7–11 所示。

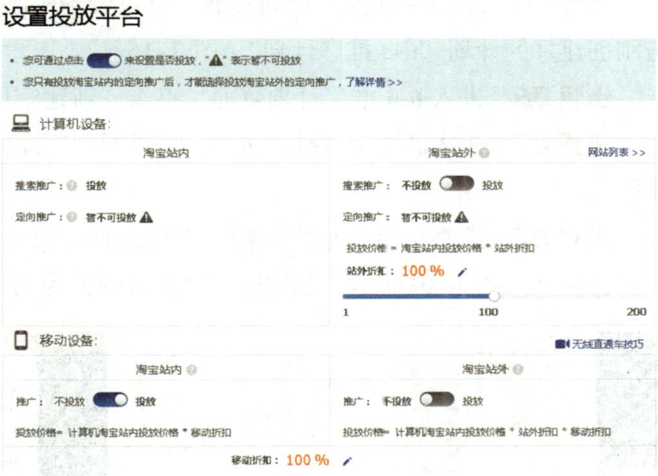

图 7–11　站外投放

※ 课堂讨论

直通车推广能给店铺带来哪些明显的效果？

3 直通车推广步骤

步骤 01　进入淘宝直通车首页（图 7–12）。

步骤 02　点击页面左侧导航栏处的"推广计划—标准推广"，再点击"新建推广计划”按钮（图 7–13）。

步骤 03 输入新建推广计划的名称，如“test 推广计划”，然后点击“提交”（图 7–14）。

步骤 04 显示“已成功创建推广计划”，并提示还可以创建 / 设置管理推广计划或新增宝贝推广（图 7–15）。

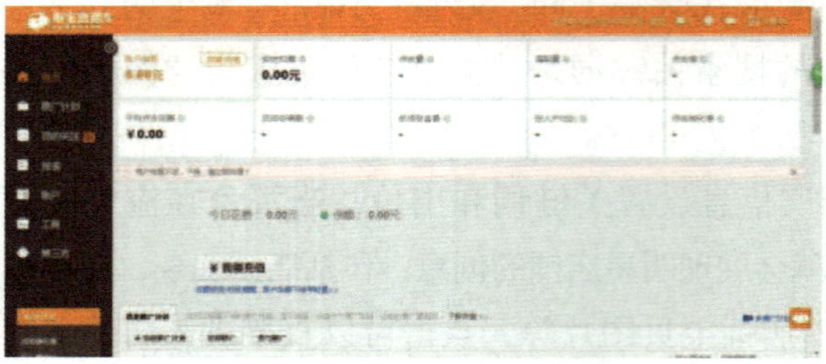

图 7–12 淘宝直通车首页

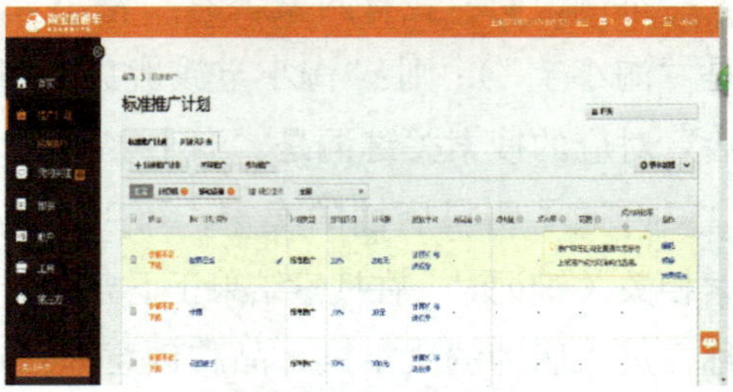

图 7–13 新建推广计划

图 7–14 test 推广计划

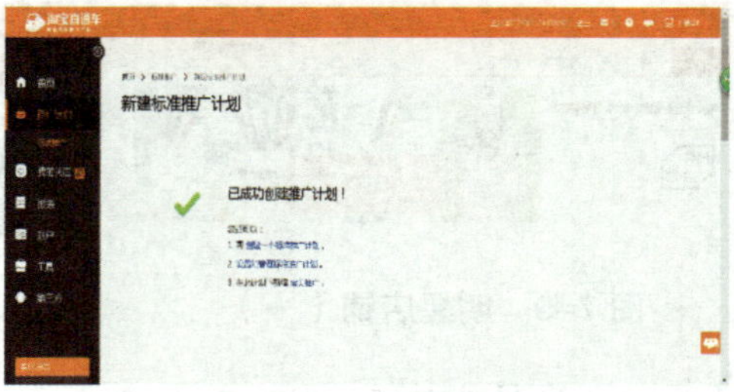

图 7–15 创建推广计划

步骤 05 返回标准推广计划页面，可以看到刚刚创建的计划已经显示在界面上。点击刚创建好的计划“test 推广计划”（图 7–16）。

步骤 06 进入 test 推广计划页面，点击“新建宝贝推广”（图 7–17）。

步骤 07 进入新建宝贝推广页面，可以看到店铺的宝贝列表，点击选择要推广的宝贝（图 7–18）。

步骤 08 选择宝贝的推广目标。宝贝的推广目标有三个：日常销售、宝贝测款、自定义目标，如图 7–19 所示。我们这里以宝贝测款为例。

图 7–16 标准推广计划

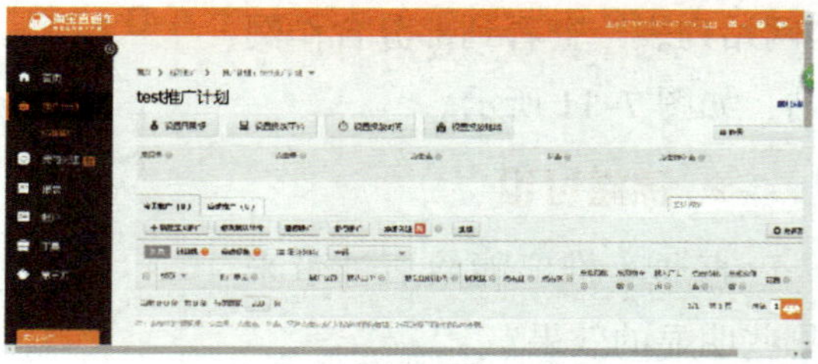

图 7–17 新建宝贝推广

步骤 09 接下来就是要设置推广方案了。

首先要添加创意，点击“编辑创意”，选择创意图片，编辑宝贝标题，选择投放设备，编辑完成后点击“确定”，宝贝创意添加完成（图 7–20）。

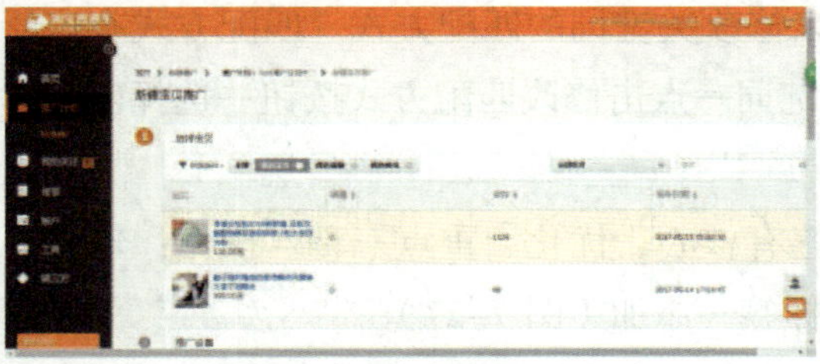

图 7-18　宝贝列表

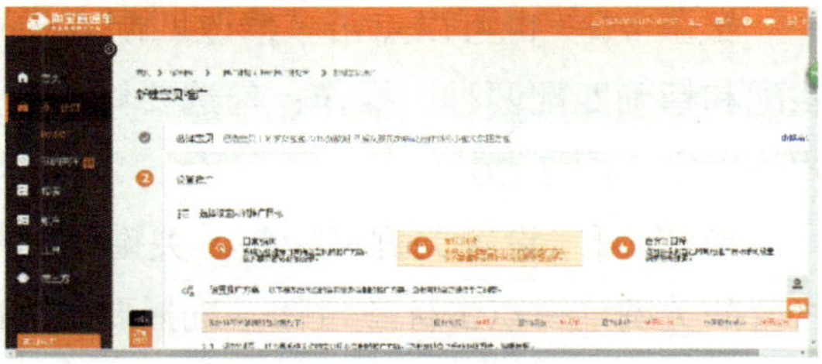

图 7-19　推广目标

步骤 10　买词出价，设置添加关键词（图 7-21）。

步骤 11　添加精选人群（图 7-22）。

步骤 12　全部设置完成后，点击“完成推广”。显示“恭喜，新建宝贝推广完成！”（图 7-23）。

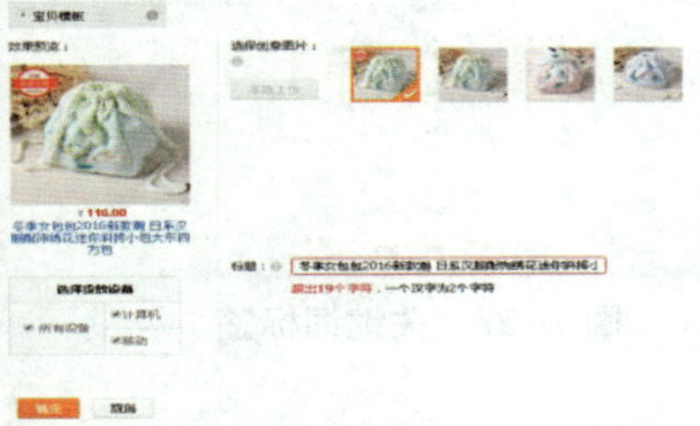

图 7-20　推广方案

图 7-21　关键词

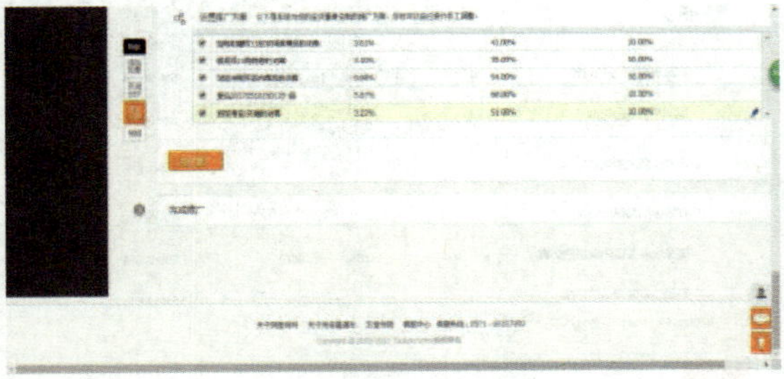

图 7-22　精选人群

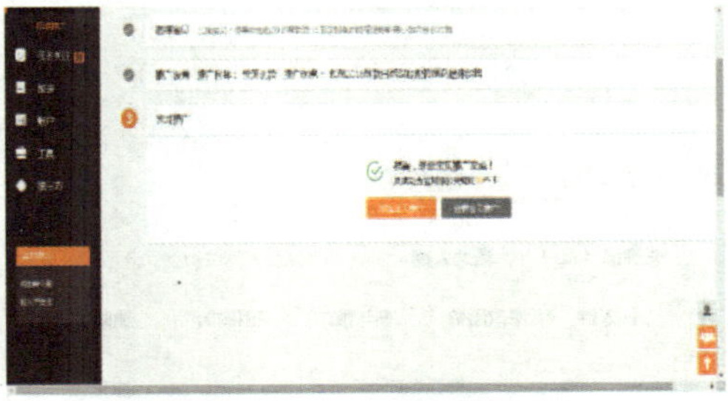

图 7-23　完成推广

步骤 13　返回 test 推广计划页面，查看新建好的宝贝推广（图 7-24）。

步骤 14　点击宝贝，进入宝贝的关键词推广界面，可以修改关键词的出价，分为计算机出价和移动出价两种。设置完成，点击“确定”即可（图 7-25）。

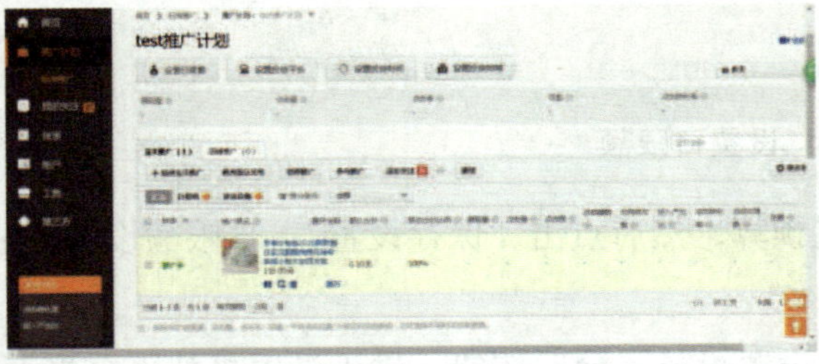

图 7-24　test 推广计划

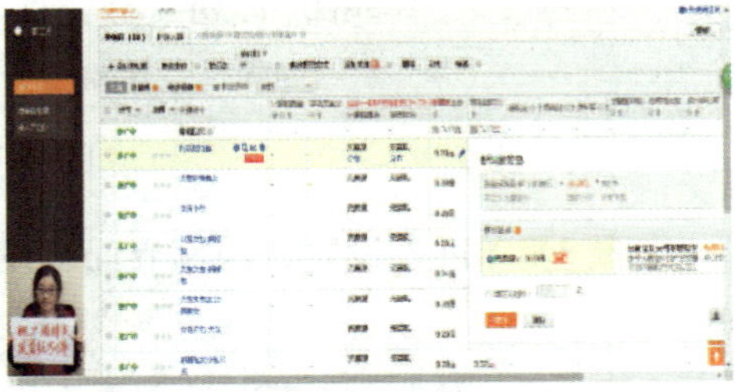

图 7-25　确定

步骤 15 也可以点击"修改匹配方式"来修改关键词的匹配方式。匹配方式有广泛匹配和精确匹配两种。操作：勾选要修改的关键词—点击修改匹配方式按钮—选择匹配方式—确定（图 7–26）。

步骤 16 设置关键词标签。关键词的标签有核心、优化、重点三种。操作：勾选要修改的关键词—点击标签按钮—选择要添加的标签—添加（图 7–27）。

步骤 17 设置人群定位。操作：点击关键词旁的"精选人群"按钮—点击"+ 人群"按钮添加访客人群—勾选要添加的人群，并修改溢价—全部设置后点击"确定"（图 7–28，图 7–29）。

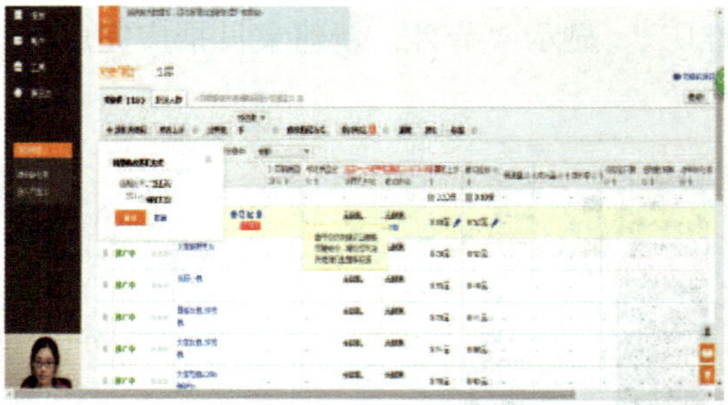

图 7–26 修改匹配方式

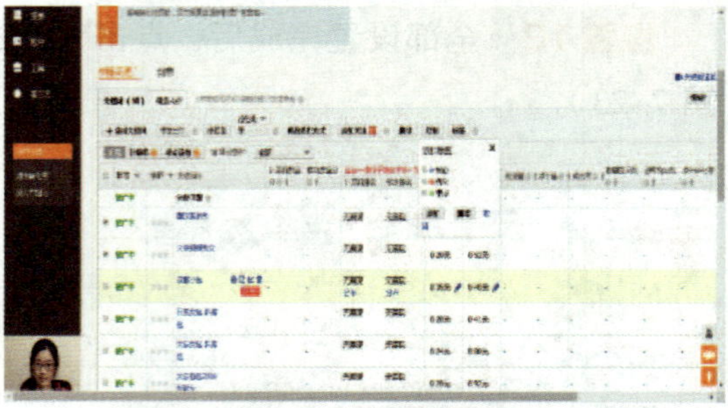

图 7–27 关键词标签

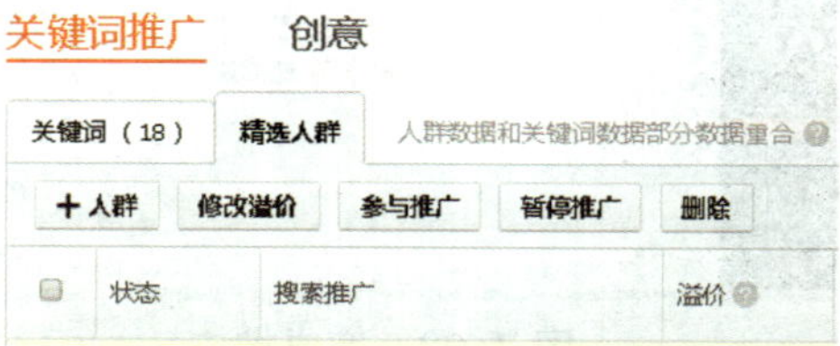

图 7–28 人群定位

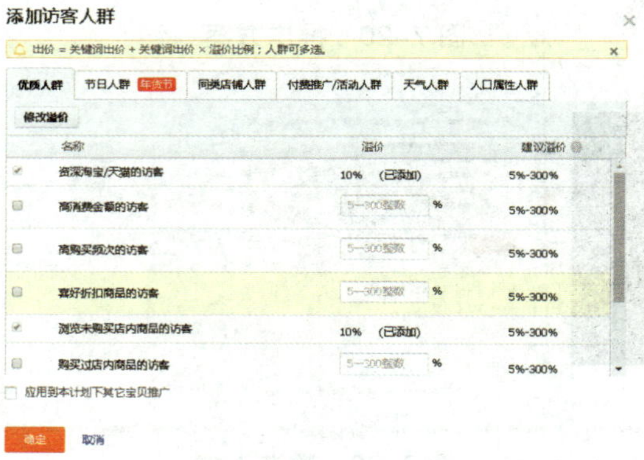

图 7–29 添加访客人群

步骤 18 点击 test 推广计划页面的"设置日限额"按钮（图 7–30）。

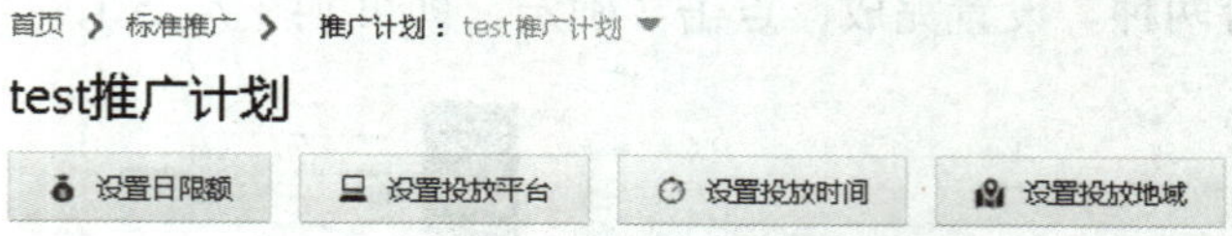

图 7–30 设置日限额

步骤 19 进入设置日限额界面，设置预算，然后点击"保存设置"，日限额设置完成（图 7–31）。

步骤 20 点击 test 推广计划页面的"设置投放平台"按钮，进入设置投放平台界面，设置完成后点击“保存设置”，设置完成（图 7–32）。

步骤 21 点击 test 推广计划页面的“设置投放时间”按钮，进入设置投放时间界面，设置完成后点击“保存设置”，设置完成（图 7–33）。

步骤 22 点击 test 推广计划页面的“设置投放地域”按钮，进入设置投放地域界面，设置完成后点击“保存设置”，设置完成。全部推广设置完成。直通车已经开始跑起来啦（图 7–34）。

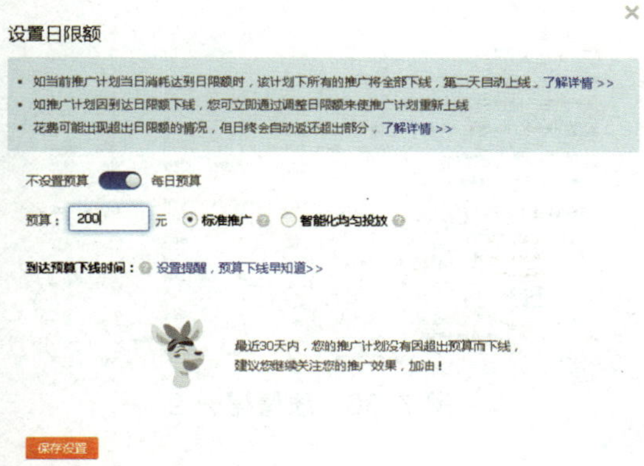

图 7–31 保存设置

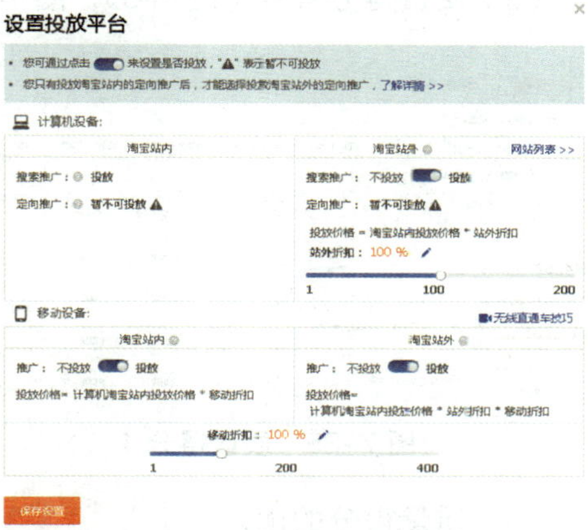

图 7–32 保存设置

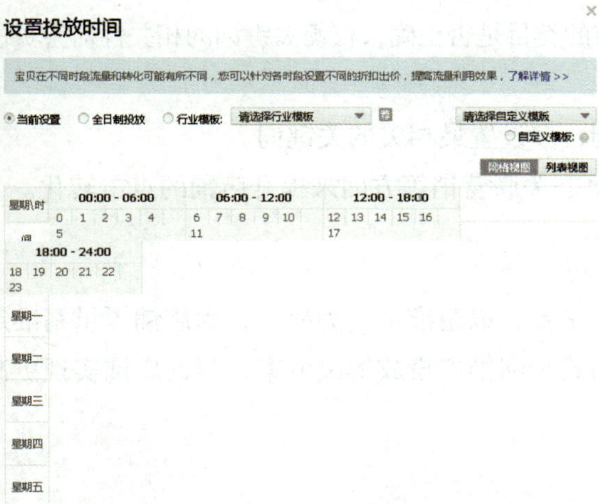

图 7–33 保存设置

图 7–34 保存设置

4 直通车质量得分

（1）质量得分简介

质量得分是搜索推广中衡量关键词与宝贝推广信息和淘宝网用户搜索意向三者之间相关性的综合性指标。质量分分为计算机质量分和移动质量分。

以 10 分制的形式来呈现，分值越高，可以获得更理想的推广效果。

而对于移动质量分，建议您将关键词移动质量分优化到 6 分以上，可以获得在手机淘宝网和淘宝客户端搜索结果中的展现机会。

（2）质量得分分为 3 个维度

① 创意质量：推广创意近期的关键词动态点击反馈。

② 相关性：关键词与宝贝类目、属性及文本等信息的相符程度。

③ 买家体验：根据买家在店铺的购买体验和账户近期的关键词推广效果给出的动态得分。

（3）质量得分查看（图 7–35，图 7–36）

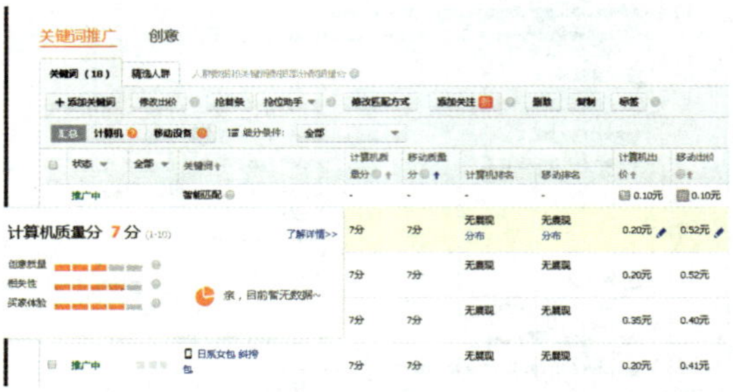

图 7–35　质量得分 1

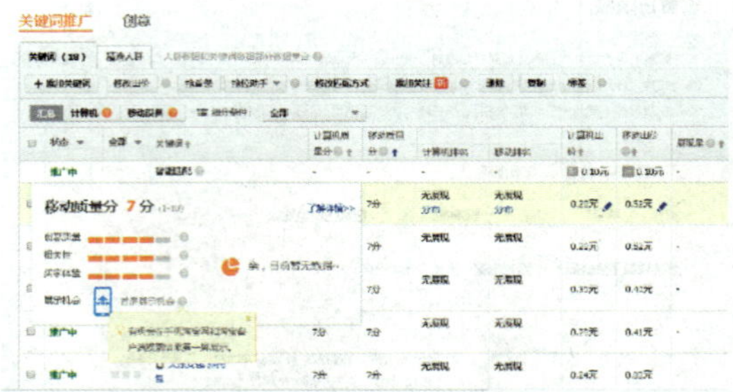

图 7–36　质量得分 2

（4）质量得分的优化

① 创意质量优化：推广创意是我们呈现推广产品最主要的内容。建议上传多张创意，目前创意最多可以上传 4 张，并使用创意流量分配功能来进行创意的测试。

② 相关性：类目相关性：检查宝贝发布的类目是否正确，权衡关键词的相关性对宝贝的价值与贡献。

关键词的相关性：建议使用系统推荐词，多设置最相关的关键词。

③ 买家体验：建议从客服、宝贝详情页、关联营销等方面来提升店铺的点击转化。

（二）钻展（钻石展位）

面向全网精准流量实时竞价的展示推广平台，以精准定向为核心，为店铺提供精准定向、创意策略、效果监测和数据分析等一站式全网推广投放解决方案，帮助店铺实现更高效、更精准的全网数字营销。

1 广告位

钻石展位是面向全网精准流量实时竞价的展示广告平台，现有淘宝首页、各频道页、一淘首页、旺旺每日焦点、各功能页、搜索页和促销名店页等共 143 个广告位。

（1）淘宝首页

对于资金雄厚的大卖家来说，淘宝首页拥有巨大的流量，可以带来更多顾客（图 7–37）。

（2）收藏夹底部小图和通栏

淘宝收藏夹页面底部的小图和通栏是钻石展示广告位（图 7–38）。

图 7–37　淘宝首页

（3）背投、各频道焦点图和通栏

钻石展位只要展示了就要收费，所以最好选择和自己产品相匹配的垂直频道进行投放。如图 7–39 所示的是淘宝家电类目首页一屏四轮播焦点图。

图 7–38　收藏夹页面底部

（4）广告网站联盟

广告网站联盟，各大门户网址广告位置，如图 7–40 所示的是新浪的广告位。

图 7–39　家电类目首页

图 7–40　新浪广告位

② 钻展收费

与直通车不同，钻石展位不是按点击计费，钻展是按照流量竞价售卖广告位的，计费单位是“每千次浏览单价（CPM）”，即广告所在的页面被打开 1000 次所需要收取的费用。

注意：千次浏览不是 1000 个点击，而是 1000 个 PV。

流量到点击量的换算方法：

做钻石展位花钱要合理，花多少可以自己预算。

总预算 ÷ 千次浏览价 ×1000= 购买总流量

购买总流量 × 点击率 = 点击数

总预算 ÷ 点击数 = 单个点击成本

举例：准备 1000 元预算，竞拍一个点击率是 2% 的位置，成交价格是千元展示 5 元，那么能买到的总流量 200000（PV）产生的总点击数为 4000 个，每个点击花的钱是 0.25 元。

竞拍规则

用户竞拍的是某个广告位某个时段的流量使用优先权。CPM 出价高的用户的广告投放结束后，下一位的广告才会投放。

竞价展示按小时排序，每小时都会有新排序，如 9 点到 10 点出价过低导致没有排名，那么广告在此时间段就不会展示。每小时内系统按照用户出价高低投放广告。

原钻石展位系统每日竞价截止时间为 15 点，次日生效。新系统中，客户调整完出价后，立即生效，每一次 PV 系统都会重新排列计划展示顺序。每日 21 点到 24 点为系统维护，无法修改价格。

竞拍结算价格，按照该用户下一位的出价加 0.1 元进行结算。

※ 课堂讨论

钻石展位与直通车收费有什么不同？分别适合店铺在什么条件下使用？

（三）淘宝客

淘宝客，是一种按成交计费的推广模式，也指通过推广赚取收益的一类人，淘宝客只要从淘宝客推广专区获取商品代码，任何买家（包括卖家自己）经过卖家的推广（链接、个人网站，博客或者社区发的帖子）进入淘宝卖家店铺完成购买后，就可得到由卖家支付的佣金；简单地说，淘宝客就是指帮助卖家推广商品并获取佣金的人。

淘宝客推广步骤

下面介绍设置淘宝客推广的步骤。

提示：加入淘宝客推广需要店铺动态 3 项评分大于等于 4.5 分（图 7-41）。

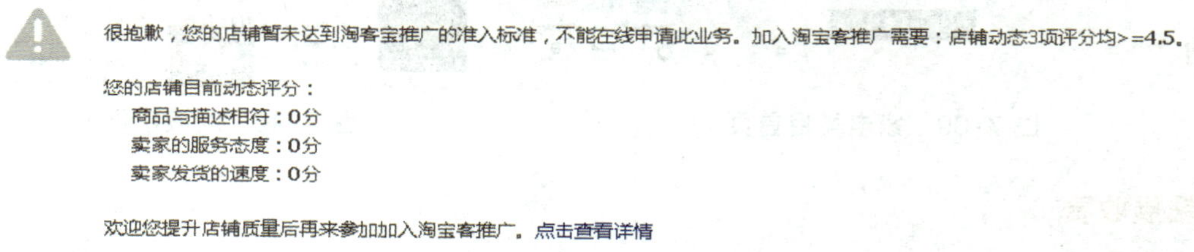

图 7-41 店铺动态评分

步骤 01 登录淘宝，进入卖家中心—营销中心—我要推广（图 7-42）。

步骤 02 找到淘宝客，点击“开始推展”（图 7-43）。

图 7-42 卖家中心

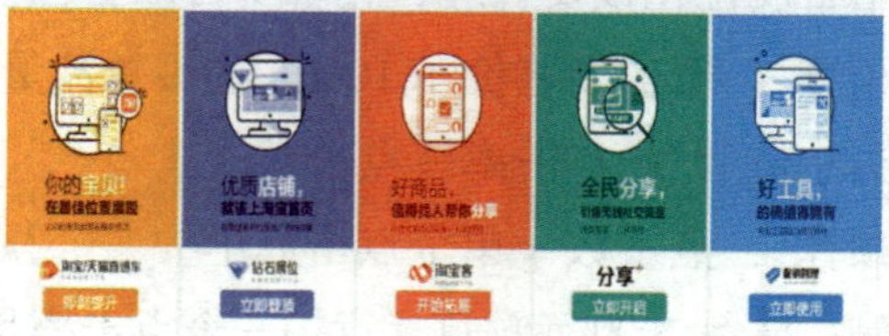

图 7-43 开始推展

步骤 03　进入淘宝客页面。默认是计划管理页面（图 7–44）。

步骤 04　往下拉到页面的下方，显示店铺现在参加的推广计划。其中通用计划是所有参加淘宝客推广的店铺必须加入的，其他计划可以按照自己的情况申请加入。我们以通用计划为例。点击“通用计划”（图 7–45）。

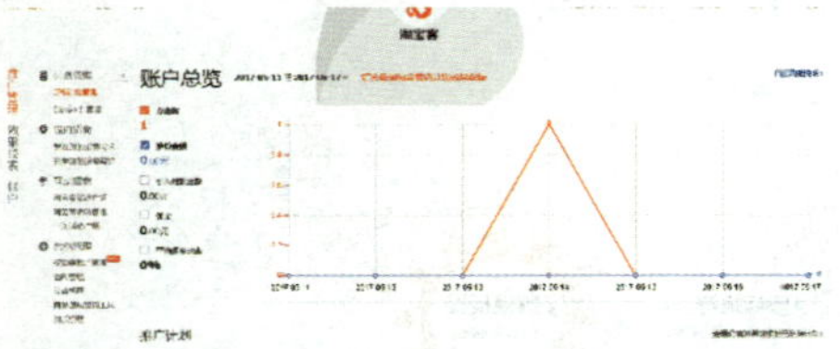

图 7–44　计划管理图

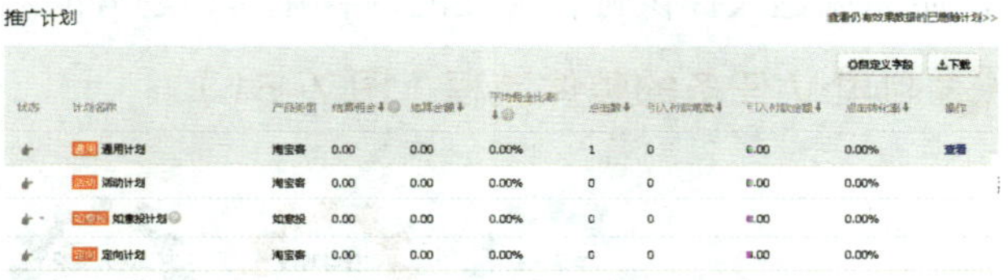

图 7–45　通用计划

步骤 05　进入佣金管理页面。点击“新增主推商品”（图 7–46）。

图 7–46　新增主推商品

步骤 06　选择主推商品，商品选择好之后，可以点击右下角的“批量设置”修改商品佣金，添加完成后，点击“完成添加”（图 7–47）。

步骤 07　商品添加完成后，佣金管理页面上就会显示所有已添加的商品及其佣金比率（图 7–48）。

步骤 08　如果要修改某个或某些商品的佣金比，可以点击该商品的右侧的“编辑佣金比”，在数字框中直接输入想要设置的佣金数值（图 7–49）。

步骤 09　在跳出的修改佣金的提示框中点击“确定”，佣金比率修改完成（图 7–50）。

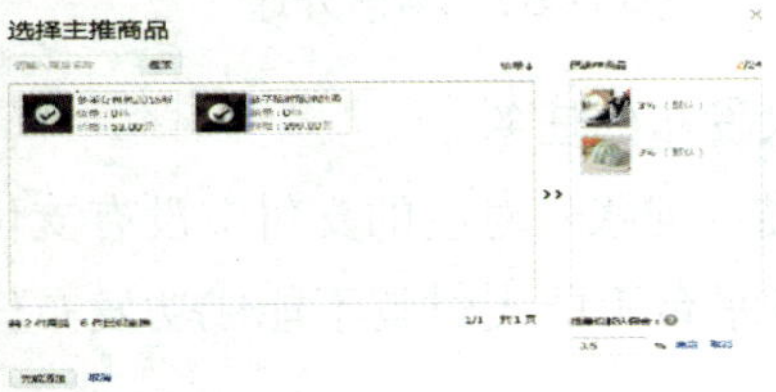

图 7–47　完成添加图

图 7–48　佣金管理

图 7–49　佣金比图

图 7–50　确定

（四）阿里任务

在今天这个移动电商时代，内容运营已经成为运营主流。连最新版的手淘搜索导航栏上，都专门为达人推广留了搜索入口（淘秘籍）。每个卖家都渴望能找到那么一两个达人，来推广自己店铺的宝贝。那么，我们应该如何操作才能最快找到合适的淘宝达人呢？这个不二法门就是阿里 V 任务。

阿里 V 任务是阿里巴巴集团官方的内容推广平台，旨在为阿里平台上的品牌商家和优质原创达人提供符合现在的内容化营销趋势的双向合作交易平台。

1 阿里 V 任务的整体流程（图 7–51）

图 7–51　阿里 V 任务的整体流程

2 开通阿里 V 任务

① 用卖家主账号，登录阿里 V 任务首页（da.taobao.com），点击“申请开通”（图 7–52）。

② 选择“我是商家—申请开通”（请注意，V 任务平台有商家和达人两种角色，一旦选择其中一个角色，就不能更改）（图 7–53）。

图 7–52　申请开通图

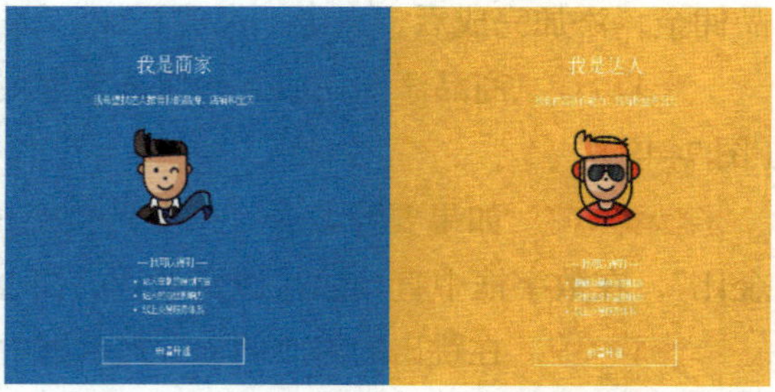

图 7–53　申请开通

淘宝商家可直接发布任务，或到招商广场去报名达人发布的任务。

而天猫商家需先绑定运营号才能发布任务。因为天猫店铺账号对应的支付宝没有支付功能（即不支持对外付款），即天猫主账号在阿里 V 任务平台不能支付就不能成功发布任务找达人合作了。所以天猫店铺还需要绑定运营号。

3 绑定运营号操作步骤

步骤 01　天猫商家使用店铺主账号登录阿里 V 任务平台，点击“管理中心”，可以看到一个绑定运营号的入口，点击“绑定运营号”（图 7–54）。

步骤 02　点击进入页面后，输入需要绑定的运营号的旺旺昵称（注意是旺旺昵称。强调：运营号不是店铺主账号，也不是店铺子账号，是日常的淘宝小号并绑定可对外付款的支付宝），如果符合要求，下面校验项中的绿色箭头会勾上，此时点击“确认添加”就可以了（图 7–55，图 7–56）。

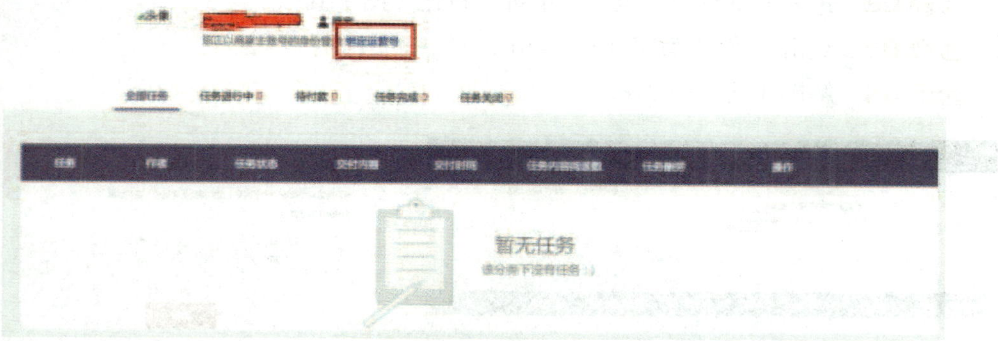

图 7–54　绑定运营号

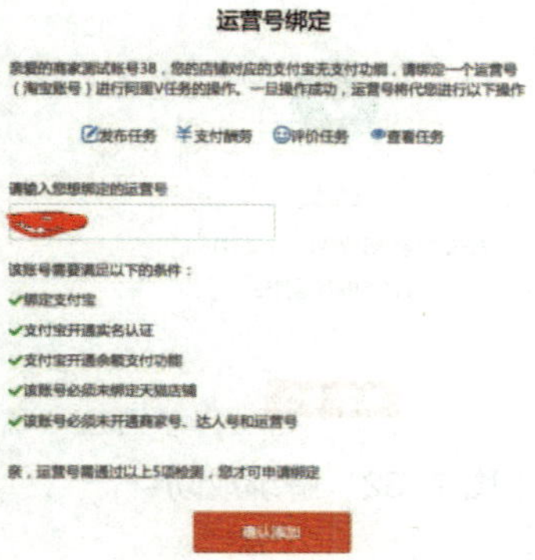

图 7–55　运营号绑定

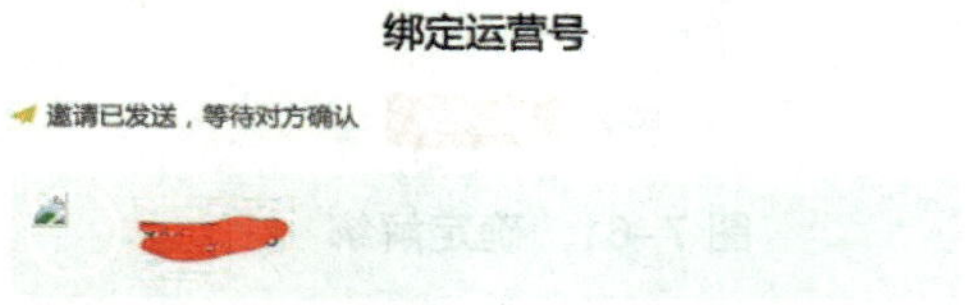

图 7–56　运营号绑定

退出主账号，使用刚刚绑定的“运营号”登录阿里 V 任务，登录成功后，会弹出如图 7–57 信息。

步骤 03　“同意”，即可使用绑定的运营号发布任务，找达人合作了！（图 7–58）。

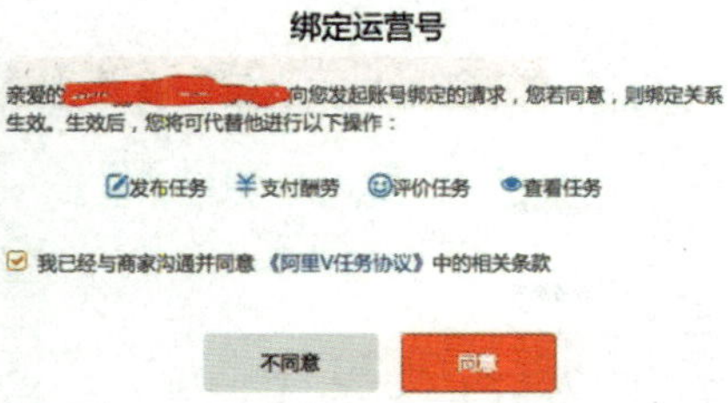

图 7–57　绑定运营号

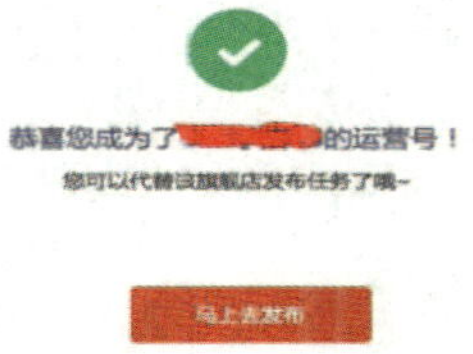

图 7–58　同意

④ 解绑运营号操作步骤

运营号是可以解绑且重新绑定新的运营号。但前提是，原有运营号所发布的任务全部结束后，才可以解绑，因此请慎重选择运营号。

步骤 01　用主账号登录阿里 V 任务，点击“更换运营号”（图 7–59）。

步骤 02 进入如下页面，点击“解绑”按钮（图 7–60）。

步骤 03 点击“确定解绑”（图 7–61）。

步骤 04 解绑成功（图 7–62）。

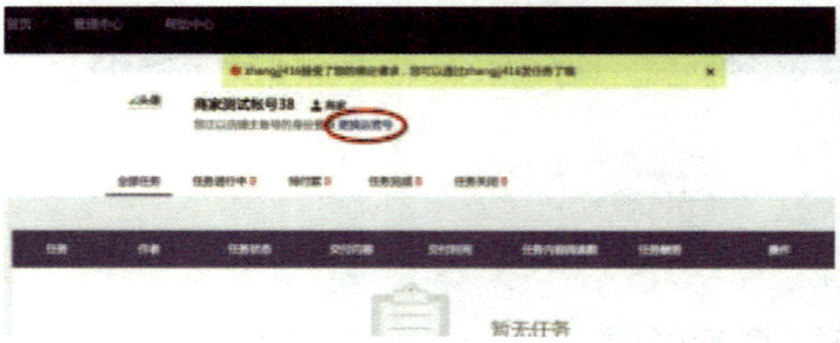

图 7–59 更换运营号

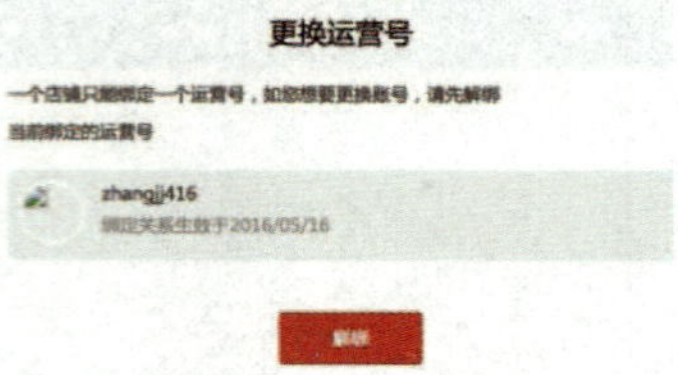

图 7–60 解绑

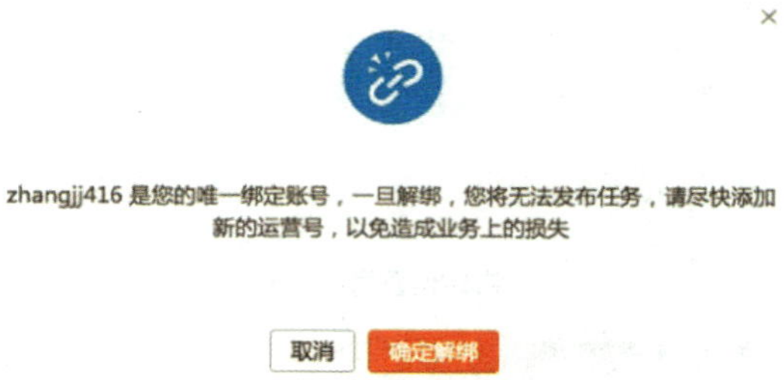

图 7–61 确定解绑

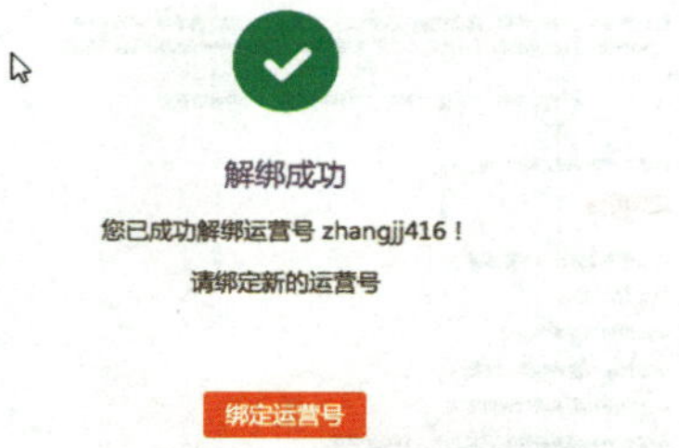

图 7–62 解绑成功

5 发布阿里任务

目前阿里 V 任务有两种任务模式：普通任务和招商任务。

普通任务有两种，一种是指定达人发布任务，另一种是发布到招商广场。

（1）普通任务——指定达人发布步骤

步骤 01 用卖家账号，登录 http://da.taobao.com，点击“我要发任务”（图 7–63）。

步骤 02 进入设置任务页面，详细填写任务要求（图 7–64）。

图 7–63 发布任务

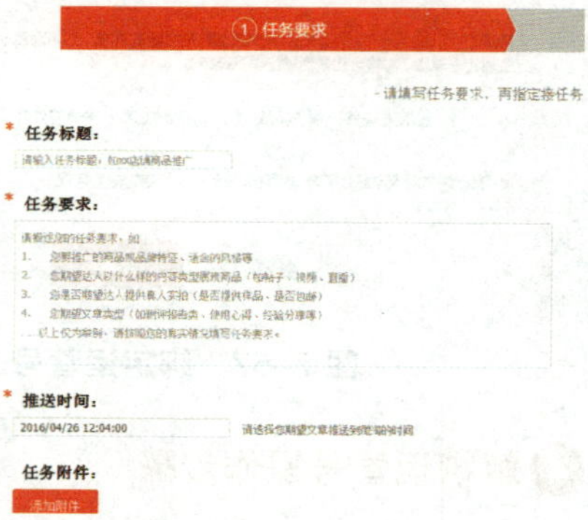

图 7–64 任务要求

步骤 03 选择想要的达人，勾选右侧小方框（图 7–65）。

步骤 04 确认信息，提交订单。付款成功后，系统会即时给达人派单，并且通过短信通知达人尽快来接单（图 7–66）。

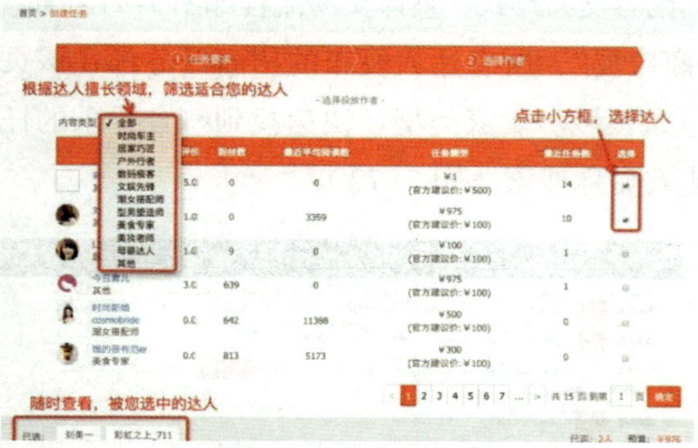

图 7–65　想要的达人

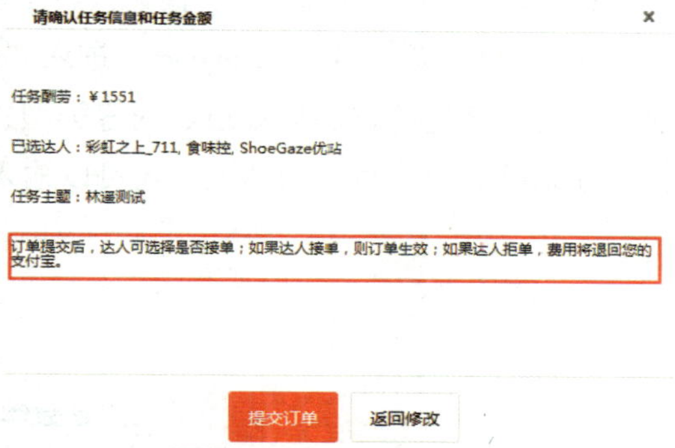

图 7–66　提交订单

（2）普通任务——招商广场发布步骤

步骤 01　根据页面提示，设置任务要求。本次新增“内容类型”，即希望达人发布什么类型内容。任务详情，不允许出现 QQ/ 微信等非阿里官方联系方式信息（图 7–67）。

步骤 02　选择“发布任务到广场”（图 7–68）。

图 7–67　任务要求

图 7–68　发布任务到广场

步骤 03　设置可报名达人条件。单任务价格，即需要支付给单个达人的任务酬劳（图 7–69）。

步骤 04　发布到广场后，达人就可以看到并报名（图 7–70）。

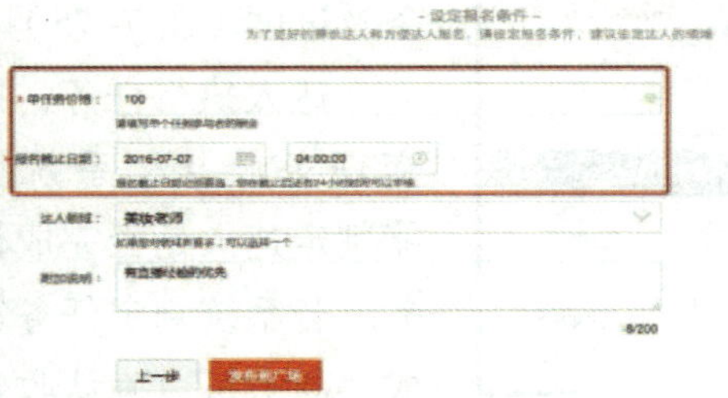

图 7–69　可报名达人条件

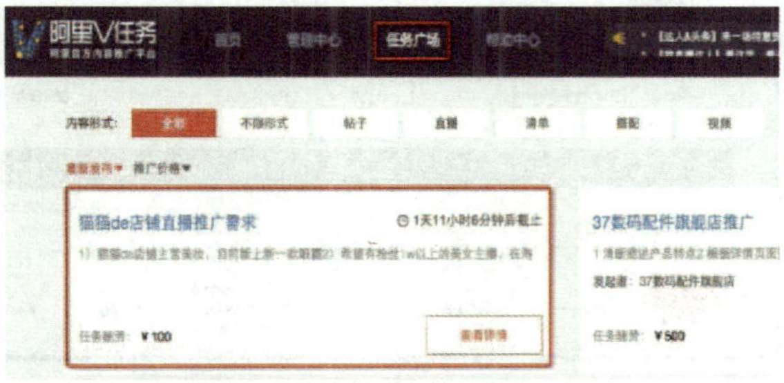

图 7–70　任务广场

（3）发布招商任务步骤

招商任务是达人发布任务，商家报名任务的内容交易形式。整体交易流程如图 7–71 所示。

步骤 01 登录 da.taobao.com，进入“招商广场”，所有达人发布的招商任务都在该页显示。可以通过筛选展现渠道、内容类型、达人领域、卖家类型，快速找到符合要求的任务；如果已有合作意向的达人，还可以输入达人昵称搜索（图 7–72）。

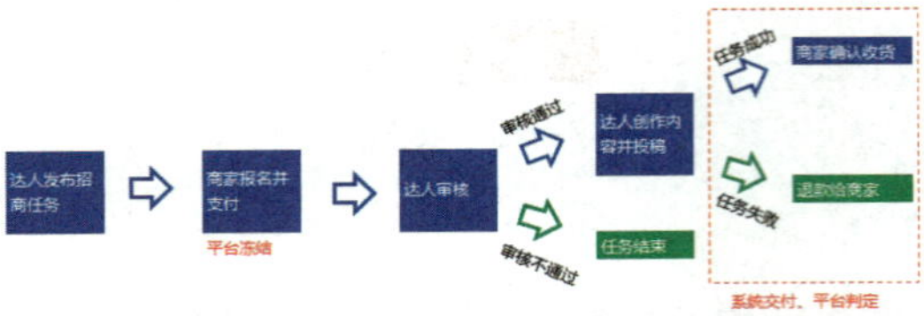

图 7–71 招商任务

图 7–72 招商广场

步骤 02 进入任务详情，请认真查看该任务详情，判定是否符合店铺的需求，页面底部点击“马上报名”（图 7–33）。

步骤 03 报名信息提交。一旦报名成功，无法修改（图 7–74）。

图 7–73 任务详情

图 7–74 报名信息

步骤 04 填完以上信息，点击“确认”，跳转到支付页面，请完成支付。

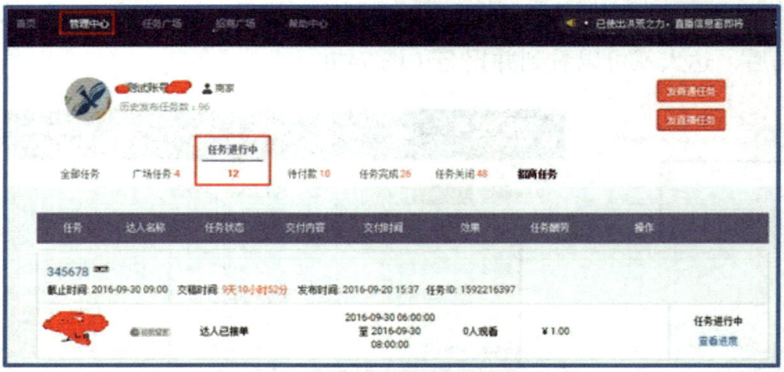

图 7–75 管理中心

步骤 05 进入阿里 V 任务“管理中心”，可以查看报名的所有任务及进度（图 7–75）。

达人执行任务，提交任务链接，系统智能判定达人是否完成任务。若系统判定任务完成，商家可以确认收货并评价；商家不主动确认，系统则在 10 天后自动打款；若系统判定任务未完成，则自动退款给商家。

【任务加油站】边学边练

进阶任务：直通车推广。

※【训练目的】

1. 利用所学知识登录淘宝店铺千牛卖家中心，了解直通车模块设置。

2. 按照正确步骤完成直通车订购。

※【任务背景】

东东的网店已经在淘宝网开设成功，店铺装修和产品上架都已经完成，满怀期待地等待着顾客光顾店铺，浏览产品。但由于新开店铺客流量低，东东也不知道有什么好的办法和途径将店铺和产品推广给顾客，一时之间很着急。你能帮帮他吗？

※【任务要求】

1. 登录淘宝网千牛卖家中心，点击推广模块，在推广服务中找到直通车；

2. 进入直通车推广，选定店铺其中一个商品，设置一个推广计划（直通车推广需要收费，请根据店铺实际情况按需设定）。

任务二　站外引流

站外推广，这个定义范围很广，简单理解就是在本站以外的区域进行的推广（线上 + 线下）。站外引流，指的是通过第三方平台（搜索引擎、论坛、博客等）吸引来的流量。

【任务引入】

东东通过学习推广引流，初步掌握了淘宝站内引流的方法，店铺的流量逐渐增加。小阳经过学习后发现站外的推广和流量同样重要，但他不知道可以通过哪些方法或工具帮助店铺进行推广引流？你能帮帮他吗？

1. 站外推广引流是什么？包括哪些内容？

2. 你会通过哪些站外推广引流方法方式来吸引流量？

【知识链接】

站外推广，这个定义范围很广，简单理解就是在本站以外的区域进行的推广（线上 + 线下）。站外引流，指的就是通过第三方平台（搜索引擎、论坛、博客等等）吸引来的流量。

※ 课堂讨论

站外推广引流重要吗？与淘宝站内推广引流相比，有什么特点？

（一）站外搜索引擎优化

搜索引擎是指根据一定的策略、运用特定的计算机程序从互联网上搜集信息，在对信息进行组织和处理后，为用户提供检索服务，将用户检索的相关信息展示给用户。

搜索引擎优化是指利用搜索引擎的搜索规则来提高目前网页在有关搜索引擎内的自然排名的方式。

淘宝网店进行站外搜索引擎优化，能提高网民的搜索概率。下面以百度搜索为例，讲解如何递交链接。

步骤 01 进入百度站长平台（http://zhanzhang.baidu.com/）首页，登录百度账号。点击“开始使用站长工具”按钮（图 7–76）。

步骤 02 进入百度站长平台站点信息工具界面。点击左侧竖排导航栏的“网页抓取—链接提交”（图 7–77）。

图 7–76　进入百度站长平台

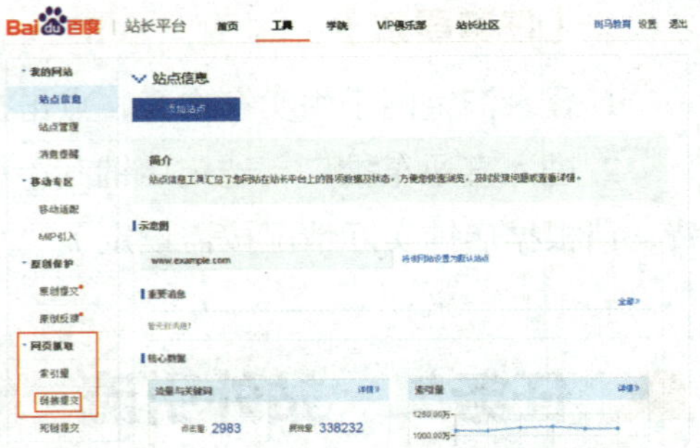

图 7–77　进入百度站长平台站点信息工具界面

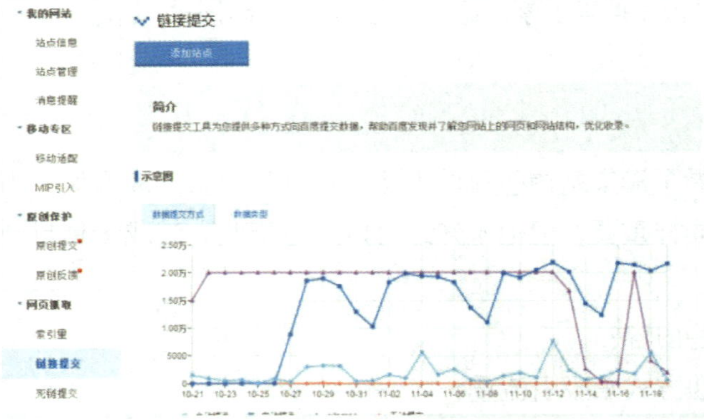

图 7–78　添加站点

步骤 03 进入链接提交界面，点击“添加站点”按钮（图 7–78）。

步骤 04 添加网站。点击“添加网站”按钮，会弹出完善账户信息的对话框。添加网站前需要先完善账户信息（图 7–79）。

步骤 05 账户信息完善后，页面自动跳转，按照提示输入想要添加的网站。这里的网站地址可以是店铺首页的地址，也可以是活动页地址。输入后，点击“下一步”（图 7–80）。

步骤 06 选定站点属性。百度已推荐了部分类目，可以在此基础进行修改，站点领域最多可选 3 项，填写完成后可在搜索展现—站点属性工具中对站点领域进行查看及修改。选定后点击“下一步”（图 7–81）。

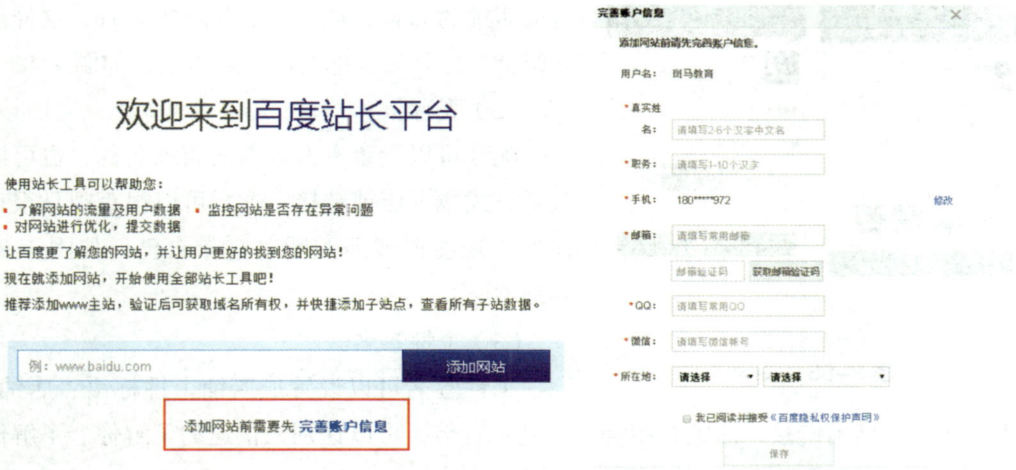

图 7–79　添加网站

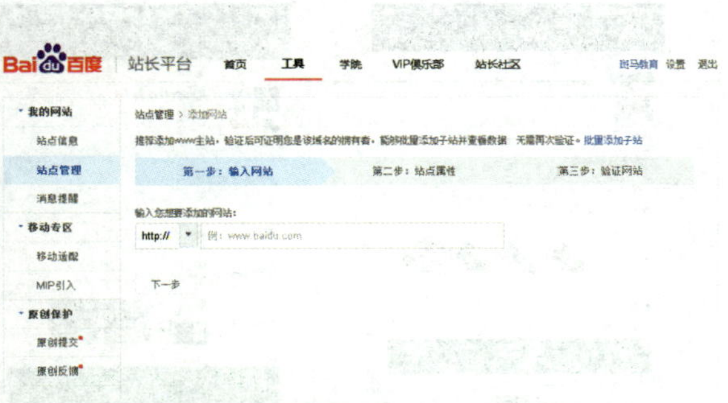

图 7–80　按照提示输入想要添加的网站

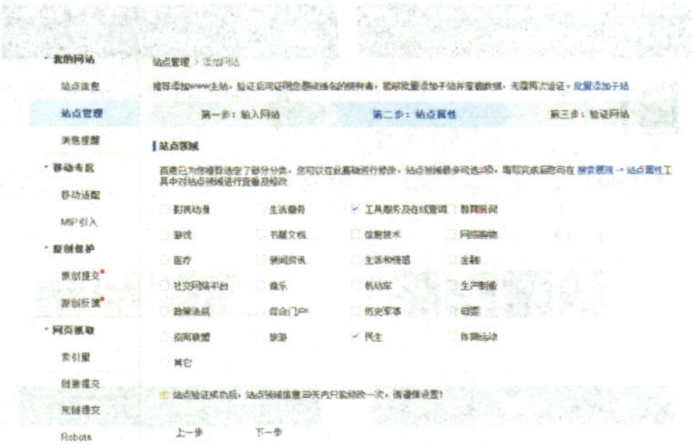

图 7–81　选定站点属性

步骤 07　验证网站。选择验证的方式并按照系统提示操作。选择好之后，点击“完成验证”（图 7–82）。

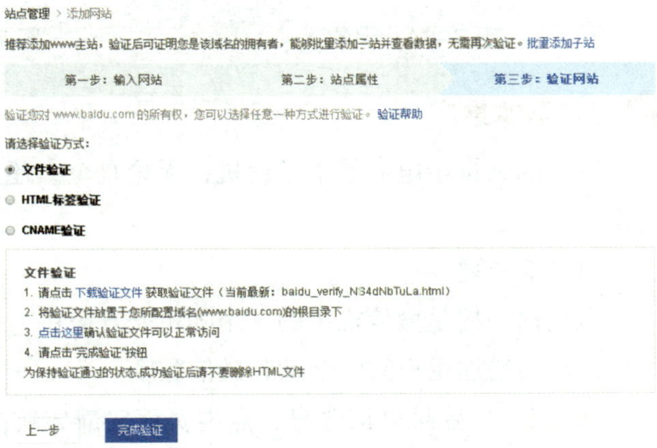

图 7–82　验证网站

（二）微信推广

微信营销是随着微信的火热而兴起的一种网络营销方式。对于个人而言，只要是你的微信好友，就可以通过朋友圈推广自己的产品。对于商家而言，可以通过注册公众号，向关注了本公众号的所有人进行消息推送，实现点对点的营销。

1 微信账号的设置

（1）头像

有了微信账号后，微信的头像可以设置为店主本人的头像，给人以信任感；也可以设

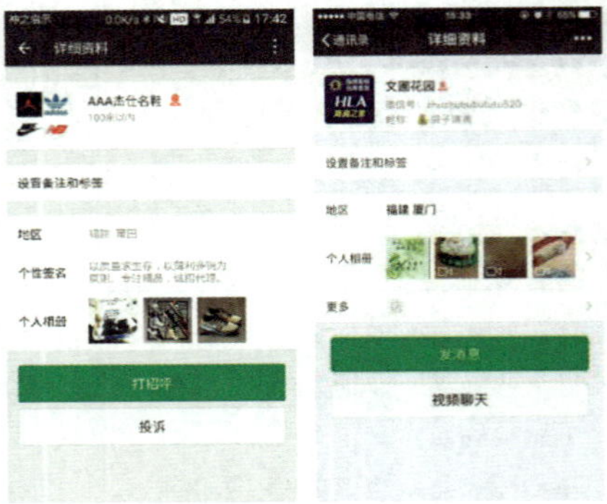

图 7–83　头像

置为店铺的 Logo，或者产品品牌的 Logo，这样能让人一眼就明白并记住你的产品或店铺，如图 7–83 所示。

（2）昵称

昵称可以设置本人全名或店铺名称，也可以加上联系方式或者店铺链接，这样可以很直观且很直接地在你出现在群或朋友圈时宣传自己，如图 7–84、图 7–85 所示。

（3）个性签名

个性签名可以设置成店铺个性标语、店铺理念、店铺活动、店铺链接、店铺介绍等，无处不宣传，可以让别人快速的了解你、了解你的店铺及产品。（图 7–86）

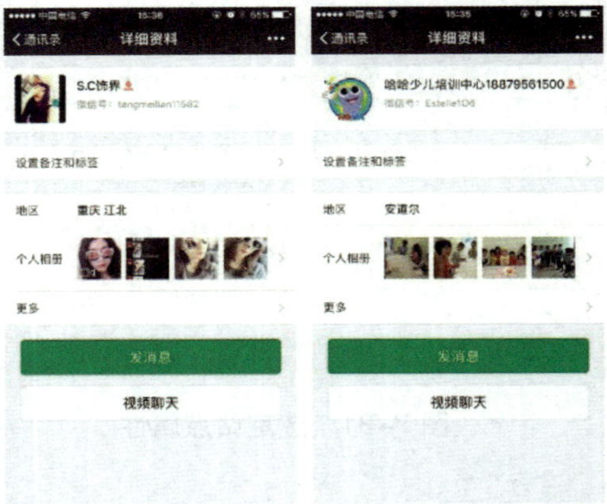

图 7–84　昵称 1

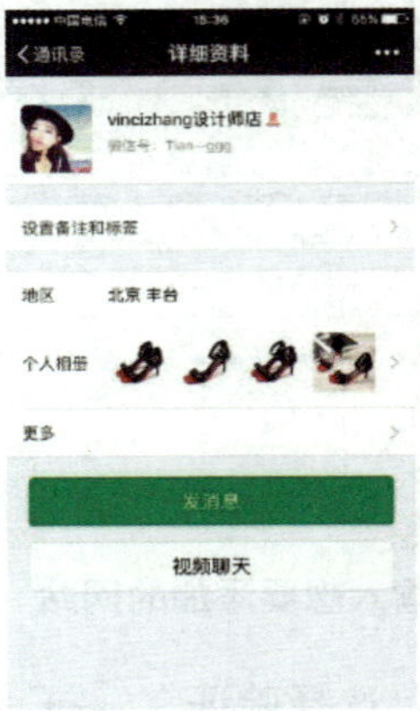

图 7–85　昵称 2

图 7–86　个性签名

② 微信基本推广

微信的火爆给电商带来了商机，无论是个人还是企业，使用微信进行推广无疑是有效的推广方式之一。

（1）摇一摇

微信摇一摇是微信推出的一个随机交友应用，可以匹配到同一时段触发该功能的微信用户，从而增加用户间的互动和微信黏度。

步骤 01　登录微信账号，点击页面底部导航栏上的“发现”按钮，再在点击界面上的“摇一摇”（图 7–87）。

步骤 02　进入摇一摇页面，摇手机。会搜索到同一时段也在玩摇一摇的人，并显示其头像，可以点击打开查看该人的情况，如果想要互加好友就可以点击页面上的“加为好友 / 通过验证”，如图 7–88、图 7–89 所示。

步骤 03　点击页面右上角的“齿轮”图标按钮，进入摇一摇设置页面进行设置（图 7–90）。

图 7-87　登录微信账号，"摇一摇"

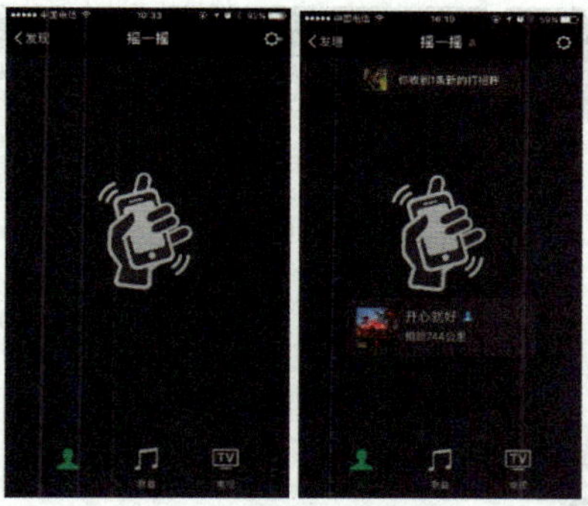

图 7-88 进入摇一摇页面，摇手机

图 7-89　进入摇一摇页面，摇手机

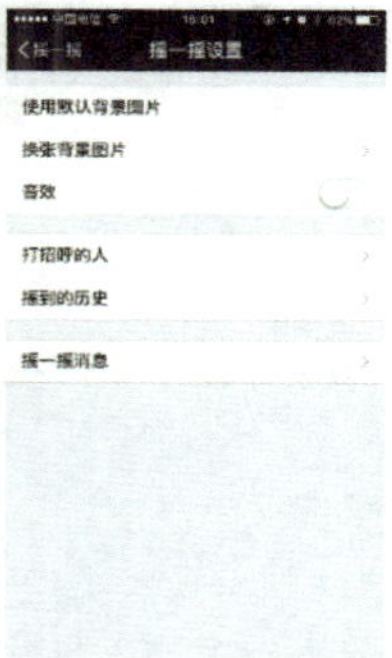

图 7-90　设置页面进行设置

（2）朋友圈

微信朋友圈是腾讯微信上的一项社交功能，用户可以通过朋友圈发表文字和图片、短视频。玩微信的朋友估计有一半以上的时间都会停留在朋友圈。那么对于一个商业意识很强的人来说，立马就会想到这里可以宣传他的产品，可见朋友圈这个区域是多么的重要。

图 7-91　每天都要在朋友圈发内容 1

图 7-92　每天都要在朋友圈发内容 2

① 每天都要发朋友圈内容：

每天都要在朋友圈发内容，且在一天的不同时间段发不同的内容，这样可以增加产品和店铺的曝光率。内容可以是“文字 + 图片”的形式，也可以是“短视频 + 文字”的形式。而涉及的内容，必须和产品和店铺有关，另外还可以发一些积极向上的优美句子或心灵鸡汤，如图 7-91、图 7-92 所示。

② 朋友圈的操作步骤：

步骤 01　在微信主界面，点击“发现”按钮，进入发现界面后，点击“朋友圈”（图 7-93）。

步骤 02　进入朋友圈界面后，点击页面右上角的相机图标，在页面下方会弹出“拍摄、从手机相册选择”的提示框，点击“从手机相册选择”，如图 7-94 所示。

步骤 03　选择要发布内容的图片，并编辑文字，如图 7-95 所示。

步骤 04　QQ 空间同步。在编辑页面的下方有一个带有 QQ 空间的五角星标志，如图 7-96 所示。在点亮此标志后发布消息，即可同步至 QQ 空间。

图 7–93　朋友圈

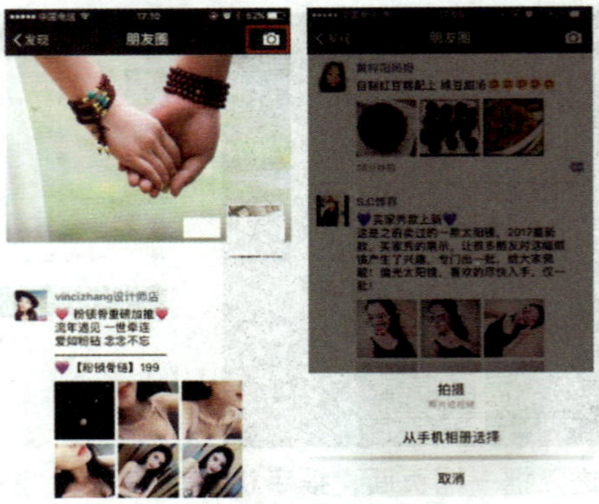

图 7–94　从手机相册选择

图7–95　发布内容的图片、文字

步骤 05　提醒谁看。在朋友圈每发一条可以提醒 10 个好友查看，这个功能的价值核心体现在精准送达上。全部编辑完成后点击页面右上角的“发送”，朋友圈内容发布完成。朋友圈的朋友包括自己可以马上看到发布的信息。如图 7–97 所示。

3 微信添加粉丝

众所周知，粉丝量是微营销的基础，下面介绍提升粉丝数量的技巧。

（1）附近的人

在微信中使用“附近的人”功能可以查看附近的人，同时自己也会被附近的人看到。

步骤 01　进入微信的“发现”界面，点击“附近的人”，进入附近的人页面后可以看到附近很多的人（图 7–98）。

步骤 02　点击附近的人页面右上角的三个点的图标，弹出“只看男生、只看女生、查看全部”等提示。选择一个想要添加为好友的人的信息查看。想要添加就点击“打招呼”按钮。如果对方也愿意加你为好友，他就会和你打招呼，并同意添加好友（图 7–99）。

图 7–96　QQ 空间同步

图 7–97　提醒谁看

图 7–98　附近的人

（2）添加朋友

点击微信右上角的“+”按钮，展开列表，点击“添加朋友”按钮，即可添加 QQ 好友、手机联系人、公众号以及雷达扫描周围的人来扩展自己的朋友圈，如图 7–100 所示。

图 7-99　打招呼

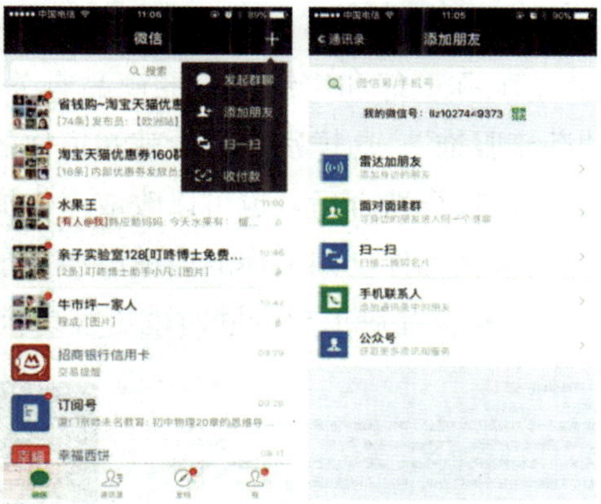

图 7-100　添加朋友

① 添加 QQ 好友：若使用的微信是通过 QQ 号注册的，那么就可以添加 QQ 中所有开通微信好友，也可以邀请未开通微信的 QQ 好友开通微信账号。

② 添加手机联系人：可以将手机通讯录中开通了微信的联系人添加到你的微信中，以加深彼此的。

③ 查找公众号：通过搜索功能可以查找相关行业的公众号，并关注该公众号，同样，也可以自己建立一个公众号，向关注你的人推送相关营销的内容。

④ 雷达加朋友：可以扫描出周围同时在使用此功能的用户。

（3）加粉的黄金时段

玩微信的大多数是年轻的上班族，他们在微信上的活跃时间也都比较固定。

如中午 12 点至 13 点，这个时间段是中午吃饭、午休时间，他们在订餐等外卖的时间都会拿出手机查看，有些人还会在吃饭前拍一张照片发朋友圈。

18 点到 19 点，这个时间段是大多数人下班的时间，对于一些乘坐公共交通工具的人来说，在车上看微信可以打发时间。

21 点到 23 点，茶余饭后，终于有时间放松休息，在睡前看朋友圈，玩玩微信是很多人的习惯。

由此可知，以上的三个时间段是提升粉丝数量的黄金时间段，在这个时间段可以转发有趣的，能够吸引用户的内容，通常会在用户之间转发，并主动添加你为好友。

（三）微博推广

微博推广是很多卖家都会选择的一种淘宝站外免费推广方式，新浪微博是中国目前最大的微博平台，它拥有数千万的活跃用户，包括了名人和企业等众多主流人群，是淘宝店进行网络营销的最佳平台。

1 设置微博账号资料

注册好微博账号之后，我们可以通过微博发布店铺相关信息，以此来吸引众多的潜在客户访问我们的店铺。想做好微博营销，我们先要完善我们的账号资料。

（1）微博昵称

微博昵称最好和店铺所卖的商品有关联性，如你是卖服饰的，你的微博昵称就可以写。“潮流服饰”，这样别人一看就知道你的微博是介绍服饰的，后期在微博里面发一些产品图片也比较合情合理。也可以改成与你淘宝店铺一样的名字，统一以后方便你的潜在用户通过名字找到你。如果你的店铺已经有了一定的品牌效应，还可以申请新浪官方的微博机构认证，树立品牌形象的同时也更容易获得消费者的信赖，如图 7–101，图 7–102 所示。

图 7–101 微博推广

图 7–102 微博昵称

（2）微博头像

头像设置必须抓住眼球。这个要根据微博内容来选择，这样才能切合微博主题，可以选择你店内的产品或者比较有特色的 Logo 来做头像。

（3）微博描述

微博描述里面尽量不要太过广告化，微博资料里面也可以做到与网店完全一样，例如在个人简介里可以输入店铺地址和店铺介绍。让看过自己资料的人感到这个微博账户就是你网店的官方账户，具备唯一性。在设置微博标签的时候可以把淘宝店铺宝贝的关键词适当地嵌入 2~3 个，以便粉丝搜索到我们的微博。

（4）背景图片

微博背景图片也非常重要，建议将你的商品拼接成好看的图片作为背景，这样可以让消费者加深印象，或者也可以用当前的活动海报作为背景图片，如图 7–103 所示。

2 微博推广的技巧

账号设置完成之后，就是增加粉丝了，拥有足够的粉丝之后，我们要做的就是通过和粉丝的互动传播，增加微博的曝光度。

图 7–103 微博背景图片

（1）写高质量的微博内容

① 文字简练。微博 140 个字的容量，越精练越好。很多高度精练的一句话微博，转发量很高。原因是，简单的一句话背后，给广大粉丝留下广阔的讨

论空间，如图 7–104 所示。

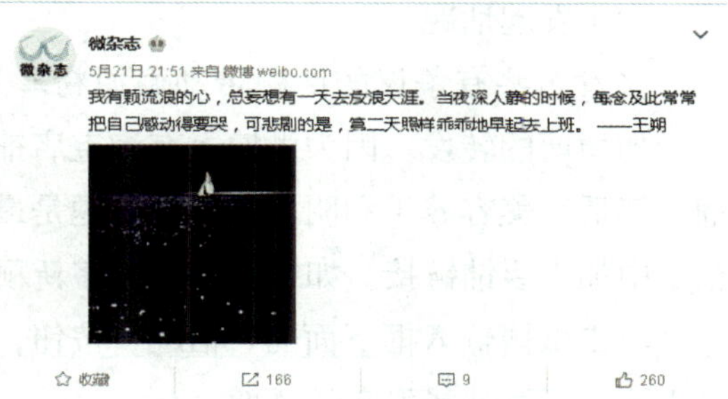

图 7–104　简练文字

② 语言通俗。语言风格一定要跟草根文化血脉相通，对吐槽、高富帅等微博热词要烂熟于胸、驾轻就熟，在微博上尽量少说官话、套话，只有说接地气的“人话”，才能赢得粉丝的追捧和关注。

③ 情感真挚

微博是一个几乎透明的平台，写微博时一定要真诚。你的微博只有感动了自己，说得真真切切，而且是自己内心的感受，才能打动更多的人。

④ 自嘲精神。在微博上，遭遇质疑和攻击是司空见惯的事情，这时候一定不要去攻击和谩骂，要以宽阔的胸怀和娱乐精神，化解别人对自己的质疑。

⑤ 善讲故事。写微博，跟说相声一样，要善于抖包袱，在 140 个字中最好能写出跌宕起伏来，把悬念和笑料留在最后，甚至在读完微博以后，还留下想象和讨论的空间。如今微博上许多的草根大号在这方面做得非常出色，能够化平庸为笑料。

⑥ 结合热点。在微博上，几乎每天都会涌现热点话题、各种微博体。作为个人微博和官微如果适时地与热点结合，结合热点的“热度”，可以提高自己的曝光率和关注度。但是，切忌用微博做一些低俗、恶意的炒作（图 7–105）。

⑦ 用疑问句。微博是个可以发起热门话题，引发讨论的地方，因此用疑问句，可以把空间留给粉丝，激发粉丝的转发和讨论。在有限的文字里，用一些疑问句比长篇大论更容易引发网友的讨论（图 7–106）。

图 7–105　结合热点

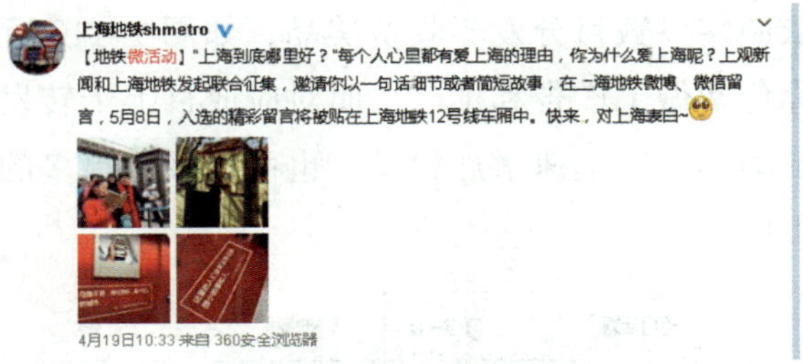

图 7–106　用疑问句

⑧ 善用图片。有时候一张图片，胜过千言万语。很多以图片为主的微博，只需要配上适当的文字，就可以很抓人眼球。

⑨ 善用长微博。有时候，微博 140 字的容量，的确表达不了很深刻的内容，因此出现了长微博、图片微博等工具，如图 7–107 所示。相较在微博中加入文章链接，应用长微博和图片微博最大的好处是，不用离开微博页面，就能够看完全文，方便了用户。另外，用户一旦离开微博页面，转发的概率将大大降低，使用长微博相比加入链接，传播效率会更高。

（2）发起话题

多发布些有争议的话题带动微博粉丝互动，同时可以增加更多的人评论，这样就可以增加微博的转发。因为微博上有淘宝店铺的地址，当有人觉得需要就会点击进入淘宝店铺。笑话、美容养生和明星热点等话题是最受关注的，每天发帖十多个，可以适当在几个帖子中加入店铺链接。如果你的话题够新颖、能引起别人注意，那么你就成功了一半。

单击微博输入框下面的“话题”按钮，可以插入你想说的话，如图 7–108 所示，如果有必要你还可选择发布长微博。

图 7–107　善用长微博

图 7–108　话题

热门的话题会显示在新浪热门话题中，如图 7–109 所示，最热门的话题参与讨论的人数甚至多达数十万。

（3）发起活动

充分利用微博的活动发布页面，新浪微博有专门的活动发布页面，作为一个普通人你也可以发起同城活动。例如你可以发起转发有奖活动，要求粉丝在约定的时间里转发，依照转发数目分发不收费奖品，如图 7–110 所示。那么网友在转发的过程中无形地就给你免费做了广告和推广，而对应成百上千转发的人群你所要付出的只是几件商品。通过活动你可以迅速增加粉丝，也可以吸引更多的潜在用户，更重要的是，微博拓展了你的市场。

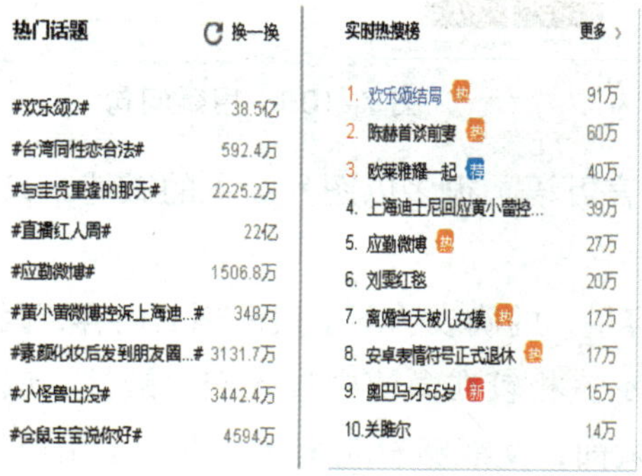

图 7–109　热门的话题

图 7–110　发起活动

（4）宣布特价或打折信息

可以开展限时的商品打折或秒杀活动，定期或者不定期宣布一些商品促销活动——这种办法会给粉丝带来一定实惠，有意的客户一定会关注你。在开展这些活动时，你可以设定得到好处的客户只限于自己微博粉丝客户，从而进一步扩充自己的粉丝群。而且，假如你保持定期让利，一定会有越来越多的人主动关注你，其营销效果自然不言而喻。

（5）运用粉丝群

微博玩转后，可以加入几个粉丝群，聚集有相同爱好或者相同标签的朋友，将所有与之相应的话题全部聚拢到粉丝群里面，让志趣相投的朋友以微博的形式更加方便地进行参与和交流，也可以自己新建粉丝群，如图7-111所示。

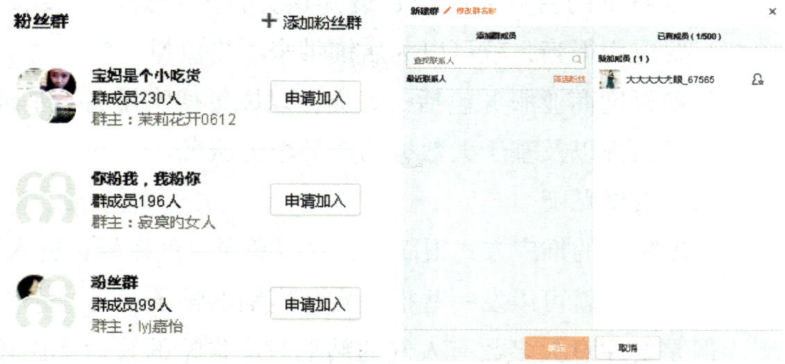

图 7-111　粉丝群

（6）加强与粉丝的相互交流

这一点至关重要，当你有新的粉丝时，作为卖家，你需要有足够的细心和有耐心，你可以回信给他们，感谢他们对你的关注。例如，如果你是卖女装的，当有人关注你时，你可以在第一封私信里这样写：十分感谢您对 ×× 网店微博的关注．在茫茫网络中，是缘分让你我通过微博认识。×× 网店是淘宝女装店铺，自运营以来，好评率达到 100%。我们将在每周三、周五通过本微博宣布秒杀和特价促销活动，期望我们能够为您的生活增姿添彩。旺旺：××××，淘宝地址 ××××。像这样经过长期的交流，你的粉丝一定会忠实于你。

（7）主动关注别人，寻找潜在客户

你还可以主动去关注别人，寻找潜在客户，微博标签会自动推荐和你有相同标签的人让你关注。此外，你还可以通过微博搜索来寻找你的目标客户。在微博搜索框中搜索与你店铺产品相关的信息，在搜索结果中会推荐“相关用户”及“热门微博”，如图 7-112 所示。在这些微博下是最有可能找到你的潜在客户的，关注这些用户并且积极参与转发、评论这些微博内容，也可以为你吸引粉丝。

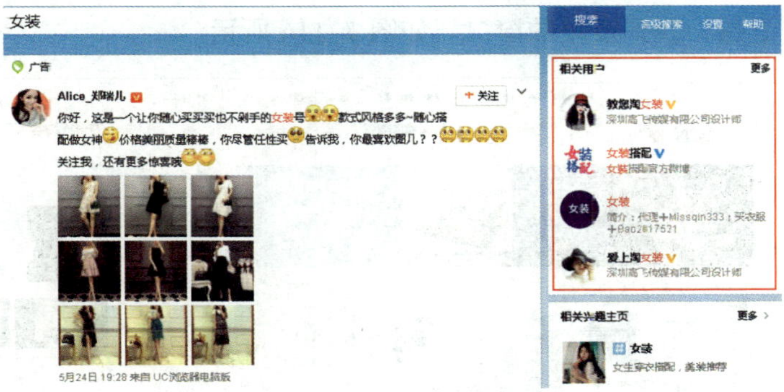

图 7-112　主动去关注别人

（四）百度推广

百度，作为全球最大的中文搜索引擎、最大的中文网站，一直致力于让网民更平等地获取信息，找到所求。

根据第三方权威数据，在中国，百度 PC 端和移动端市场份额总量达 73.5%，覆盖了中国 97.5% 的网民，拥有 6 亿用户，日均响应搜索 60 亿次。真正做到了百度一家独大。

百度旗下的百度贴吧、百度知道、百度经验、百度文库等都是很强大的免费推广平台，只要应用得当，就可以为店铺带来不少流量。

目前百度商业服务包括三大类：以凤巢搜索排名为基础的推广类产品服务，品牌宣传类的产品服务以及基于大数据的产品增值服务。

（1）百度贴吧

百度贴吧的推广方式很简单，只要登录百度账号，进入相关贴吧发帖即可。如图 7–113 所示女装吧，就可以发一些推广女装店铺的帖子。

但是要注意大多数有人气的贴吧对广告帖的管理都比较严格，发帖的时候注意内容不可过于张扬。可以含蓄一点，先介绍一些相关知识或者经验，然后在末尾或签名档处留下店铺或者产品名称，这样不但可以避免被吧主删帖，还可以间接增加其他用户浏览帖的概率。

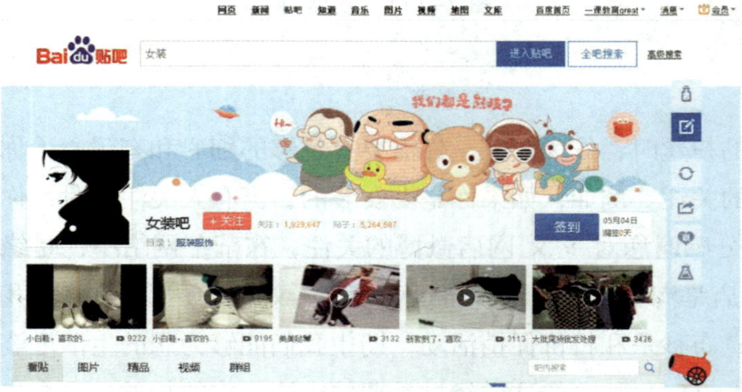

图 7–113　百度贴吧

接下来我们介绍百度贴吧发帖的步骤。

步骤 01　打开百度贴吧首页（https://tieba.baidu.com/），登录。（图 7–114）

步骤 02　进入自己想要发帖的贴吧。

如，我们在搜索框中输入“女装”，点击“进入贴吧”（图 7–115）。

步骤 03　然后点击页面右边的发帖小按钮后，进入发帖窗口。也可以将页面一直向下拉，找到发帖的窗口。如图 7–116 所示。

图 7–114　打开百度贴吧首页

图 7–115　女装吧

步骤 04　给贴子添加上标题，也可以点击标题栏右边的“# 话题”来“插入我的话题”（图 7–117）。

步骤 05　输入正文。

正文可以插入气泡、图片、视频、表情、涂鸦、附件、话题等。其中“气泡”是需要开通会员才可以使用的（图 7–118）。

步骤 06　正文编辑完成后，设置签名档（或不设置）以及勾选“发表后自动分享本帖”（或不勾选），然后点击“发表”，完成发帖（图 7–119）。

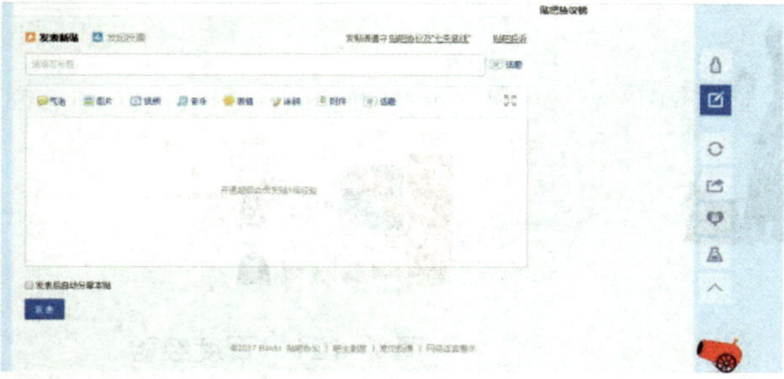

图 7–116　发表新帖

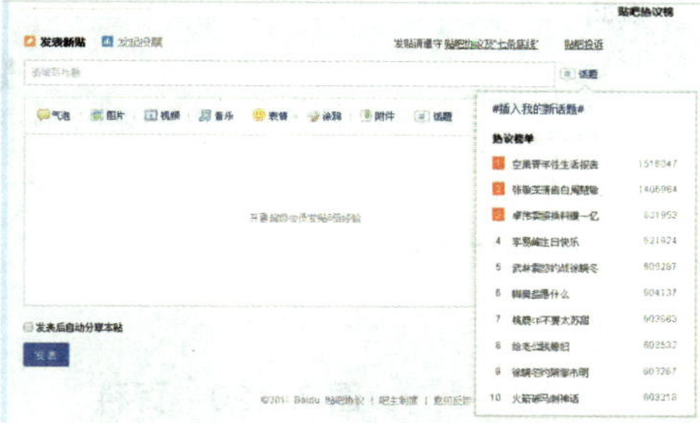

图 7–117　插入话题

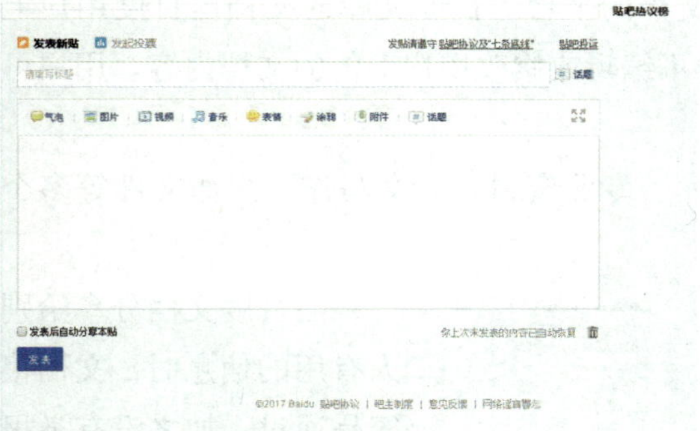

图 7–118　正文

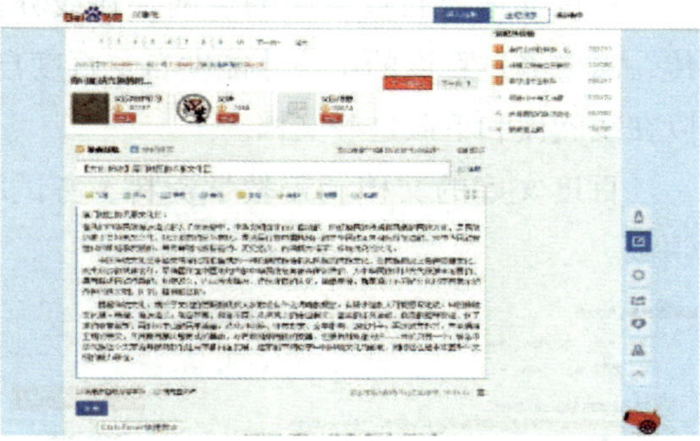

图 7–119　发表

（2）百度知道

利用百度知道进行店铺推广，是一种很主动的营销方式，卖家可以在百度知道中查看相关问题，对问题进行技巧性的回答。

（3）百度百科

百度百科是百度公司推出的一部内容开放、自由的网络百科全书平台。百度百科几乎覆盖了网站、品牌，人物、公司等各个行业、各个领域。由于百度百科中所提供的内容是汇集亿万网友的智慧而成，因而非常具有参考性，而且非常容易获得网民的信任，是一个非常好的营销平台。

百度百科内容一般比较客观公正，因此编辑的百度百科被审核通过后，容易在百度搜索结果中获得比较好的排名，排名靠前，展示的机会自然就多，从而无形中宣传了自己店铺和品牌（图 7–120）。

（4）百度经验

百度经验定位于“具体怎样做”，重在解决实际问题。在架构上，整合了百度知道的问题和百度百科的格式标准。在满足 4 亿中国网民生活经验领域与需求的基础上，进一步丰富百度的产品线，使得百度能在更大范围内覆盖和聚合网民力量（图 7-121）。

图 7-120　百科

图 7-121　百度经验

（5）百度文库

百度文库是百度发布的供网友在线分享文档的平台。百度文库的文档由百度用户上传，需要经过百度的审核才能发布，百度自身不编辑或修改用户上传的文档内容。用户可以在线阅读和下载这些文档。

百度文库的文档涵盖教学资料、考试题库、专业资料、公文写作、法律文件等多个领域。

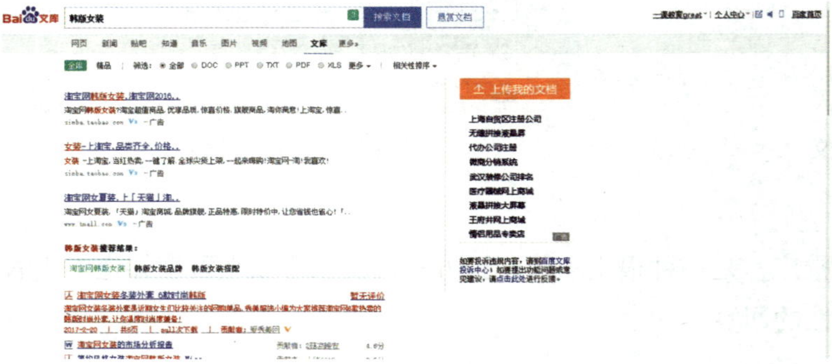

图 7-122　百度文库

当百度文档分享给别人有用的信息时，文档很容易通过，加之没有举报等的功能，所以只要在通过的文档里面加有外链，该链接就很难掉下来，对于店铺而言就是百度对你店铺永久的单向链接了（图 7-122）。

（五）QQ 推广

QQ 营销作为其中一种营销方式在实际的工作中有重要的作用。店铺可以通过 QQ 与用户实现及时的面对面的交流，有问题可以及时反馈，在交流中增加买卖双方成功的概率。

① QQ 账号的设置

（1）头像

首先，社交工具中的头像一定要有特色，最好能让人一眼记住。因为只有让客户记住你了，才有可能选择你的产品。在笔者的 QQ 中，卖同一女装产品的就有十几个，当有一天买女装时，会找谁？肯定要找印象最为深刻，一下子就能想起名字的那个人。

其次，头像要正规，稳重，干净，给人以信任感，突出亲和力。笔者认为使用本人的照片做图像，足够有特色，容易记忆，同时给人一种极强的信任感和舒适感。切忌使用有争议的名人图像和幼稚、低俗、非主流的图像，那样会大大降低别人对我们的印象和好感度。试比较图 7–123 中的两个头像，如果你想买女装，您认为哪个卖家更加真实、值得信赖？

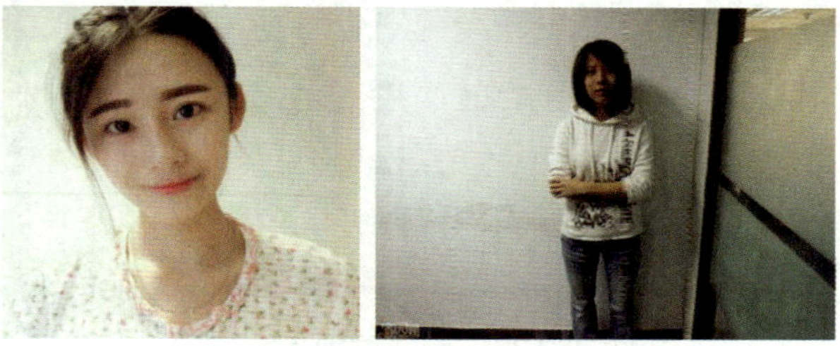

图 7–123　头像

（2）昵称

昵称可以设置本人全名或店铺名称、也可以加上联系方式或者店铺链接，这样可以很直观且很直接地在你出现在群或朋友圈时宣传自己，如图 7–124 所示。

（3）QQ 个人主页的其他资料

QQ 资料除了能展示名字和图像，还有很多项目，比如性别，地区，职业，学历，签名等。这些资料越翔实，就会越靠谱和可信。除了基本的 QQ 资料的设置，最好经常更新朋友圈、微博内容，QQ 中的日志、说说、相册，这些都会增加真实感和亲和力。

在 QQ 资料卡上，依次有资料栏、相册栏、动态栏，保持经常性的更新，会给客户带来极强的信任感，使其产生购买的欲望（图 7–125）。

图 7–124　昵称

图 7–125　QQ 资料卡

② QQ 群推广

（1）QQ 精准群的加入

我们需要找到关于“优惠”“团购”“折扣”相关的购物交流群，查找到人群相关性比较强的群，对于营销推广效果有很大的作用，如图 7–126 所示，点击“团购”，就能找到相关的团购群，实现 QQ 群精准定位，找到相关人群。

另外还可以根据自己的兴趣爱好、关键词搜索找群，如图 7–127 所示。

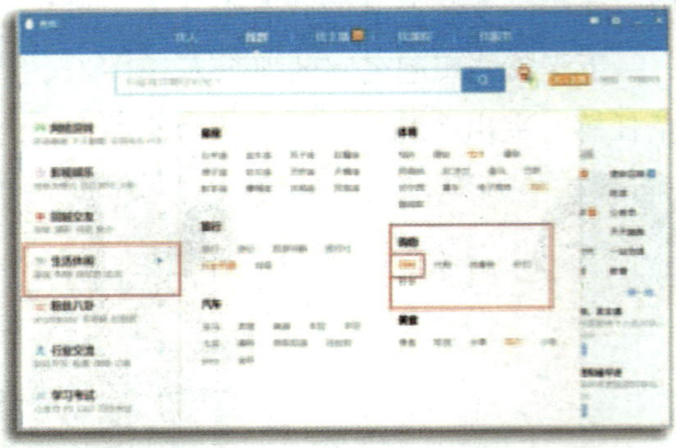

图 7–126　精准群加入

图 7–127　精准群搜索

（2）入群宣传

在 QQ 群里宣传自己的商品，最好找一些跟群主和管理员都很熟的群，这样可以让管理员帮助把自己想宣传的商品顶上去。若是一些新加入的群，最好不要一开口就进行推销，会引起人的反感，可以先慢慢跟大家熟络，混个脸熟，再一点一点推销商品（图 7–128）。

3 QQ 空间

（1）空间日志

编写并推广好的日志来进行人群维护，是 QQ 空间一种常见的营销方式。日志的形式可以多样化，利用软文的方式进行推广，会起到事半功倍的效果（图 7–129）。

图 7–128　另搜索找群

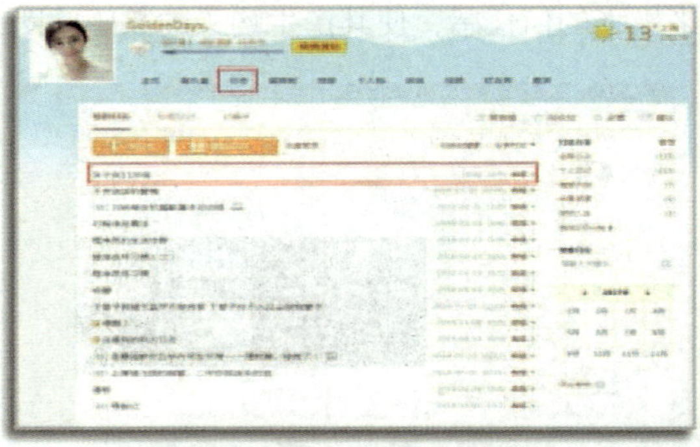

图 7–129　编写并推广好的日志

（2）空间相册

每次传照片的时候最好事先做好水印，传到空间相册的同时还可以传到 QQ 群的相册。但产品照片推广只能说是普通比较直接的方法，并不能提高转化率（图 7–130）。

图 7–130　空间相册

（3）空间说说

QQ 说说原来叫 QQ 心情，其目的在于随时随地地分享心情，这应该就是微博的前身，我们每次更新 QQ 个人资料的时候都会自动地更新到 QQ 说说上面，最好也是有争议性的话题和经典语句，这个有字数限制，所以一定要在几句话中就能让别人有想了解你的冲动（图 7–131）。

（4）空间签名

QQ 空间有个每日签到的应用，每日签到不仅可以提高空间的等级还可以给自己做广告，当朋友进入你的 QQ 空间，往往会被你极具个性的空间签名所吸引，如果加入网络营销链接和促销信息，结果就不言而喻了（图 7–132）。

图 7–131　QQ 说说

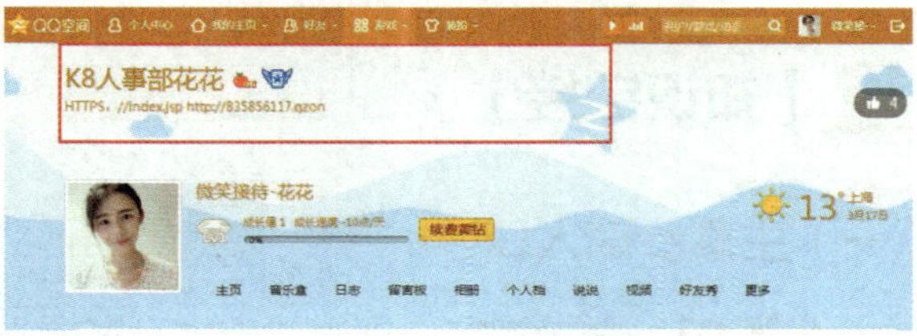

图 7–132　空间前面

【任务加油站】边学边练

进阶任务：第三方平台（搜索引擎、论坛、博客等等）推广引流。

※【训练目的】

1. 明确站外推广的重要性，知道站外引流的方法方式。
2. 能通过第三方平台（搜索引擎、论坛、博客等）进行推广引流。

※【任务背景】

东东通过学习推广引流，初步掌握了淘宝站内引流的方法，店铺的流量逐渐增加。东东学习后发现站外的推广和流量同样重要，但他不知道可以通过哪些方法或工具进行推广引流？你能帮帮他吗？

※【任务要求】

1. 结合所学知识，掌握第三方平台（搜索引擎、论坛、博客等）推广引流的操作流程和方法；

2. 选用第三方平台（搜索引擎、论坛、博客等）的其中 2 种方法各完成一次推广。

任务三　生意参谋

生意参谋是监控营销效果的工具，是量子恒道的升级版本。集成了量子恒道的海量数据及生意参谋的店铺经营思路，不仅整合了量子恒道大部分功能，还新增了自助取数、单品分析、商品温度计和实时直播大屏等新功能。生意参谋基础版免费开放供商家使用。

【任务引入】

东东的店铺经过站内、站外的推广引流，买家流量逐渐增加，也逐步有了订单，东东初步尝到了经营的甜头。接下来，他需要分析越来越多的数据，监控店铺实时情况，确定店铺经营思路，以便更好地提高店铺经营效益和服务质量。你能帮帮他吗？

1. 淘宝平台提供了什么营销工具辅助卖家进行店铺经营管理？

2. 生意参谋提供了哪些具体模块？每个模块的具体功能是什么？

【知识链接】

（一）生意参谋入口

步骤 01　登录淘宝，进入“千牛卖家中心”，点击“数据”（图 7–133）。

步骤 02　进入生意参谋首页（图 7–134）。

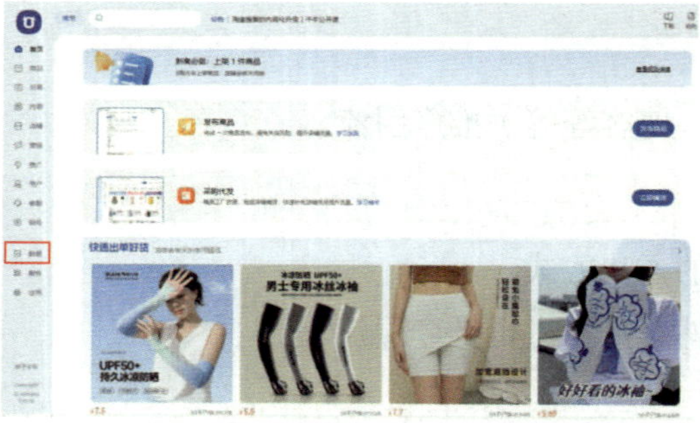

图 7–133　登录生意参谋步骤

图 7–134　进入生意参谋首页

（二）生意参谋界面介绍

1 首页数据界面介绍

（1）实时指标

从 0 点到当前时间访问您店铺页面或宝贝详情页的访客数、支付金额与支付买家数、浏览量、支付子订单数，如图 7–135 所示。

（2）行业排名

最近 30 天的支付金额在对应层级的排名，如图 7–136 所示。

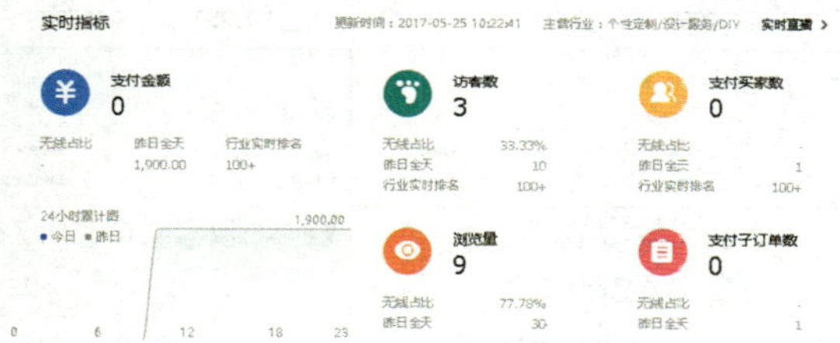

图 7–135　实时指标

图 7–136　行业排名

（3）核心指标

包括访客数、浏览量、支付金额、支付转化率、客单价、售中申请退款金额、服务态度评分。如图 7–137、图 7–138 所示，用曲线图展示最近 30 天的值，并与同行业平均值相比较，从而了解店铺的经营概况。

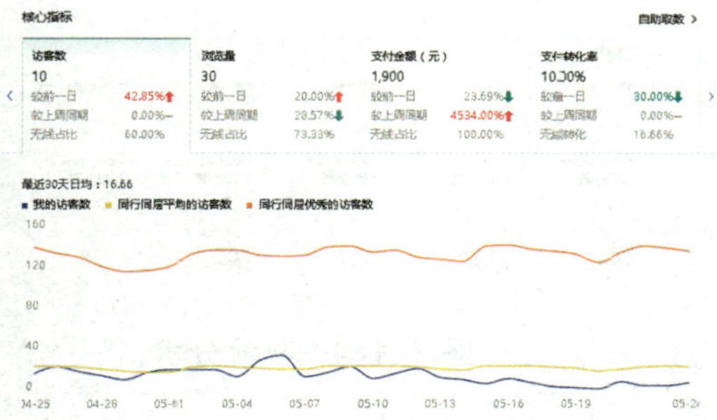

图 7–137　核心指标 1

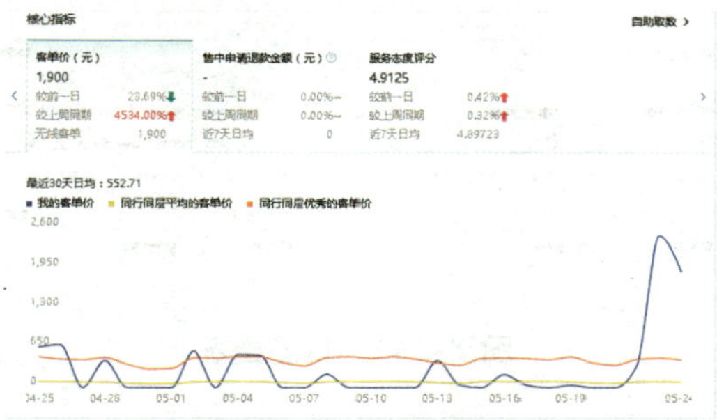

图 7–138　核心指标 2

（4）流量分析

分析一个店铺近期流量的变化情况，从店铺的跳失率、人均浏览量、平均停留时长、PC 流量来源 TOP5 和无线流量来源 TOP5 等内容分析店铺流量（图 7–139，图 7–140）。

（5）商品分析

从商品加购件数，商品收藏次数、详情页跳出率、商品访客数、商品浏览率来分析商品（图 7–141）。

（6）售后服务分析

从退款率、退款时长、描述相符评分、卖家服务评分、物流服务评分来分析售后的服务质量（图 7–142）。

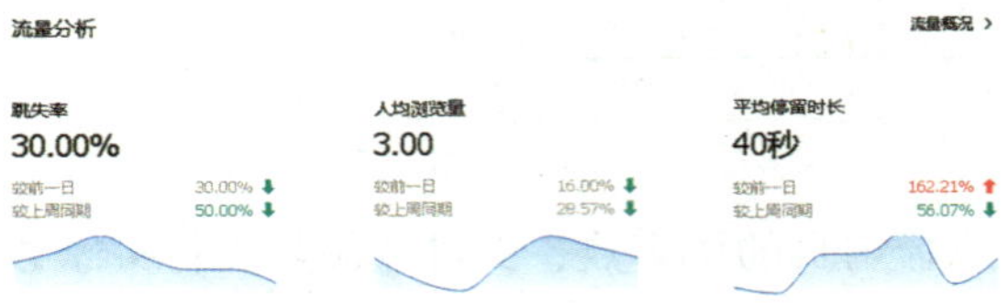

图 7–139　分析

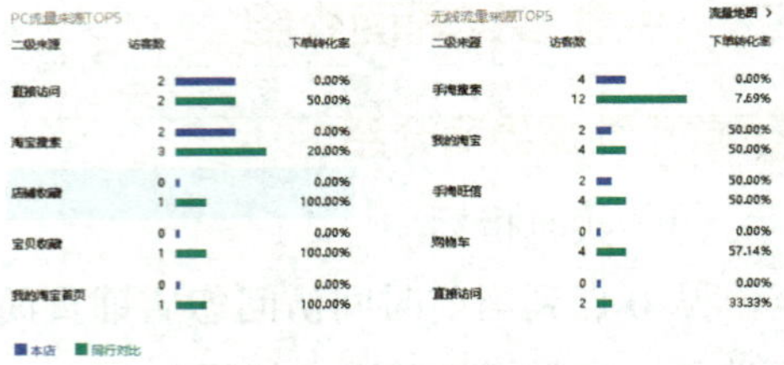

图 7–140　流量分析

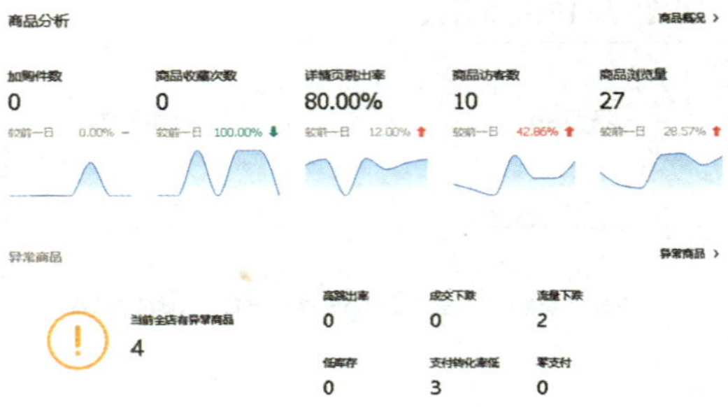

图 7–141　商品分析

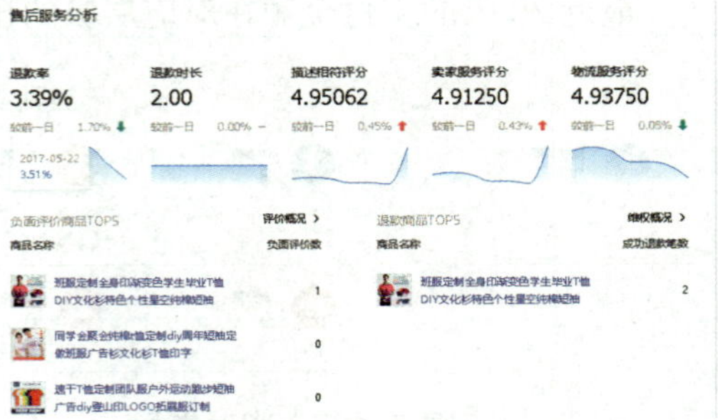

图 7–142　售后服务分析

（7）物流分析

主要从发货包裹数、揽收包裹数、派送包裹数、平均支付—发货时长、物流差评率等内容来分析物流（图 7–143）。还可以点击该模块右上角的“物流概况”进行了解，如图 7–144 所示。

图 7–143　物流概况

图 7–144　物流分析

2 实时直播

生意参谋提供店铺数据的实时直播，主要有数据的实时概况、实时来源、实时榜单、实时访客、实时催付宝等，所有数据都分无线端和 PC 端，如图 7–145 所示。

3 作战室

数据作战室是阿里巴巴的生意参谋团队最新研发的一款面向淘系头部商家，满足其数据创新领域的全局指挥和打造影响力需求的创新产品，提供核心数据大屏监控，助力商家全局指挥；数据化企业品牌宣传，助力商家品牌建设，如图 7–146 所示。

（1）数据作战室的核心价值

①实时全局指挥监控，助力企业品牌建设。

②全店商品监控预警，助力精细运营商品。

图 7–145　实时直播

③竞店竞品排名异动，助力轻松超越对手。

（2）数据作战室的应用场景

①大促狂欢：实时监控争分夺秒，大促狂欢提升士气。

②品牌宣传：数据化企业品牌宣传，助力商家品牌建设。

③日常运营：全局掌控助力决策，及时响应形成合力。

图 7–146　作战室

4 自助取数

自助取数满足广大商家个性化的数据提取需求，店铺和商品的数据可以自由选择自然天、自然周和自然月的汇总周期进行查询。主要有我要取数、我的报表、推荐报表和 BI 分析四项功能，如图 7–147 所示。

（1）我要取数

为用户提供从店铺 / 商品维度到各种指标的自由日期的查询，与保存为报表的功能服务。

（2）我的报表

为用户展示已经加入报表的取数

图 7–147　我要取数

模板，提供已有查询模板的快速查询服务（图 7–148）。

（3）报表推荐

由官方推荐的一些常用的取数查询模板，提供对预设指标的快速查询入口（图 7–149）。

图 7–148　我的报表

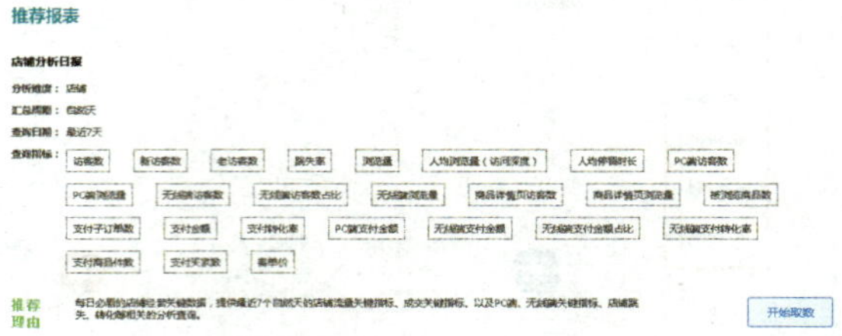

图 7–149　推荐报表

5 营销

该模块包括营销推广、营销玩法和营销工具。营销推广有推广中心、万相台、直通车、引力魔方和急速推；营销玩法有购物金；营销工具有单品宝、店铺宝、搭配宝、N 元任选、店铺券、商品券、客服专属优惠。系统会根据店铺的浏览、收藏、下单、支付、宝贝本身的特征等数据为卖家推荐营销的方式（图 7–150）。

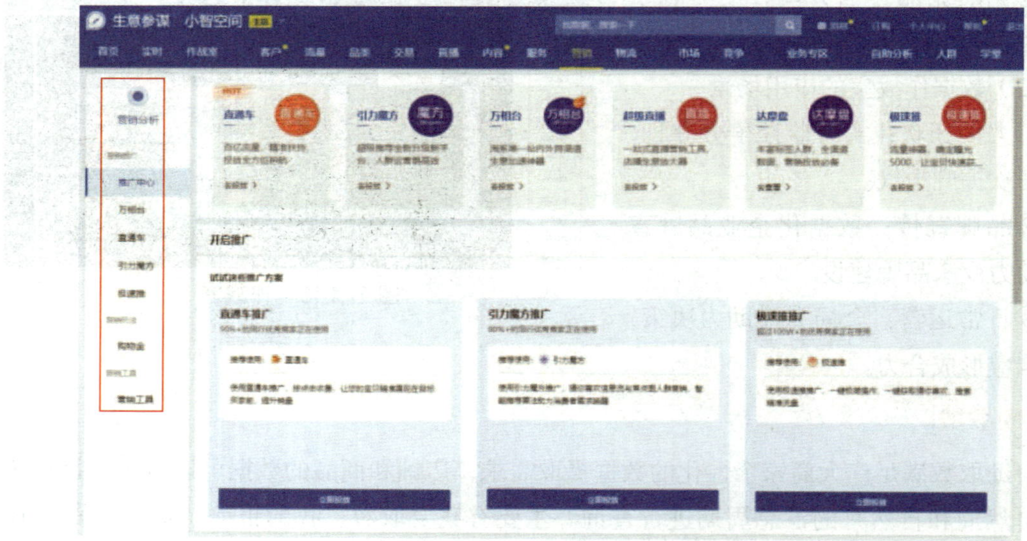

图 7–150　营销

6 市场行情

市场行情是收费的。主要是从监控看板、市场大盘、市场排行、搜索排行、搜索分析、内容排行等方面来分析（图 7–151，图 7–152）。

7 竞争情报

竞争情报也是收费的。主要包括竞争店铺、竞争商品、竞争品牌、竞争动态、竞争配置五大模块。且会显示昨日购买流失和昨日流失店铺的数据（图 7–153）。

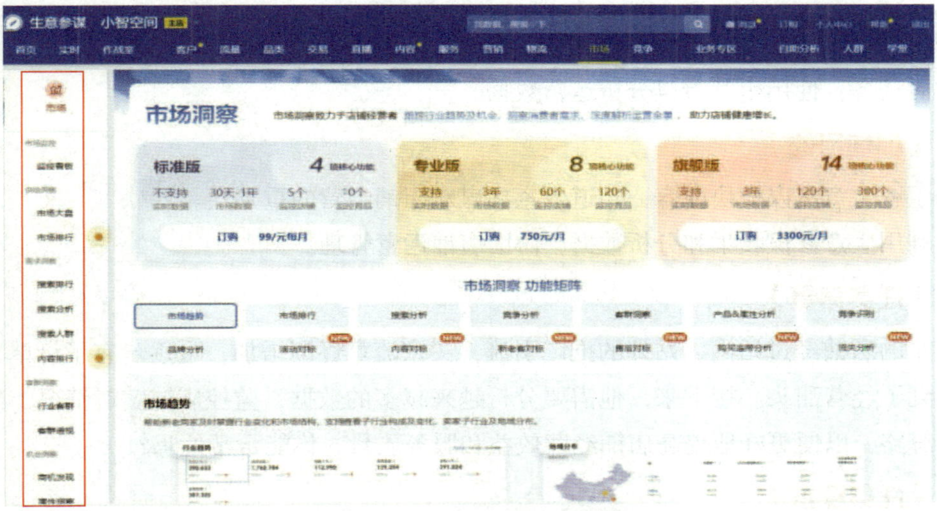

图 7–151　市场行情是收费的

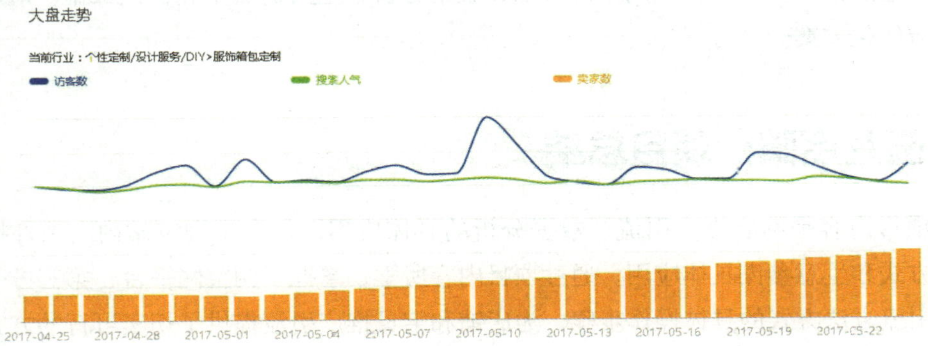

图 7–152　市场行情

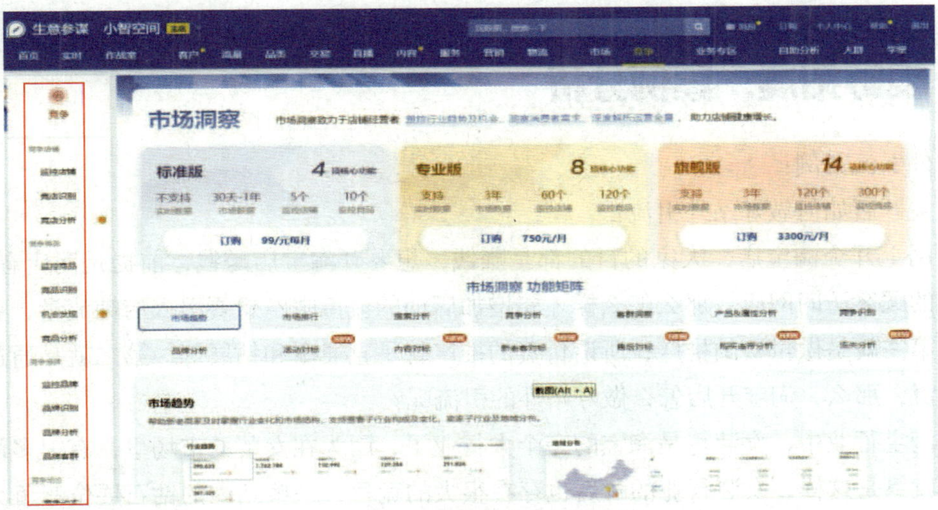

图 7–153　竞争情报

【任务加油站】边学边练

进阶任务：使用生意参谋分析运营数据。

※【训练目的】

1. 了解生意参谋模块内容，知道生意参谋对店铺经营的重要性。
2. 利用生意参谋收集和分析数据，协助店铺运营管理。

※【任务背景】

东东的店铺经过站内、站外的推广引流，买家流量逐渐增加，也逐步有了订单，东东初步尝到了经营甜头。接下来，他需要分析越来越多的数据，监控店铺实时情况，确定店铺经营思路，以便更好地提高店铺经营效益和服务质量。你能帮帮他吗？

※【任务要求】

1. 打开生意参谋，分析各功能模块的具体内容，设计一份生意参谋功能模块鱼骨图；
2. 挑选店铺一件宝贝，利用生意参谋，收集分析该宝贝的流量和营销数据，形成宝贝推广引流优化方案。

画龙点睛：项目总结

本项目内容是网店推广引流、数据分析的具体应用，包含了淘宝站内、站外推广引流方法方式和生意参谋具体应用。通过项目内容所学，掌握了淘宝网平台、第三方平台各种推广引流方法方式的具体操作步骤，为店铺和宝贝推广引流提供了切实可行的方案；同时，通过生意参谋的应用，为店铺运营管理配备了监控营销效果工具，帮助卖家清晰有效地优化店铺运营管理，提升运营管理效果。

视野拓展：案例分析

站外引流案例：

淘宝开店如何做好站外引流？

在网上开个淘宝店，大家的目的都是赚钱，想要开淘宝店赚钱，前提是网店有销量，有真实的顾客访问网店，那么怎么样才能增加店铺的流量呢？想要引入店铺流量，有两种方法，第一就是做付费的推广，所谓付费的推广就是直通车和钻展等，第二就是通过自然流量引流，那么，淘宝开店怎么做好站外的引流呢？

在淘宝行业中，女装算是淘宝的一个大行业了，因为在女装的市场里，有很多优质的资源，就算是这样，女装行业的背后也存在很大的竞争，一些站内的钻石展位竞争力这么大，站外引流的成本相对是比较低的，如果店家在位置的选择上合适，效果肯定是有的，下面就举个淘宝女装的案例跟大家来说说。

下图的女装店铺，是一个五皇冠级别的店铺，好评率很高，所以在钻石展位的投放方向以及对策上做出以下安排：

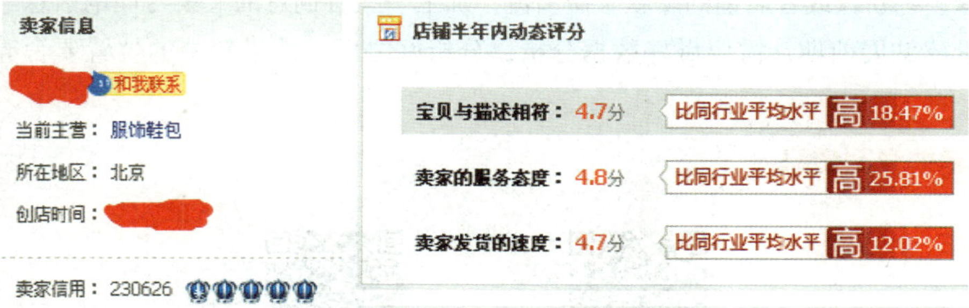

① 站外广告位置的选择

可以选择一些平台来做推广，比如微博，可以作为站外推广的主要渠道，因为现在使用微博的大都是一些年轻时尚的女性，所以在微博上投放广告是最好的。

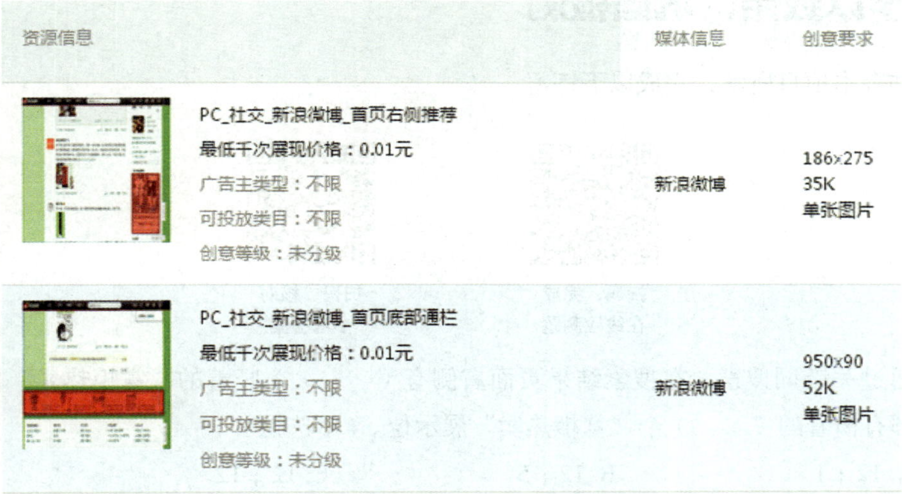

② 落地页的制作

所谓的落地页就是网店的首页，店家们可以在该网店的首页定期做好宝贝的上新，把店铺的爆款和上新的宝贝都放在首页。

③ 广告素材的制作

可以根据之前的推广图，选取一些转化率较高的产品来做素材，另外，最好添加一些有创意性的文案还有促销信息，当推广图片做好之后，选取点击率高的图片来进行广告的投放。

※ 案例讨论

本案例在站外引流方面做了哪些工作？你怎么看待这些做法？

假如你是店主，你还会为站外引流做哪些努力？

※ **总结**

淘宝开店如何做好站外引流，主要体现在以下几点：

站外推广的选择，在推广前要进行测试并且找到适合网店的位置。

选择一些新款或者店铺的爆款来做引流，加上一些有创意的文案与促销信息。

在投放钻展前期，需要做好数据分析，分析好之后，效果较差的位置要舍弃，择优选择。

※ **辅助学习资料**

更多拓展案例　　知识延伸

学以致用：巩固检测

请结合本项目所学，完成以下练习：

扫码，完成在线检测题　　扫码，核对参考答案

1. 通过关键词搜索，在搜索结果页面右侧有（　　）个竖着的“掌柜热卖”展示位，页面底部有横着的（　　）个“掌柜热卖”展示位。（单选题）

A. 12；1　　B. 12；5　　C. 12；12

2. 假设有两家店铺，“淘小宝旗舰店”（天猫）和“淘小宝小店”（淘宝网，字号是“淘小宝”），则：“淘小宝旗舰店”对应的搜索关键词是（　　）。（单选题）

A. “淘小宝”　　B. “淘小宝旗舰店”　　C. “淘小宝小店”

3. 准备 1000 元，竞拍一个点击率是 2% 的位置，成交价格是千次展示 5 元，那么能买到的总流量 200000（PV）产生的总点击数为 4000 个，每个点击花的钱是（　　）元。（单选题）

A. 0.025　　B. 0.25　　C. 2.5

4. （　　）是中国目前最大的微博平台，它拥有数千万的活跃用户，包括了名人和企业等众多主流人群，是淘宝店进行网络营销的最佳平台。（单选题）

A. 新浪微博　　B. 腾讯微博　　C. 网易微博

5. 微博最多（　　）个字的容量，越精练越好。(单选题)

A. 130　　　　B. 135　　　　C. 140

6. 微博是个可以发起热门话题，引发讨论的地方，因此用（　　），可以把空间留给粉丝，激发粉丝的转发和讨论。(单选题)

A. 陈述句　　　　B. 反问句　　　　C. 疑问句

7. 支付下跌商品：最近 7 天支付金额较上一个周期 7 天下跌（　　）% 以上。(单选题)

A. 20　　　　B. 30　　　　C. 40

8. 当前商品的价格低于市场同类商品的主要价格，建议对同类最近（　　）天成交商品价格分布的关注。(单选题)

A. 3　　　　B. 5　　　　C. 7

9.（　　）是阿里巴巴的生意参谋团队最新研发的一款面向淘系头部商家，满足其数据创新领域的全局指挥和打造影响力需求的创新产品，提供核心数据大屏监控，助力商家全局指挥(单选题)

A. 实时直播　　　　B. 数据作战室　　　　C. 竞争情报

10. 直通车推广是指通过对买家搜索的关键词的展现位置出价，从而将宝贝展现在高流量的直通车展位上，也可自行选择在哪些买家跟前展现，让宝贝在众多商品中脱颖而出。(判断题)

○ 对　　　　○ 错

11. 对于个人而言，只要是你的微信好友，就可以通过朋友圈推广自己的产品。(判断题)

○ 对　　　　○ 错

12. 生意参谋的商品分析从商品加购件数，商品收藏次数、详情页跳出率、商品访客数、商品浏览率来分析商品。(判断题)

○ 对　　　　○ 错

13. 售后服务分析主要从发货包裹数、揽收包裹数、派送包裹数、平均支付—发货时长、物流差评率等内容来分析物流。(判断题)

○ 对　　　　○ 错

14.________________是指利用搜索引擎的搜索规则来提高目前网页在有关搜索引擎内的自然排名的方式。(填空题)

15. 申请加入直通车店铺需要满足的条件：店铺主营商品所属的类目需要先加入“________________”，并缴纳保证金。(填空)

匠心精研：实操演练

项目七综合实训　引流与数据分析

实训要求：

请打开活页实训任务指导书，完成项目七综合实训。

项目七实训

序号	实训项目	实训要求
1	实训 7–1　店铺促销设置之优惠卡券	掌握店铺促销活动的设置方法，给店铺设置三张优惠券，达到指定的实训结果。
2	实训 7–2　店铺商品促销设置之限时折扣	掌握商品促销活动的设置方法，给指定产品设置限时折扣的活动，达到指定实训结果。
3	实训 7–3　数据分析	掌握数据分析的方法流程，完成数据分析并形成分析报告。

评价与反馈：淬炼思政

请结合项目七的学习表现及收获，填写下表，完成学习评价：

项目	学习任务	学习目标	学习评价			总评
			自评 30%	小组评 20%	教师评 50%	
店铺开设	任务一　站内引流 任务二　站外引流 任务三　生意参谋	【知识目标】： 1. 能说出淘宝网活动推广的传播方式； 2. 能说出站外活动推广的传播方式和操作技巧； 3. 能说出生意参谋的各个功能模块。				
		【技能目标】： 1. 能使用淘宝网站内推广传播的方式方法进行推广； 2. 能使用淘宝网站外推广传播的方式方法进行推广； 3. 能使用生意参谋进行淘宝数据分析； 4. 能根据数据分析结果并做出相应决策。				
		【素质目标】： 1. 培养学生信息管理意识，初步培养学生分析问题、解决问题的能力，以及勇于克服困难的精神； 2. 培养学生乐于钻研的精神和勇于挑战自我的竞争意识，提取有用信息的能力。				
学习综合评分						
学习收获						

模块四　客户关系管理

项目八　客服沟通

项目概览图

项目	学习任务	学习目标
项目八 客服沟通 微课：客服沟通	任务一　信誉度的重要性 任务二　客服的重要性 任务三　售前客服 任务四　售后客服	【知识目标】： 1. 能说出信誉度、客服的重要性； 2. 能罗列售前、售后客服技巧； 3. 能复述客服流程。 【技能目标】： 1. 能够运用客户相关数据提高沟通效率，进一步提升客户满意度； 2. 能够完成客户资料的分析工作，完成客户回访、维护等工作； 3. 能处理客户异议。 【素质目标】： 1. 树立正确的网店服务观念，摆正客服在网店中的位置； 2. 树立诚信经营意识，良好的职业素养。

项目背景

客服（Clientele Services）是指客户服务工作（接受顾客咨询，帮顾客解答疑惑），或者是承担客户服务工作的机构。

目前，电子商务市场已进入饱和期，企业之间的竞争更多趋向于在接待顾客，跟踪订单，售后服务等环节如何满足顾客需求，留住顾客，得到顾客的青睐。

勤学善思

同学们肯定在网上购过物，请回顾自己的购物经历，思考以下问题：

1. 你每次购物前会做些什么准备？其中哪些准备会用到客服？

2. 你在购物过程中遇到过货不对版通过客服换货或索赔的情况吗？有请试着说说过程。

任务一　信誉度的重要性

网店信誉度是买家判断是否在所选定商家购物的重要标准之一，可以说，店铺信誉度的高低决定着网店的客流量和成交量。

【任务引入】

小明已经装修好了自己的网店，商品的销量却不乐观，查找原因发现客户购买商品后很少评价，导致网店的信誉度不高，他着急呀！你能帮他解忧吗？

1. 什么是网店信誉度？
2. 信誉度有什么作用？

【知识链接】

（一）信誉度

1 定义

提高企业信誉，单靠行政手段是不行的。它是在社会舆论、人们的信念、偏好、传统习惯、教育、外界影响等多种因素的共同作用下形成的。

2 信誉度的重要性

店铺信誉度高低决定着网店的客流量和成交量（图 8–1）。

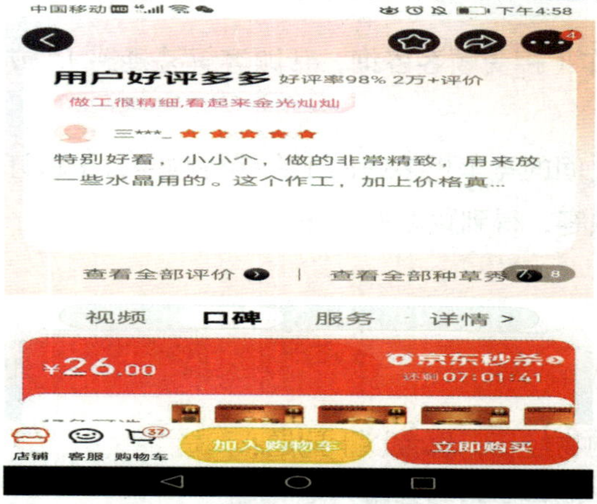

图 8–1　京东查看店铺信誉度

（二）店铺评价规则

店铺评分是指在淘宝网交易成功后，买家可以对本次交易的卖家进行以下四项评分：宝贝与描述相符、卖家的服务态度、卖家发货的速度和物流公司的服务。每项评分取连续六个月内所有买家给予评分的算术平均值。

交易成功后的 15 天内，买家可本着自愿的原则对卖家进行店铺评分，逾期未打分则视为放弃，系统不会产生默认评分，不会影响卖家的店铺评分。

若买家在进行店铺评分时，只对其中 1 项或几项指标做出评分，则视为完成店铺评分，无法进行修改和补充，剩余未评的指标视作放弃评分，不会默认评分。

店铺评分生效后，宝贝与描述相符、卖家服务态度和卖家发货速度三项指标将分别平均计入卖家的店铺评分中，物流公司服务评分不计入卖家的店铺评分中，但会计入物流平台。

计算方法：每个自然月，相同买家、卖家之间的交易，卖家店铺评分仅计取前三次（计取时间以交易成功时间为准）。店铺评分一旦做出无法修改。

评价期间指交易成功后的 15 天。有关信用评价的其他具体规则可以参见“淘宝网—卖家中心—规则中心—淘宝规则—基础规则—淘宝网评价规则”（图 8–2）。

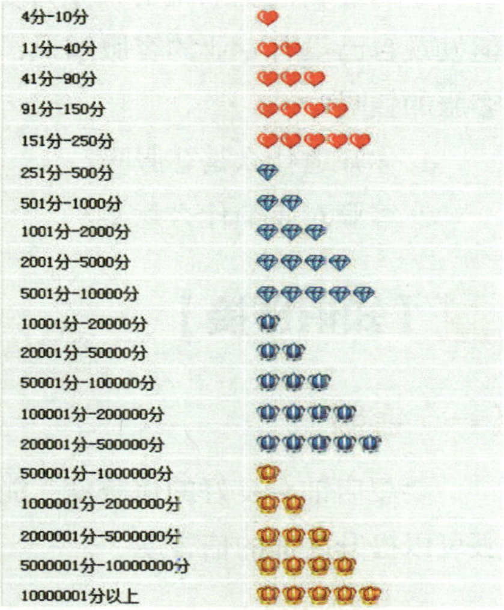

图 8–2　淘宝网评价规则

※ **课堂讨论**

结合小明的店铺实际，你觉得如何增加客户评价？提高好评率以增加店铺信誉度？

【任务加油站】边学边练

进阶任务：增加店铺信誉度。

※ **【训练目的】**

1. 利用所学知识分析店铺信誉度不高的原因。
2. 学会使用增加店铺信誉度技巧。

※ **【任务背景】**

小明的网店，有客户购买商品，销售量也不错，但他想提升店铺知名度和美誉度，你能帮帮他吗？

※ **【任务要求】**

1. 什么是店铺的信誉度？它主要起到什么作用？
2. 根据小明网店的商品特征，如何帮助他提高商店信誉度？

任务二　客服的重要性

客服是企业与客户沟通的桥梁与纽带，好的客服可以很好地服务客户，为商家建立良好的信誉。

【任务引入】

小明经营网上店铺有几个月了，自己既做老板又做客服很累，当初想着可以省点钱，但发现自己没有专业的客服知识，觉得与客户沟通起来很吃力，你觉得小明应该省下雇佣客服的钱吗？

1. 你知道什么是客服吗？

2. 客服对店铺什么意义？

【知识链接】

（一）客服

要想店铺有良好的信誉度，能长久经营下去，客服的作用是非常大的。选用合适的客服可以提升店铺的信誉度。

※ 课堂讨论

你平时购物会跟客服打交道吗？你觉得客服能帮买卖双方解决什么问题呢？

1. 客服的定义

客服是在售前、售中、售后给客户解答问题、负责售后服务的人或组织。

2. 客服的重要性

① 为卖家节省时间创造价值：卖家可以高效地管理网店、及时把握商机消息，从容应对繁忙的生意。

② 为买家节省时间增加购买信心：通过客服解答疑问缩短买家的购物时间；专业解答能增加顾客购买信心。

③ 提升店铺信誉度：优秀的客服能给顾客留下好的印象，增加顾客重复购买机会，同时也可以创造病毒营销效应。

（二）客服应知

1 电脑软件知识

从事客服工作虽然不需要电脑技能精湛，但是需要对电脑有基本的认识和具有熟练操作 WORD\EXCEL 等基本软件的能力，打字速度要快，还能使用千牛工作台、淘宝助理等软件，会收发送电子邮件等。

2 商品专业知识

客服需要给客户答疑解惑，需要具备商品基本知识，如商品的种类、材质、尺寸、用途和注意事项等，以及使用方法、洗涤方法和修理方法，还应当了解行业的有关知识。

③ 所在网店的交易规则

查看交易详情，了解如何付款、修改价格、关闭交易和申请退款等交易规则是一个客服必备的。

④ 物流知识

客服人员需要掌握网店物流方式查询、不同物流公司的包裹撤回、地址更改、状态查询、保价、问题件退回、代收货款和索赔的处理等知识。

【任务加油站】边学边练

进阶任务：挑选客服。

※【训练目的】

1. 认识客服对网店的重要性。
2. 结合网店具体情况选择合适的客服人员。

※【任务背景】

小明既做老板又做客服有几个月了，他经营的是童装，他想将自己的更多精力放在店铺的管理上，准备请一个客服，但他没有客服专业知识，不知道如何选择一个好的客服，你能当他的客服面试官吗？

※【任务要求】

1. 请客服要付工资，他一个人赚两份钱不好吗？
2. 你会从哪几个方面来面试客服人员？

任务三　售前客服

商品销售是一项讲技巧的活，售前客服水平的高低会直接影响交易的成败。售前客服的工作是什么？大多网店的客服岗位职责是非常明确的，其中售前客服人数最多，业务量也比较大，在销售过程中起着咨询师、店铺形象塑造者、销售员的作用。

【任务引入】

小明已经具备客服的基本知识和技能，他想做一个合格的售前客服人员，但又不知道从哪里开始，你能帮帮他吗？

1. 售前客服的工作流程是怎样的？
2. 售前客服如何迎客？

【知识链接】

（一）售前客服工作流程

售前服务是企业在顾客未接触产品之前所开展的一系列刺激顾客购买欲望的服务工作。售前服务的主要目的是协助客户做好规划和系统需求分析，使我们的产品能够最大限度地满足用户需要（图 8–3）。

进门问好	售前成交过程	道别
询问推荐		核实
议价		跟进

图 8–3　客服工作流程图

（1）开门迎客

“迎”字突出了接待客户的艺术，无论是售前还是售后良好的第一印象是成功沟通的基础。

※ 课堂讨论

客户：请问可以帮我介绍一下这款产品吗?

客服：亲！你可以自己看产品详情面哟！

请分析以上对话中，客服回答的内容对吗？错在哪？

表 8–1　**迎客术语**

序号	营业状态	迎客艺术
1	正常营业	不要一字一句地回答（例：欢迎光临，很高兴为你服务）
2	繁忙、咨询量大	设置相应的快捷回复，以免影响客户体验（例：亲，实在抱歉，本店今天大促活动咨询量比较大，没能及时回复你，敬请谅解，有什么问题请留言，我会尽快回复您的！）
3	离开状态（午餐时间或开会）	回来及时回复（例：亲，实在抱歉，刚刚开去开会了，没能及时回复您，敬请谅解，请问有什么可以帮到您？）

（2）接待咨询

迎接将客户之后，售前客服接下来要准备好接待客户的咨询。

在回复客户咨询，做好一个专业的“导购员”，需要注意以下五点。

① 回复及时 给客户留下好印象抓住黄金六秒；

② 用词热情生动 提升客户体验 加语气词；

③ 一切都是让客户留得更久 先交朋友；

④ 产品专业知识丰富 专业的形象；

⑤ 建议搭配适当的旺旺表情 为亲和力加分。

（3）推荐产品

推荐产品是售前客服工作最重要的一项，是工作的重中之重。推荐产品是指客服用自己独特的销售方式根据顾客的需要将商品推送给顾客的过程，这是售前客服工作的重点，是最体现售前客服价值的环节。

推荐商品的方式：瞄准顾客的购买需求进行推荐、帮助顾客挑选、巧用顾客心理、关联商品的推荐、将选择权留给顾客。

（4）处理异议

在经过了沟通和推荐产品两个环节后，客户有可能会产生一些异议，那么为更好地处理这些异议，销售客服需要对客户提出的问题进行回应和解释，打消客户顾虑，建立信任，正确地解决异议，从而提升转化率。

客户经常会对产品、性能、物流、售后等有一些异议，要注意处理好两种比较典型的情况：我考虑一下再说；太贵了，能不能便宜些。

（5）促成交易

体察客户是为了更好地销售，所以一定要以最终成交作为导向，及时巧妙促成交易、达成销售是客服的主要目标。

（6）礼貌告别

顾客购买商品后，客服主动与顾客告别，这不仅是一种礼貌，更是为下一次的交易争取机会。

在与顾客礼貌告别时要图文并用，不要仅用文字，这样既可以节省时间，又生动直观；尽量添加顾客为好友并备注相关信息。

（二）促成交易的技巧

① 利用“怕买不到”的心理

人们常有越是得不到、买不到的东西，越想得到它的心理。我们可以利用这种心理来促成订单。当对方有比较明显的购买意向，但还在犹豫时，可以用以下说法来促成交易：“这款是我们最畅销的了，经常脱销，现只剩两个了，喜欢的话别错过了哦。”或者：“今天是优惠价的截止日，请把握良机，明天你就遇不到这种折扣价了。”

② 利用顾客希望快点拿到商品的心理

顾客都希望在付款后卖家尽快寄出商品。当顾客已有购买意向，但还犹豫的时候可以说：“如果真的喜欢就赶紧拍下吧，快递员一会就要来了，如果现在成功支付，马上就能为你寄出了。”这对于可以用网银转账或在线支付的顾客较有效。

③ 采用“二选其一”的问话技巧

当顾客一再给出购买信号，却又犹豫不决时，可采用“二选其一”的问话技巧来促成交易。例如，你可以对他说：“请问您需要 SH908 还是 SH619 呢？”或者说：“请问要平邮给您还是快递给您？”这种“二选其一”的问话技巧，其实就是你帮他拿主意，顾客选中一个，就是下决心购买了。

4 帮助准顾客挑选

许多准顾客即使有意购买，也不喜欢迅速下单，而总要东挑西拣，在产品颜色、规格、式样上不停地打转。这时候你就要改变策略，暂时不谈订单的问题，转而热情地帮对方挑选颜色、规格、式样等，一旦上述问题解决，你的订单也就落实了。

5 巧妙反问

当顾客问到的某种产品正好没货时，就得运用反问来促成订单。举例来说，顾客问：“这款有金色的吗？”这时，你不可回答没有，而应该反问道：“不好意思，我们没有进货，不过我们有黑色、紫色、蓝色的，在这几种颜色里，您比较喜欢哪一种呢？”

6 积极地推荐

当顾客拿不定主意，需要你积极推荐的时候，你尽可按顾客需要进行推荐，尽量在每个链接后附上推荐的理由。而不要找到一个推荐一个。如：“这款是刚到的新款，目前市面上还很少见”，“这款是我们最受欢迎的款式之一”，“这款是我们最畅销的产品，经常脱销”等，以此来促成交易。

※ **课堂讨论**

你认为促成交易时要注意哪些问题？

好的、恰当的促成交易方式对于商品的销售有着重要的作用，反之会起到反作用。所以在促成交易的时候一定要选择好时机，针对顾客的需要推荐商品。

【任务加油站】边学边练

进阶任务：处理顾客讨价还价。

※**【训练目的】**

1. 学会分析顾客讨价还价的心理。
2. 学会处理顾客讨价还价。

※**【任务背景】**

小明在提供服务过程会碰到顾客议价，小明经常因为说不过顾客而对顾客做出让步或给予优惠券，这样一来他自己的提成就减少了，小明经常为这个烦恼。请你帮他应对一下经常说“太贵了，能不能便宜”这种类型的顾客。

※**【任务要求】**

1. 请分析顾客议价的原因。
2. 请列举议价应对的方法。

任务四　售后客服

是不是商品卖出去了就没有商店的事了呢？回答是否定的。商品在售出之后有可能会出现顾客收到商品后感觉与自己在售前、售中体验到的不一样，也有可能在寄送的过程中出现了问题等，应该找谁处理呢？售后客服就是解决由于销售产生纠纷的问题，可以大大降低顾客的投诉和店铺的纠纷率，并且致力于提高顾客的满意度，增加店铺信誉度。

【任务引入】

小明做了几年的售前客服，他想体验一下售后客服，尽管他有丰富的售前客服知识，但是对售后的知识还是比欠缺的，对售后的服务过程还不是很明确。你能帮帮他吗？

1. 售后服务的内容有哪些？
2. 如何才能做好售后服务工作？

【知识链接】

（一）认识售后服务

1 售后服务与售前服务

售后服务，就是在商品出售以后所提供的各种服务活动。售后客服，就是提供售后服务的人员。

※ 课堂讨论

你认为好的售前客服一定会成为好的售后客服吗？他们有区别吗？

2 售后客服工作的主要内容

① 代消费者安装、调试产品；

② 根据消费者要求，进行使用等方面的技术指导；

③ 保证零配件的供应；

④ 负责维修服务，并提供定期维护、保养；

⑤ 为消费者提供定期电话回访或上门回访；

⑥ 对产品实行“三包”，即包修、包换、包退（许多人认为产品售后服务就是“三包”，这是一种狭义的理解）；

⑦ 处理消费者来信来访以及电话投诉，解答消费者的咨询。同时用各种方式征集消费者对产品质量的意见，并根据情况及时改进。

（二）普通售后处理

普通售后流程：退货→退款、普通维权→差价、邮费→追回包裹、退回订单→回评邀请。

❶ 正常退换货

（1）退换货说明

退换货是指顾客在收到商品后由于商品的大小、颜色、款式等不满意，要求店铺在不低于原价格的基础上退换商品，分为同款退换和不同款退换。这在商品页面必须有所说明，尤其要有运费方面的说明。

（2）退换货原则

根据淘宝对退换货争议的规定，退换货时卖家需要遵循以下原则。

①如果卖家未在规定时间内提供退货地址，或者提供退货地址错误导致买家无法退货或操作退回商品后无法送达，或者买家根据协议约定退货后，卖家无正当理由拒绝签收商品的，交易做退款处理，退货运费由卖家承担。如卖家需要取回商品的，应当与买家另行协商或通过其他途径解决，淘宝不予处理。

②买卖双方达成退货退款协议或淘宝做出退货退款处理的交易，商品退回至卖家的退货地址后，淘宝有权退款给买家。

③买卖双方达成换货协议的交易，如卖家收到买家退回的商品后逾期未再次发货的，淘宝有权退款给买家。

④如果是跨境交易且最终确定为退货退款处理的，若卖家的原因导致买家无法退货，则交易做不退货退款处理。

⑤如买家逾期未根据协议约定或淘宝规定时间操作退货的，交易做打款处理。交易款项支付给卖家后，买家再次要求退货的，应当与卖家另行协商或通过其他途径解决，淘宝不予处理。

⑥商品在退货过程中损毁的，商品退回买家或买家无理由拒签后，交易做打款处理。

证明

兹有我公司派件的快递，单号为________，收货________，在____年____月____日由我公司派________派送给收货人时，收货人当着派件员的面拆包验货，包裹内商品________________。

本公司承诺以上情况属实。

____

物流公司电话________

图 8–4　退换货凭证

（3）退换货凭证

买家在退换货时，卖家对退回的商品存在争议，卖家需要向顾客提供相应的凭证，常见的凭证有退换货问题上协商一致的阿里旺旺聊天记录截图、物流公司出具的收到退货有问题的公章证明，如图 8–4 所示，以及换货发出的快递单。

客服在和顾客沟通协调后，在处理顾客正常退换货申请时，一定要看清顾客退换货的原因，并确认是否已经达成协议，在规定的时间内同意申请，再将相关的信息发送至发货仓库，在收到顾客退回的商品，确认商品不影响第二次销售后，再寄出调换的商品。

❷ 退款、普通维权的处理

（1）退款处理

根据淘宝对卖家提供的退款处理办法，我们将退款问题分为六类，并针对每类问题给出了相应的处理办法以及后续卖家应该注意的问题（表 8–2）。

表 8–2　退款问题分类图

常见问题	卖家处理办法	后续建议
收到货物破损、少件等肉眼可见的问题	a. 联系买家提供实物照片确认商品情况； b. 向物流公司核实是谁签收； c. 如果不是买家本人签收，且没有买家的授权，建议您直接操作退款并联系物流公司协商索赔，避免与买家之间产生误会	a. 发货前的质检费严格到位； b. 委托服务品质高，尤其是对签收操作规范的物流公司； c. 提前约定送货过程中的商品破损、丢件等损失由谁承担
描述不符	a. 核实商品的宝贝描述是否有歧义或有让人误解的地方； b. 核实是否发错商品； c. 如果是描述有误或发错商品，可以直接与买家协商解决（如退货退款、部分退款、换货等），避免与买家之间产生误会	a. 确保宝贝描述的内容通俗易懂，避免产生误解； b. 确保发出的商品与买家购买的商品一致
质量问题	a. 联系买家提供实物图片等，确认问题是否属实； b. 核实进货时的商品是否合格； c. 如果确认商品问题或无法说明商品是否合格，可以直接与买家协商解决（如退货退款、部分退款、换货等），避免与买家之间产生误会	a. 选择好的商品进货来源； b. 进货后保留好相应的进货凭证
收到假货	a. 核实进货时的供应商是否具备相应资质； b. 如果无法确认相应资质，可以直接联系买家协商退货退款，避免与买家之间产生误会	a. 选择有品牌经营权的供应商进货； b. 进货后保留好相应的进货凭证或授权书
退运费	a. 核实发货单上填写的运费是否少于订单中的运费； b. 如果有误，将超出部分的资金退回给买家，避免与买家之间产生误会	邮费的模板需及时更新，有特殊情况的，需及时在阿里旺旺中告知买家。
发票无效	a. 联系买家提供发票图片确认是否发错； b. 核实发票来源是否合法； c. 如果发错或无法确认来源是否合法，可以直接与买家协商解决（如补发、退货退款等），避免与买家之间产生误会	a. 规范发票的领取和使用； b. 发货的时候要确保和买家的约定一致

（2）普通维权处理

普通维权是指买、卖双方在淘宝网上成交后，买家收到的商品与卖家发布该商品信息时的描述不符，当买家自己找卖家无法获得售后保障时，可以通过维权入口向淘宝发起维权。

退款维权流程：发起退款 / 维权—与卖家协商—申请客服介入—客服 7 天内给出处理结果。

售后客服要时时对维权信息进行查询，淘宝规定，卖家有 5 天（实物）或 3 天（虚拟）的时间与买家协商处理，并在此期间对维权进行响应，所以维权的处理一定要及时。客服可以通过登录到“卖家中心”—“客户服务”—“退款管理”中查询维权请求；而被维权方需要在淘宝规定的时间内与买家取得联系，达成协议，解决买家所困惑的问题，最后取消维权。但根据淘宝的规定，被维权方是无权取消维权的，只有通过维权方取消退款申请从而结束维权。

如果客服不能妥善处理和顾客之间的纠纷，维权没有在规定时间内取消，这时淘宝小二就会介入，判定维权成立。淘宝的介入会给店铺造成很大的影响。

首先，维权处理会影响卖家纠纷退款率，淘宝介入后，判定维权成立的，会计入卖家的纠纷退款率，而纠纷退款率＝纠纷退款笔数 / 支付宝成交笔数。退款纠纷率一旦高于同类店铺的平均值，就可能导致卖家店铺全部商品单一维度搜索默认不展示、消保翻倍、直通车暂停 14 天等严重的后果。其次，维权处理会涉及店铺的相关处罚，淘宝介入且核实商品存在问题的，将给予店铺相应的扣分处罚，如累计扣分达到 12 分，店铺会面临屏蔽、限制发布商品及公示警告的危险。

因此，对于普通退款维权问题，客服一定要在规定时间内积极响应处理，否则普通维权会变得十分棘手，甚至会成为点燃店铺危机的导火索。

（3）退差价、邮费

退差价是顾客在购买了商品之后的较短时间内，由于卖家降低价格，和客服商量退返差价。当然，对于商品的返差价，淘宝没有硬性的规定，需要和客服进行沟通。

（4）回评邀请

在交易完成之后，客服要主动给顾客好评，并回复相关的好评术语，对顾客的光临表示欢迎。减少客服工作量，也可用第三方软件在交易完成后自动进行评价。还可以用优惠吸引顾客进行好评。

（三）特殊售后处理

特殊售后处理是对较棘手问题的售后处理，通常涉及投诉、维权、退款纠纷、差评等，有些顾客较为执拗，不是很好沟通。这类顾客经常强行要求卖家按照自己的预想方案实施，几乎很少有回旋的余地，但作为售后客服也有自己的利益底线。在处理特殊售后问题时，售后客服首先需要熟悉淘宝售后的规则，同时要同给出差评的顾客斗智斗勇，尽力去化解店铺的危机。

1 严重投诉、维权

严重的投诉、维权是指商品存在的争议较大，而双方的争议点依然集中在发货、到货、换货、退款、退差价、转账到账等问题上。这类问题大多无直接证据，公说公有理，婆说婆有理，有时售后客服与顾客的沟通不畅，顾客会有诸多不满，更愿意让淘宝介入。一旦投诉、维权成立，店铺将面临严重的处罚。要注意衡量这个投诉给店铺带来的风险与满足顾客要求造成的损失这两者的轻重，了解淘宝受理争议的范围，如表 8–3 所示，最大限度地减少店铺的损失。

表 8-3　淘宝受理争议的范围

争议类型	争议原因	申请淘宝处理争议条件
售中争议	未收到商品	在付款后，确认收货前或在淘宝系统提示的超时打款的时限内提出退款申请
	商品表面不一致	
	商品与描述不符	
	商品存在质量问题	
售后争议	假冒商品	在交易成功后的 90 天内提出退款申请
	虚拟物品未收到货	在交易成功后的 15 天内提出退款申请，虚拟物品使用期限短于该期限的，买家应当在虚拟物品的使用期限内提出退款申请
	描述不符	在交易成功后的 15 天内提出退款申请
	享受“三包规定”保障的商品产生的保障范围内的争议	在交易成功后的 90 天内提出售后申请
	类目对售后争议处理的受理有特殊规定的	依照类目的特殊规定

2 严重退款纠纷

严重退款纠纷与普通退款纠纷有一个明显的区别，就是买家在申请退款之后，是否要求淘宝介入，淘宝介入之后，无论是什么样的判决，都会产生退款纠纷，严重的退款纠纷会导致店铺的退款纠纷率和相关的处罚问题。

（1）影响卖家纠纷退款率，从而出现卖家店铺全部商品单一维度搜索默认不展示、消保翻倍、直通车暂停 14 天等情况。

（2）淘宝介入且核实商品存在问题的，将给予描述不符的处罚，核实卖家未履行承诺的，将给予违背承诺的处罚，如未履行 7 天退货服务，会给予账户违背承诺扣 4 分的处罚。

3 修改中差评

买卖双方在成功完成一笔交易后，双方均有权对对方交易的情况作一个评价，这个评价也称为信用评价，是买卖双方信用的累积。根据淘宝对评价的计分规则，有以下 3 种情况。

评价分为“好评”“中评”“差评”三类，每种评价对应一个积分，顾客的积分会累积起来，在淘宝网页上进行评价积分显示，而这些积分又对应着不同级别的店铺信誉。也就是顾客的评价决定了店铺是蓝钻、蓝冠还是皇冠级别。

※ **课堂讨论**

列举 3 种或 3 种以上让顾客好评的方法。

【任务加油站】边学边练

进阶任务：修改差评。

※【训练目的】

能处理售后顾客差评，保障店铺信誉。

※【任务背景】

小明刚由售前客服转为售后客服，在一天辛苦的工作后，快要下班时竟然收到客户对已售商品的差评，你为刚做售后客服的他六神无主，你能帮帮他吗？

※【任务要求】

1. 查看淘宝修改差评的步骤？

2. 请说说你如何利用售后客服修改差评？

画龙点睛：项目总结

本项目内容是网店经营中的客户服务关系管理，通过项目所学，掌握客服的类型、客服的内容以及如何处理售前、售中、售后问题。通过客服维系买卖双方关系，增加双方的诚信并建立良好的客户关系，增加商品的销售量，同时又让顾客满意，达到买卖双方共赢的效果。

视野拓展：做个好客服

做好客服的技巧：

淘宝客服的六大必备技巧是什么呢？

淘宝客服技巧中最重要的应该是售前客服技巧、聊天技巧、话术技巧、销售技巧以及沟通技巧、售后技巧。

1 售前客服技巧

一般来说，售前客服接待大概有以下 9 个环节：

① 欢迎语：要素包括店铺名 (品牌名)、客服昵称、表情。

② 明确客户需求：解答疑问、推荐款式。

③ 活动告知：推荐客户参与店铺活动，通过活动引导非强意愿客户购买。

④ 关联推荐：主推款的推荐、搭配套餐或搭配款引导，提升客单价。

⑤ 下单行为跟进：了解客户是否下单，如一段时间后没有下单，需要回访。

⑥ 确认收货地址，附加催款：客户下单后跟客户核对收货地址，推送知识，引导付款。

⑦ 推送关注型优惠：邀请客户关注帮派、微博，收藏店铺等，告知好处。

⑧ 告别语：请求客户收货后给店铺好评，并告知售后问题出口。

⑨ 整理客户信息进行记录：对服务过程中获取的客户信息进行记录，为客户回购助力。

2 淘宝客服聊天技巧

① 专业是根，热心为本。

② 消除顾客的购买顾虑。

③ 如何与顾客谈价格。

④ 五个回合达成彼此都能接受的价格。

⑤ 顾客购买后应该进行安抚。

⑥ 如何对待未成交的潜在顾客。

⑦ 顾客确认前要做的沟通、得到评价后的感谢。

⑧ 不定期地回访。

3 淘宝客服话术技巧

① 询盘顾客旺旺咨询。

② 引导顾客坚定购买信心。

③ 已拍下也不能掉以轻心，绷紧弦跟进顾客完成付款。

④ 付款完成承诺发货与售后。

⑤ 温柔贴心的问候为交易画上完美句号。

4 淘宝客服销售技巧

淘宝网店客服销售技巧一：破除沟通障碍。

淘宝网店客服销售技巧二：多去了解客户的需求。

淘宝网店客服销售技巧三：坚持价格不让步。

5 淘宝客服沟通技巧

好的沟通，需要以必须的事先准备为基础。

好的沟通，需要多站在对方的角度思考。

好的沟通，需要采取合理的方式应对客户可能发出的责难。

6 淘宝客服售后客服技巧

①好评一定要回复。

②运输过程中商品坏了，一定要先补偿顾客。

③适时地关心。

④售后及时联系买家。

⑤认真应对退换货。

⑥以平和心态处理投诉。

⑦管理买家资料。

※ 总结

在网上销售商品，如果没有专门的客服，客服不优质，像有的店铺为了省钱老板自己做客服或请不专业的人来做客服，客服效果总是差强人意，网店要想要留住顾客，不仅要在店铺的平台的选择、店装修上下功夫，更要在客户服务上下功夫，这样才能得到顾客的好评，提升店铺的信誉度。

※ 辅助学习资料

更多拓展案例　　　　知识延伸

学以致用：巩固检测

请结合本项目所学，完成以下练习：

扫码，完成在线检测题　　　　扫码，核对参考答案

1. 作为一个训练有素的网店客服人员，要做到响应速度快，客户首次到访的响应时间不能超过（　　），回答客户问题如语句太长需分次回答。（单选题）

A. 15 秒　　B. 5 秒　　C. 5 分钟　　D. 1 分钟

2. “您好，您刚才咨询的商品有货，现在正好有活动，非常优惠哦”属于（　　）。（单选题）

A. 咨询对话　　B. 欢迎对话　　C. 售后对话　　D. 支付对话

3. 评价期间指交易成功后的（　　）天。（单选题）

A. 7　　B. 15　　C. 21

4. 每项店铺评分取连续（　　）个月内所有买家给予评分的算术平均值。（单选题）

A. 三　　B. 六　　C. 十二

5. 人们常有越是得不到、买不到的东西，越想得到它、买到它的心理。我们可以利用这种（　　）的心理来促成订单。（单选题）

A. “怕买不到”　　B. 希望快点拿到商品　　C. 喜欢优惠

6. 售后客服要时时对维权信息进行查询，淘宝规定，卖家有（　　）天（实物）或（　　）天（虚拟）的时间与买家协商处理，并在此期间对维权进行响应，所以维权的处理一定要及时。（单选题）

A. 5；5　　B. 5；3　　C. 5；7

7. 网店客服作为全店唯一能和顾客直接接触的岗位，应该具备的知识有（　　）。（多选题）

A. 商品知识　　B. 话术知识　　C. 物流知识　　D. 交易规则

8. 当顾客对客服的话语和服务不满意时，客服需要及时向顾客道歉，不管问题出在哪一方。（判断题）

○ A 正确　　○ B 错误

9. 客户呼入的前十秒钟我们称之为"黄金十秒"，客服只有迅速回复客户的咨询，才能及时留住客户，获得向客户推荐产品的机会。（判断题）

○ A 对　　○ B 错

10. 如果客服不能妥善处理和顾客之间的纠纷，维权没有在规定时间内取消，这时淘宝小二就会介入这次纠纷，判定维权失败。（判断题）

○ A 对　　○ B 错

11. 退款纠纷率一旦低于同类店铺的平均值，就可能导致卖家店铺全部商品单一维度搜索默认不展示、消保翻倍、直通车暂停 14 天等严重的后果。（判断题）

○ A 对　　○ B 错

12. 客户服务在商业实践中一般分为三类，即＿＿＿＿＿＿＿＿、售中服务、＿＿＿＿＿＿＿＿。（填空题）

13.＿＿＿＿＿＿＿＿是买家判断店铺的标准之一，它决定了店铺客流量和成交量。（填空题）

匠心精研：实操演练

项目八 综合实训　客服沟通

项目八综合实训

实训要求：

请打开活页实训任务指导书，完成项目八综合实训。

序号	实训项目	实训要求
1	实训 8-1　促成交易	实践客服促成交易技巧与策略
2	实训 8-2　询单转化率	分析影响询单转化率的因素并且选择提高询单转化率的方法

评价与反馈：淬炼思政

请结合项目八的学习表现及收获，填写下表，完成学习评价：

<table>
<tr><th rowspan="2">项目</th><th rowspan="2">学习任务</th><th rowspan="2">学习目标</th><th colspan="3">学习评价</th><th rowspan="2">总评</th></tr>
<tr><th>自评
30%</th><th>小组评
20%</th><th>教师评
50%</th></tr>
<tr><td rowspan="3">商品拍摄</td><td rowspan="3">任务一　信誉度的重要性
任务二　客服的重要性
任务三　售前客服
任务四　售后客服</td><td>【知识目标】：
1. 能说出信誉度、客服的重要性；
2. 能罗列售前、售后客服技巧；
3. 能复述客服流程。</td><td></td><td></td><td></td><td></td></tr>
<tr><td>【技能目标】：
1. 能够运用客户相关数据提高沟通效率，进一步提升客户满意度。；
2. 能够完成客户资料的分析工作，完成客户回访、维护等工作；
3. 能处理客户异议。</td><td></td><td></td><td></td><td></td></tr>
<tr><td>【素质目标】：
1. 树立正确的网店服务观念，摆正客服在网店中的位置；
2. 树立诚信经营意识，良好的职业素养。</td><td></td><td></td><td></td><td></td></tr>
<tr><td colspan="2">学习综合评分</td><td colspan="5"></td></tr>
<tr><td colspan="2">学习收获</td><td colspan="5"></td></tr>
</table>